U0476489

图注 地理疑义答问

传统数术名家精粹

【一叶知秋、一针见血、胸罗千载、面转乾坤】

一代宗师的传心之作，沈氏玄空风水的传家精髓

以师徒的问答方式，谈眼于传心，可称为风水学的高级讲义

汇集中国历代大师、风水典籍的实用风水精华

天心正运图

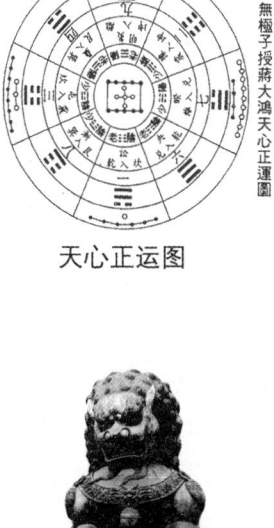

無極子授蔣大鴻天心正運圖

威猛镇宅铜狮

罗盘
经天纬地的罗盘是堪舆风水的必备工具

龙楼凤阁贵人地。金木水火土，个个合形，尊严光彩，自成贵格，只有大贵之地，方可当此。不论龙身或朝砂见此多为禁穴，主王封公侯，朱紫满门。

（清）蒋大鸿◎著

杨金国◎点校

刘保同◎主编

内蒙古人民出版社

图书在版编目(CIP)数据

地理疑义答问/(清)蒋大鸿著. -呼和浩特:内蒙古人民出版社,2010.5(2022.1重印)
(传统数术名家精粹/刘保同主编)
ISBN 978-7-204-10501-4

Ⅰ.①地… Ⅱ.①蒋… Ⅲ.①风水-中国-清代 Ⅳ.①B992.4

中国版本图书馆 CIP 数据核字(2010)第 090335 号

传统数术名家精粹

地理疑义答问

(清)蒋大鸿 著

责任编辑	王继雄
封面设计	宋双成
出版发行	内蒙古人民出版社
地　　址	呼和浩特市新城区中山东路8号波士名人国际B座5层
印　　刷	呼和浩特市圣堂彩印有限责任公司
开　　本	710×1000　1/16
印　　张	16
字　　数	220千字
版　　次	2010年12月第1版
印　　次	2022年1月第4次印刷
书　　号	ISBN 978-7-204-10501-4
定　　价	29.80元

如出现印装质量问题,请与我社联系。
联系电话:(0471)3946120

序 言 一

许君叔重有言，堪天道，舆地道，此峦头理气之道也。盖地理之术，峦头为体，地道也，理气为用，天道也，天地合德，始曰堪舆。但世人知焉不详，如地吉，而用非其时，或时吉，而不能得其地，于是堪舆之作用不显，故云体无用不行，用无体不彰，其必体用一元，而后其道大明也。谚语谓杨公不登坟，不敢思贫富，是未经目验，恐其偏废当，斯真诚入微，谨而后断。盖与率尔从事者异也。

夫理气无形，其义玄奥，非经名师传授，莫能领会。即从师矣，而易之大用，干转坤移之学，不易轻阐，致得传者无几，名师之更不易逢，若斯之难也。杨天德昔葬先父，乃深研玄空之学，二十几载，夙知其奥，莫能详究。己巳冬，才开始从本师沈公游学，授玄空奥义，悉心索颐，虽不敢云说尽得地理秘诀，存轻视易理之心，尤不敢说不知为知之弊，惟于玄空书内，义有所未明阐之处，或语意未尽，或与流俗之伪说，凡有所疑的地方，悉举奉询，务求心目俱了，而沈公循循善答，指其迷途，问答既多，积久成帙，录而纂之，成《地理疑义答问》一卷，藏之行箧，将以遗后世治斯学者，不为庸师伪术所误已尔。

国二十九年二月杨天德纯三撰于古井拙庐

序 言 二

周官有墓大夫之职，《孝经》亦载宅兆之文，地理自古见重顾，事繁而理深，竹帛所载，莫得考其详也。且夫古之著书者，每不传诀，非师承口授，难得其奥，学术由是而晦而失明，岂仅玄空之学哉！及杨曾中兴，蒋作辨正，虽有辨谬辟惑之文，徒使人愈惑愈谬，其害不可胜数。《论语》所谓生事之以礼，死葬之以礼，祀之以礼，此仲尼虽身处乱世，犹斤勖焉以信其义，可感天下谁无父母，谁非人子，宁置葬事不讲，忍令亲骸遭受水蚁，身蒙其祸，而殃及人群哉。沈师先德竹礽先生痛念于此，轻家庭赴之学问，访名师，博览秘笈，于是玄空之义，始大明于世。吾师夙承庭训，爰董遗篇，杀青刊布，即举世所重之《沈氏玄空学》也是，然若其深奥，时有问难，历时既久，竟成一卷，藏之行箧，初未尝有梓印之意也，今因中原沸鼎，吾师避地淮南，饥寒流离，而敌机复肆虐，人将不堪其忧，而吾师泰然不改其志，奋撰《九宫撰略》、《玄空古义》等书，于周易之深奥，玄空之精义，莫不一一阐明。每一稿就，辄邮古井，且谆谆训诲，教以处乱世读书之方，天德铭感师言，虽古井沦陷，提稿与俱，今吾师走上海，天德躬来省亲，相见欢，然世事难料之际，诸稿尚存，岂天之未丧斯文耶！乃商定体例，付诸墨版，即以答问附焉，斯书浅显，叙述详明，使后世习玄空者，即以此为入门之阶可乎！

民国二十九年三月鹤山杨天德纯三于上海寄寓

目 录

玄空风水基础和特点 ... 1

中华瑰宝风水术 ... 1
玄空地理特点 ... 4
九星的特点 ... 5
九星调递断诀 ... 6
玄空风水挨星四格大局 ... 7
玄空九星具体双星断诀 ... 8
一白贪狼水星 ... 9
二黑巨门土星 ... 11
三碧禄存木星 ... 13
四绿文曲木星 ... 15
五黄廉贞土星 ... 18
六白武曲金星 ... 20
七赤破军金星 ... 22
八白左辅土星 ... 25
九紫右弼火星 ... 27

沈氏地理疑义答问 ... 30

沈祖绵先生答杨天德纯三问 ... 30

三元地理辨惑 ... 64

马泰青自序 ... 65
《地理辨惑》序 ... 66

地理问正 ……………………………………………… 106

湘心青氏序 ……………………………………… 106
钱　　序 ………………………………………… 107
席　　序 ………………………………………… 109
上卷　寻龙 ……………………………………… 110
中卷　点穴 ……………………………………… 117
下卷　立向作用 ………………………………… 123

阴阳二宅录验 ……………………………………… 134

《宅断》原序 …………………………………… 134
阳宅秘断计十七条 ……………………………… 135
阴宅秘断计五十四条 …………………………… 160

下元八运二十四山向挨星图解 …………………… 237

1、地元壬山丙向 ………………………………… 237
2、天元子山午向／3、癸山丁向 ………………… 238
4、地元丑山未向 ………………………………… 238
5、天元艮山坤向／6、人元寅山申向 …………… 239
7、地元甲山庚向 ………………………………… 240
8、天元卯山酉向／9、人元乙山辛向 …………… 240
10、地元辰山戌向 ………………………………… 241
11、天元巽山乾向／12、人元巳山亥向 ………… 242
13、地元丙山壬向 ………………………………… 242
14、天元午山子向／15、丁山癸向 ……………… 243
16、地元未山丑向 ………………………………… 244
17、天元坤山艮向／18、人元申山寅向 ………… 244
19、地元庚山甲向 ………………………………… 245
20、天元酉山卯向／21、人元辛山乙向 ………… 246
22、地元戌山辰向 ………………………………… 246
23、天元乾山巽向／24、人元亥山巳向 ………… 247

玄空风水基础和特点

中华瑰宝风水术

中国风水，流传数千年，为中华传统文化之瑰宝，也成为今人生活中之一部分。古贤今智，传承演绎，积累推广，为风水国学做出了杰出的贡献。但因风水理论浩繁精奥，始触风水，如读天书，既入门道，如堕迷宫，让人深感此道之难，不下一番功夫，是不容易登上风水大堂的。中国的"风水"一词，最早见于晋代郭璞所著的《葬书》："气，乘风则散，界水则止；古人聚之使不散，行之使有止，故谓之风水。"这其实就是有关风水的最早定义。风水学的根本基础和核心思想，来源于《易经》的阴阳哲学思想。是中国古代先人关于选择居住环境的一种实用而朴素的技能，结合五行、八卦、十二时辰、二十四山向等宇宙图谱式的编码，作为理论基础和操作方法，以中国人特有的关于宇宙的吉凶观念，体现了人与自然，人与外部世界和谐、平衡与循环的理念。

风水的基本取向，与中国数千年"天人合一"的宇宙观和审美观，保持着根本一致。所谓"宅者人之本，人以宅为家。居若安，即家代昌吉；若不安，则门族衰微"。由此可见中国古人为了安居乐业和世代昌盛，就不能不注重风水，并千方百计寻找风水宝地。风水术又称为堪舆，"堪，天道；舆，地道。"又名地理、青乌、青囊，是用于观察阳宅、坟墓的地形、环境、气运变化以评断吉凶休咎的方术。尊重天地顺应自然，是华夏先民安身立命的基本准则。

中国的风水学源远流长，自从河图洛书问世，数千年来历代地理大师不断涌现，其典籍著作浩如烟海，汗牛充栋。在发展过程中，风水学逐渐形成了两大宗派，即峦头派和理气派。峦头派注重峦头方位组合上的信息，理气派坚持时运生克方面的原理，两者互为表里，各有所长。

1、最有争议的理气派

理气派是根据阴阳、河图、洛书、先天八卦、后天八卦、五行及一至九星数学说，以定生克之理，去勘察阴阳宅风水，其起源无可穷究，大约起于秦、汉，至宋代始集其大成，理气派纳入的理论体系十分复杂，重推算而轻地形观测，颇为玄虚附会，所以在流行面远不如峦头派广泛。正因为理气派过于繁杂，又分出许多门派。在众多的派系中理论最系统，使用最灵验的首推玄空风水。主要表现在两点上：

（1）玄空派风水其法重视砂水与方位的组合，这一点是非常科学的，以时间和空间的选择术为依的，专主阴阳配合生克制化，符合唯物辩证法的，以罗盘定空间方位阴阳，并取八卦五行、飞星翻布定生克吉凶，亦即通过年运与宅墓的坐向推算主人命运的时空因素，占测最佳选择。

（2）玄空派风水自古以来传承极为神秘，所谓父子虽亲不可说，故真书传世较少。玄空地理代表图书有蒋大鸿《地理辩证》、华湛恩《天心正运》、章仲山《心眼指要》、《天元五歌阐义》、朱旭轮《宅法举隅》、马泰青《三元地理辨惑》、沈绍勋把理气之法归纳成玄空二字，其著作《沈氏玄空学》、《地理辨正抉要》可说是近代理气风水术的集大成著作，其子沈祖绵《沈氏地理疑义答问》、谈养吾《地理辨正新解》、《大玄空路透》、尤雪行《宅运新案》、范宜宾《地理乾坤法窍》、荣柏云《二宅实验》、尹一勺《地理四密全书》、孔昭苏《孔氏玄空宝鉴》。还有《天元五歌》、《玄空秘旨》、《玄机赋》、《飞星赋》及《紫白诀》等名篇。

2、最现实的峦头派

峦头派其学说重于观测山川地势和外在的自然环境，它的核心理论是讲"龙、砂、水、向、穴"五字，即觅龙、察砂、观水、点穴、立向，影响最为深广。清代以后，理气派与峦头派理论同时并重。近代以来主张天道为理气，地道为峦头，峦头为体，理气为用，或认为峦头重于理气。

（1）宅基选址偏重自然之法，宅的形体结构与布局合乎自然之法。选择的规律主要表现为，觅龙要起伏屈曲活动为主；察砂要缠护抱穴朝案分明；点穴要藏风聚气为要；观水要逆朝横收平净为佳；立向要合乎自然所立。从而达到趋吉避凶，求财纳福的目的。

（2）峦头书自郭璞《葬经》后，有唐杨筠松的《撼龙经》《疑龙经》、曾文遄《寻龙记》、吴景鸾《望龙经》及张子微《玉髓真经》、李默斋《地理辟径集》、明朝刘伯温《堪舆漫兴》徐善继与徐善述兄弟《地理人子须知》、明朝周景一《山洋指迷》、蒋大鸿《水龙经》、清朝沈镐《绘图地学》、章仲山《心眼指要》及《地理小補》等著作。

玄空地理特点

玄空风水的理论核心是"形理兼查"。形，即观察内外之形；理，即考察理气凶吉；主要是以数字1至9排布在洛书九个宫位上，这9个数字各有意义代表，以计算凶吉，排布的盘称为玄空风水盘。玄空风水盘共四种，分为元旦盘、运星盘、山星盘、向星盘。玄空风水以《易学》中的河洛、太极、八卦理论为根本，应用上有很多独特创举，与其他风水别的门派差别很大。

（1）玄空风水首重时空的选择和周期性。元运是玄空地理的灵魂，分为大三元和小三元，我们现在常用的为180年的小三元。在推地运时以20年为一运，三运60年为一元，180年为三元。故又称三元玄空地理。玄空风水认为地运是有周期性的，自然界的山水、方位是不变的，而往来于天地间的无形的气，即我们现在说的磁场却是变动的。这种揭示气运周期性吉凶变化原因、奥秘的本领，是其他风水派所做不到的。

（2）玄空风水用九宫挨星分辨地理的吉凶。玄空地理运用九宫挨星法，以分辨山向及周围山水的旺衰，配合形局，并看向星与山星会合的吉凶，来判断丁、财、贵、秀、贤、愚、疾厄、房分等均十分灵验。

（3）玄空风水中罗经的使用方法与别的派系不同。一般罗经有三盘，正针（内圈）为地盘，中针（中圈）为人盘，缝针（外圈）为天盘。三合派以正针格龙、立向，中针消砂，缝针纳水。也有些人竟用中针和缝针来立向，这些都是错误的。玄空地理一律都用正针。因为正针以地磁方位为坐标，代表在一个太极下磁场的影响。

（4）玄空风水消煞纳水，收山、收水方法特殊。玄空地理注重将山星的生、旺气排到山，退、死、煞气排到水；将向星的生、旺气排到水，退、死、煞气排到山，这样才为收得山来，出得煞去，正神正位装，拨水入零堂。

（5）玄空风水讲究反吟、伏吟。玄空地理把当山向挨星与元旦盘相同时，称为伏吟，相反时称为反吟。反、伏吟当令时尚可，失令时则发祸猛烈，这现象只有用玄空地理理论才能作出解释。

（6）玄空风水分金方法特别。流行的120分金，是指每山作5格分金，二十四山共有120分金。玄空地理将二十四山分为天地人三元龙，阴阳不同。每山中间三格范围内的称为下卦，最左和最右一格称为替卦或起星。在用法上，下卦和替卦的差别很大，这是玄空地理的创举。

九星的特点

一白水星居坎宫，二黑土星居坤宫，
三碧木星居震宫，四绿木星居巽宫，
五黄土星居中宫，六白金星居乾宫，
七赤金星居兑宫，八白土星居艮宫，
九紫火星居离宫。

以上为九星本来所居宫位，但随着年、月、日、时会不断变换。九星中，属于紫、白者为吉，属于碧、绿、黄、黑者为凶。玄空风水术以九星的吉凶决定宅墓的方位与祸福休咎的关系。星不仅本身有吉有凶，而且随着时运的变动，又有当令与失令的吉凶之辨。九星各有旺、生、衰、死。即当运者旺，将来者生，已过者衰，过久者死。九星的生旺衰死首先用以占测九运各个方位的吉凶，其次用以判定飞临同一宫的山星与向星之间的关系吉凶主属。这些关系或以卦象论，或以五行生克论，或以河图先天数与洛书后天数相配合论，而吉凶全以星之当令与失令为准。各运中凡可用之星为当令，反之为失令，当令则吉，失令则凶。玄空风水就以九星翻布的规律确定三元九运各个地形方位的吉凶，并为宅墓的营造提供趋吉避凶之法。

九星调递断诀

诀曰：

　　天文九星岁岁推，地理九宫永不移，
　　飞去相生生贵子，飞来克伏是凶期。
　　三白到坐主怀胎，紫白临门喜气来。
　　刑害空亡俱不实，生扶应得贵人财。

这是玄空学推阴宅、阳宅的流年、流月生克吉凶的口诀。年月日时之九星轮飞（加临）九宫，随着元运、山向的不同，与天盘（运盘）、天卦（向上飞星）、地卦（山上飞星）、地盘（元旦盘）碰撞，而产生错综复杂的吉凶反应。九星入中宫轮飞其他八宫，古称调递，又称吊替，著名的《紫白诀》，其内容就是在说明九星轮飞、组合的吉凶反应。对九星配合五行生克、元运的生旺退死杀、排龙诀、山向飞星的收山出煞、宫星生克、峦头形势等条件一一分析，就可对阴阳宅作过去的吉凶推断，并可预测未来的吉凶，用以趋吉避凶。

玄空风水挨星四格大局

1、依据玄空挨星方法，根据当令的山、向星所飞临位置，玄空风水可分为四种基本的格局，简述如下：

（一）、旺山旺向（又称到山到向）：属丁财两旺的格局。

（二）、双星会坐（又称双星到山）：属旺丁耗财的格局。

（三）、双星坐向（又称双星到向）：属旺财损丁的格局。

（四）、上山下水：属丁财两败的格局。

2、旺山旺向要能发富贵的条件：

玄空风水并不是只要按照旺山旺向立了坐向，就会永发富贵，必须要和峦头相结合才能判断，主要表现在要符合下面几个条件：

（1）、所选的位置要坐实朝空，山水形势端秀。

（2）、入首龙脉要合乎杨公《天机钤》排龙诀三吉、五吉。

（3）、出水口要合乎城门诀。反之，若坐空朝实，排龙、城门不合，亦成为上山下水、犯返吟、伏吟，败财损丁、家破人亡难免。

3、玄空风水挨星四大格局浅析：

旺山旺向局，就是当令的山星飞到了坐山，当令的向星飞到了向首。这种格局最宜坐后有秀丽端庄的山峰，前面见环抱有情的河水或洁净的池湖。如果有了相应的（内外）环境配合，则是既旺丁又旺财的最佳格局

上山下水局，指当令的山星飞到了向首，而当令的向星飞到了坐方。这种格局最宜房后有河水、空地、门路，但水与路都要为环抱有情之势；而房前宜有高楼，但高楼不能太近有逼压感，且形状端庄才为合局。如不合局，则伤丁败财，或多生女孩，家业

不振。

双星会向局，指当令的山星向星都飞到了向方。这种格局最宜向方近邻空旷、马路，远见大树、高楼或山丘。若有水无山，则旺财不旺丁；有山无水，则旺丁不旺财。

双星会坐局，指当令的山星、向星都飞到了坐方（山）。这种格局，在城里最宜坐后先有花园、水池，稍远再见高楼耸立为佳。在农村则宜宅后有河水、田地，之后又有山丘、远峰做屏拱。也可丁财两旺。否则，属于旺丁不旺财的格局

玄空九星具体双星断诀

玄空风水是根据九星的交会来判断吉凶，须要明主各之分，知任何一组不同的双星组合其相互间的生克关系，熟记山、向两飞星所配合而成的卦理，然后再将九星当令与失令时之生、旺、衰、死的观念融入，此时应断九星交会的吉凶，会更准确、深入些。

（1）主客之分通常有下列四种情形

①地盘与运盘间之双星组合，地盘之星为主，运盘之星为客。

②运盘与山、向盘间的双星组合，运盘之星为主，山、向盘之星为客。

③山盘与向盘间之双星组合，若山盘之星为主时，则向盘之星为客；若向盘之星为主时，则山盘之星为客。

④年盘与月盘间之双星组合，年盘之星为主，月盘之星为客。

（2）双星组合其相互间的生克关系如下：

①生入（吉），客星生主星。

②克入（吉），客星克主星。

③生出（凶），主星生客星。

④克出（凶），主星克客星。

⑤比和（吉），主星与客星，两者五行相同，但二二、五五、二五、五二，例外。

（3）九星当令与失令时之生、旺、衰、死观念的融入：

①生旺气生入、克入，应断属吉。

②衰死气生出、克出，应断属吉。

③生旺气生出、克出，应断属吉带凶。

④衰死气生入、克入，应断属凶带吉。

一白贪狼水星

一白为九星之贪狼星，为六亲之中男，其号文昌，为官星，为吉星，于当旺，为少年科甲，名播四海，生聪明智慧男儿。于衰死，则为刑妻，瞎眼，夭亡飘荡，流血肾亏。

一一，比和（五行皆水）于当旺，紫白诀有云："一白宫星之应，主宰文章"，故利文才、文职。于衰死，玄空秘旨有云："坎宫高塞而耳聋""漏道在坎宫，遗精泄血"，所以有耳聋、血症之危。飞星赋："以象推星，水欹斜兮，失志"，玄机赋有云："坎宫缺陷而堕胎"。

一二，克入（土克水）于当旺，玄空秘旨有云："土制水复生金，定主田庄之富"。土本克水，有金来化，则金生水，而土又生金，故主田庄之富。虽不当元，亦无碍也。于衰死，玄空秘旨有云："腹多水而澎涨"，故易患肠胃之病，以母亲机率最大。玄机赋有云："坎流坤位，贾臣常遭贱妇之羞"，所以主妇当权，夫遭羞辱，权被妇夺，之外还有家人易得水肿病、出血。竹节赋有云：

"坤艮动见坎，中男绝灭不还乡"，秘本有云："一加二五，伤及壮丁"。

一三，生出（水生木）。于当旺，摇鞭赋有云："水雷子孙多富贵"，故子孙多富贵，特别是长子或三木命之人。玄空秘旨有云："车驱北阙，时闻丹诏频来"。于衰死，为困难，落败，少子嗣或有官司牢狱之苦，玄机赋有云："震与坎为乍交"，玄机赋有云："木入坎宫，凤池身贵"。

一四，生出（水生木）。于当旺，紫白诀有云："一四同宫，准发科名之显"，一白为官星，四绿为文昌，故发贵。玄髓经有云："木入坎宫，凤池身贵之徵"，玄机赋有云："名扬科第，贪狼星入巽宫"。于衰死，飞星赋有云：当知四荡一淫，淫荡者扶之归正，失令时一四即主淫荡。

一五，克入（土克水）。于当旺，财贵不要过于期望，努力耕耘，方有所获。于衰死，飞星赋有云："子癸岁，廉贞飞到阴处生疡"，主肾脏、生殖器官部位之疾病，轻则性病，阴处生疡、娠中毒、肾亏；重则肾脏癌、子宫癌、肾腰衰竭。秘本有云："一加二五，伤及壮丁"。

一六，生入（金生水）。于当旺，玄空秘旨有云："虚联奎壁，启八代之文章"。故有八代文章之应。得先天生成，大发富贵。玄空秘旨有云："车驱北阙，时闻丹诏频来"。于衰死，玄机赋有云："水冷金寒，坎癸不滋乎乾兑"。水冷金寒，易得头、骨之病或膀胱或肾脏结石。摇鞭赋有云："水淫天门内乱殃"。

一七，生入（金生水）。于当旺，有桃花之运。易得财富，较利于娱乐业。于衰死，玄空秘旨有云："金水多情，贪花恋酒"，因坎为中男，兑为少女，故主男女多情。坎为水，为酒，兑为金，为娼，水性淫荡，值失元之时，故有贪花恋酒之应。玄空秘旨有云："水金相反，背义忘恩""杂交鼠而倾泻，必犯徒流破败，以水冷金寒也，轻则肾耳有病"，飞星赋有云："壬申排庚，最异龙摧屋角""或被犬伤，或逢蛇毒"。

一八，克入（土克水）。于当旺，有利事业之成功，钱财之收获。于衰死，摇鞭赋有云："水淹鬼户小儿死"，此组合有白事之兆。妇不易生育，有子早夭。竹节赋有云："坤艮动见坎，中男绝灭不还乡"。

一九，克出（水克火）。于当旺，玄空秘旨有云："南离北坎，位极中央"，坎离二卦，得乾坤之中气，合时者至贵。玄空秘旨云："相克水火既济而有相济之功，先天之乾坤大定"。先天之气，虽以生旺衰败为主，若由水皆得生旺，虽相克无碍也。玄空秘旨云："离壬会子癸，喜产多男"。离为喜，九一为正配，故主多男也。于衰死，飞星赋有云："火暗而神智难清"，故容易有记忆力衰退或老人痴呆症的产生。摇鞭赋有云："水火破财主眼疾"。

二黑巨门土星

二黑为九星之巨门星，为六亲之老母，其号病符。于当旺，发田才，旺人丁，又发武贵。于衰死，则妇夺夫权，阴谋、鄙吝，产难夭亡，为小人暗算，多生恶疾。

二一，克出（土克水）。于当旺，玄空秘旨有云："土制水复生金，定主田庄之富"。土本克水，有金来化，则金生水，而土又生金，故主田庄之富。虽不当元，亦无碍也。于衰死，玄空秘旨有云："腹多水而澎胀"故易患肠胃之病，以母亲机率最大。玄机赋有云："坎流坤位，贾臣常遭贱妇之羞"。所以主妇当权，夫遭羞辱，权被妇夺。之外还有家人易得水肿病、出血。竹节赋有云："坤艮四季伤仲子"。

二二，比和（五行皆土）。于当旺，玄机赋有云："巨入艮坤，田连阡陌"，艮坤为土，故旺田园。于衰死，紫白诀有云："二黑为病符，无论小运流年，疾病丛生"，二黑隶属坤宫，为病符星，主易患疾病。紫白诀有云："二主宅母多病"，二黑隶属坤，坤为老母故应宅母。飞星赋有云："谁知坤卦庭中小儿焦"。"若夫申尖兴讼"。

二三，克入（木克土）。于当旺，主改过向善，修道有成。于衰死，紫白诀有云："斗牛煞起惹官刑"，三碧遇坤艮，为木克土，名斗牛煞。玄空秘旨有云："雷出地而相冲，定遭桎梏"。飞星赋有云："复，壁甚身"。

二四，克入（木克土）。于当旺，主改进、升华。于衰死，玄空秘旨有云："山地被风，还生疯疾"。山艮地坤皆属土，若失元，而被巽木来克，故有风疾之应。玄空秘旨云："风行地而硬直难当。室有欺姑之妇"。巽为长女，坤为老母，风行地，则坤母受制于巽女，更兼形势硬直无情，故有欺姑之妇。飞星赋有云："寅申触巳，曾闻虎咬家人""或被犬咬，或逢蛇毒"，秘本有云："二逢四，咎当主母"。

二五，比和（五行皆土）。于当旺，有利置业，财运颇佳。于衰死，紫白诀有云："五主孕妇受灾，黄遇黑时出寡妇；二主宅母多病，黑逢黄至出鳏夫""二五交加，而损主亦且重病"。二黑、五黄同入中宫或同到方位为二五交加。二黑为病符星，五黄廉贞星，故主死亡、疾病。须慎防意外（车祸），疾病（肿瘤）。飞星赋有云："二黑五黄兮，酿疾堪伤"。秘本有云："黄黑交错，家长有凶""二五交加必损主"。

二六，生出（土生金）。于当旺，玄空秘旨有云："富并陶朱。断是坚金遇土"。下元六七之山，而遇神水，为水之生入，主富。或六七之山，而遇见艮水亦然。此即六七八之山一片是也。紫白诀有云："二黑飞乾，逢八白而财源大进"。于衰死，主老父多病，家出僧尼，吝心不足，散财劳苦，家人易有秃头、头痛之病。飞星赋有云："乾为寒，坤为热，往来切记""乾坤神鬼，与他相克非详"。

二七，生出（土生金）。于当旺，玄空秘旨有云："富并陶朱。断是坚金遇土"。下元六七之山，而遇神水，为水之生人，主富。或六七之山，而遇艮水亦然。此即六七八之山一片是也。于衰死，临云泄痢多疾病，须慎防肠病和堕胎。二七为先天之火，容易有火灾或血胸之症。飞星赋有云："临，云泄痢"。秘本有云："二七合为火，乘煞气，遇凶山凶水，乃鸟焚其巢"。玄髓经有云："坤配兑女，则庶妾难投寡母之欢心"。玄机赋有云："若坤配兑女，则庶妾难投寡母之欢心"。摇鞭赋有云："地泽进财后嗣绝"。

二八，比和（五行皆土）。于当旺，玄机赋有云："巨入艮坤，田连阡陌"，艮坤为土，故旺田园，有地产之富。玄空秘旨有云："四生有合，文人旺"。于衰死，摇鞭赋有云："地山年幼子孙劳"。玄空秘旨有云："丑未换局而出僧尼"。

二九，生入（火生土）。于当旺，须勤、广结善缘，财运、事业运方能渐渐提升。紫白诀云："二黑飞乾，逢八白而财源大进，遇九紫则瓜瓞绵绵"。于衰死，玄空秘旨有云："火见土而出愚钝顽夫"。火炎土燥，虽当元亦主生顽钝愚夫，何况出元乎。摇鞭赋有云："火烧人户阴人败"。

三碧禄存木星

三木为九星之禄存星，为六亲之长男。于当旺，长房兴家，财禄丰盈，兴家创业，纳粟成名。于衰死，疯哮刑妻，官非口舌，意外，残疾。

三一，生入（水生木）。于当旺，摇鞭赋有云："水雷子孙多富贵"，故子孙多富贵，特别是长子或三木命之人。玄空秘旨有云："车驱北阙，时闻丹诏频来"。于衰死，为困难、落败，少子嗣或有牢狱官司之苦。

三二，克出（木克土）。于当旺，主改过向善，修道有成。于衰死，紫白诀有云："斗牛杀起惹官刑"。三碧遇坤艮，为木克土，名斗牛杀。玄空秘旨有云："雷出地而相冲，定遭桎梏"。

三三，比和（五行皆木）。于当旺，有利选举，声名显赫，财禄丰盈，兴家创业。于衰死，紫白诀有云："蚩尤碧色，好勇斗狠之神"。三碧为蚩尤，喜斗争。飞星赋有云："碧本贼星，怕见探头山位"。三碧为蚩尤，为贼星，探头山又主出贼，故怕见探头山位。

三四，比和（五行皆木）。于当旺，摇鞭赋有云："风雷富贵人口昌"。于衰死，玄空秘旨有云："震巽失宫，而生贼丐"，震为守，为草，动而不正，有贼象；巽为近市利，卑而不正，有丐象。此语当兼形体言。玄机赋有云："双木成林，雷风相薄"。此后天也，亦如先天。摇鞭赋有云："雷风长女多疾病"。玄空秘旨有云："雷风金伐，定被刀伤"。

三五，克出（木克土）。于当旺，有财贵、官运。于衰死，玄空秘旨有云："我克彼而反遭其辱，因财帛以丧身"。水本以克我为旺，而我反去克他，故有因财帛丧身之应。飞星赋有云："碧绿风魔，他处廉贞莫见"主易患风魔之疾（如中风、神经衰弱）。飞星赋有云："寒户遭瘟，缘自三廉夹禄"。

三六，克入（金克木）。于当旺，身高体健，事业有成，利官场、建筑相关领域，因上司提携而有成。飞星赋有云："更言武曲青龙，喜逢左辅善曜"。于衰死，玄空秘旨有云："雷风金伐，定被刀伤"。震雷巽风，皆属木，若失元而被金克，定主刀斧之伤，或遭兵惨。

三七，克入（金克木）。于当旺，财源广进，可望添丁。

于衰死，玄空秘旨有云："木金相反，背义忘恩"，无取用。紫白诀有云："三七叠至，被劫盗更见官灾"。三碧、七赤同入中宫或同到方位为三七叠临。三碧为蚩尤星，七赤为破军星，故主盗讼。玄空秘旨有云："兑位明堂破震，主吐血之灾"。明堂，聚水虚也，兑以震为明堂，兑在下元，阴阳相反，两敌为难。兑为口为血为肺，震为肝，兑被震水冲破，肺肝两伤，故有吐血之灾。飞星赋有云："须知七刚三毅，刚毅者，制则生殃"。"乙辛兮家室分离"。

三八，克出（木克土）。于当旺，利文财发丁财。于衰死，紫白诀有云："四绿固号文章，然八会四而小口殒生，三八之逢更恶"。八白土遇四绿木克，八白艮为少男，故应小口。八白土遇三碧木来克，亦主小口不利。四绿是吉星，逢克已凶。三碧是禄存恶曜，故更恶也。竹节赋有云："碧星入艮卦，郭氏绝贾相之嗣""震配艮，有斗粟尺布之讥"。

三九，生出（木生火）。于当旺，玄空秘旨有云："木见火而生聪明奇士"。木火通明，乃文明之象，虽不当元，亦生聪明之子。摇鞭赋有云："雷火进财人口贵"。于衰死，盛极而衰，常患眼、头之病，肥胖症，须防火灾。飞星赋有云："赤连碧紫，聪明亦刻薄之萌"。

四绿文曲木星

四绿木为九星之文曲星。为六亲之长女。于当旺，为文章名世，科甲联芳，女美而贵。当其衰死，疯哮、自缢，妇淫乱，男酒色破家，漂泊绝灭。

四一，生入（水生木），于当旺，紫白诀有云："一四同宫，准发科名之显"。一白为官星，四绿为文昌，故发贵。玄髓经有云："木入坎宫，凤池身贵之徵"。玄机赋有云："名扬科第，贪狼星入巽宫"。于衰死，飞星赋有云："当知四荡一淫，淫荡者扶之归正，失令时一四即主淫荡"。

四二，克出（木克土）。于当旺，主改进、升华。于衰死，玄空秘旨有云："山地被风，还生疯疾"。山艮地坤皆属土，若失元，而被巽木来克，故有风疾之应。玄空秘旨云："风行地而硬直难当。室有欺姑之妇"。巽为长女，坤为老母，风行地，则坤母受制巽女，更兼形势硬直无情，故有欺姑之妇。飞星赋有云："寅申触巳，曾闻虎咬家人"。飞星赋有云："或被犬咬，或逢蛇毒"。秘本有云："二达四，咎当主母"。

四三，比和（五行皆木）。于当旺，摇鞭赋有云："风雷富贵人口昌"。于衰死，玄空秘旨有云："震巽失宫，而生贼丐"，震为守，为草莽，动而不正，有贼象；巽为近市利，卑而不正，有丐象。此语当兼形体言。玄机赋有云："双木成林，雷风相薄"。此后天也，亦如先天。摇鞭赋有云："雷风长女多疾病"。玄空秘旨有云："雷风金伐，定被刀伤"。

四四，比和（五行皆木）。于当旺，紫白诀有云："盖四绿为文昌之神，职司禄位，还宫复位故佳，交互叠逢亦美"。词赞其妙曰：天上九星飞，四一同宫岂易几，庶莫二星相并处，朱衣稳取点头利。棘闱拱照有先机，复位还宫胜紫微，徵验从来应不爽，驷马高车衣锦归。于衰死，飞星赋有云："风郁而气机不利"。若巽宫窒塞，气机不利。飞星赋有云："震之声，巽之色，当背当明"。飞星赋有云："巽如反巽为风背，总怜流落无归"。

四五，克出（木克土）。于当旺，颇具文才，从事贸易或文化事业有利。于衰死，飞星赋有云："碧绿风魔，他处廉贞莫见"，主易患风魔之疾（如中风、神经衰弱）。飞星赋有云："乳痈兮，四五"。故四五同宫，且此宫方，或有恶形山峦，则主有乳痈之疾。玄空秘旨有云："我克彼而反遭其辱，因财帛以丧身"。水本以克我为旺，而我反去克他，故有因财帛丧身之应。

四六，克入（金克木），于当旺，名利双收，官以礼待，升迁有望，大利投资。于衰死，玄机赋有云："木见戌朝，庄生难免鼓盆之叹"。巽为长女，乾金克之，故主克妻。摇鞭赋有云："天沉风户杀长妇"。飞星赋有云："小畜差摇劳碌"。因为，乾克巽，所以会有差摇劳碌、之象。

四七，克入（金克木），于当旺，文人掌权，出文秀、聪明、诚信之人，积财颇多。于衰死，玄空秘旨有云："雷风金伐，定被刀伤"。震雷巽风，皆属木，若失元而被金克，定主刀斧之伤，或遭兵惨。玄空秘旨有云："破军居巽位，癫疾疯狂"。破军非兑卦也，言欹斜破碎，形似金星，巽上逢之，故出颠狂也。飞星赋有云："辰酉兮，闺帏不睦"。秘本有云："四七临而文章不显，呕血早夭"。

四八，克出（木克土）。于当旺，贤妇教子，积善之家，农林、畜牧致富。于衰死，紫白诀有云："四绿固号文章，然八会四而小口殒生，三八之逢更恶"。八白土遇四绿木克，八白艮为少男，故应小口。八白土遇三碧木来克，亦主小口不利。四绿是吉星，逢克已凶。三碧是禄存恶曜，故更恶也。摇鞭赋有云："风户见鬼堕胎亡"。玄空秘旨有云："山风值而泉石膏肓"。玄空秘旨有云："山地被风，还生风疾"。

四九，生出（木生火）。于当旺，玄空秘旨有云："木见火而生聪明奇士"。木火通明，乃文明之象，虽不当元，亦生聪明之子。合先天四九河图数，颇富财贵。于衰死，摇鞭赋有云："火风财旺，子孙稀"。玄机赋有云："巽阴就离，风散则火易熄"。

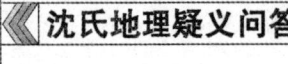

五黄廉贞土星

五黄土为九星之廉贞星，为戊已大煞。于当旺，主速发，发财丁，富贵有余。于衰死，主灾、病、官讼、淫荡、昏迷、痴呆。

五一，克出（土克水）。于当旺，财贵不要过于期望，努力耕耘，方有所获。于衰死，飞星赋有云："子癸岁，廉贞飞到阴处生疡"，主肾脏、生殖器官部位之疾病，轻则性病，阴处生疡、娠中毒、肾亏；重则肾脏癌、子宫癌、肾脏衰竭。秘本有云："一加二五，伤及壮丁"。

五二，比和（五行皆土）。于当旺，有利置业，财运颇佳。于衰死，紫白诀有云："五主孕妇受灾，黄遇黑时出寡妇，二主宅母多病；黑逢黄至出鳏夫"。紫白诀云："二五交加，而损主亦且重病"。二黑、五黄同入中宫或同到方位为二五交加。二黑为病符星，五黄廉贞星，故主死亡、疾病。须慎防意外（车祸），疾病（肿瘤）。飞星赋有云："二黑五黄兮，酿疾堪伤"。秘本有云："黄黑交错，家长有凶"。秘本有云："二五交加必损主"。

五三，克入（木克土）。于当旺，有财贵、官运。于衰死，玄空秘旨有云："我克彼而反遭其辱，因财帛以丧身"。水本以克我为旺，而我反去克他，故有因财帛丧身之应。飞星赋有云："碧绿风魔，他处廉贞莫见"。主易患风魔之疾（如中风、神经衰弱）。飞星赋有云："寒户遭瘟，缘自三廉夹绿"。

五四，克入（木克土）。于当旺，颇具文才，从事贸易或文化事业有利。于衰死，飞星赋有云："碧绿风魔，他处廉贞莫见"，主易患风魔之疾（如中风、神经衰弱）。飞星赋有云："乳痈兮，四五"。故四五同宫，且此宫方，或有恶形山峦，则主有乳痈之疾。玄空秘旨有云："我克彼而反遭其辱，因财帛以丧身"。水本以克我为旺，而我反去克他，故有因财帛丧身之应。

五五，比和（五行皆土）。于当旺，旺丁财，旺家业。于衰死，紫白诀："运如已退，廉贞飞处不一，总以避之良"。紫白诀："正煞为五黄，不拘临方到间人，人口常损"。紫白诀："五主孕妇受灾"。

五六，生出（土生金）。于当旺，玄空秘旨有云："富并陶朱，断是坚金遇土"。下元六七之山，而遇神水，为水之生人，主富。或六七之山，而遇艮水亦然，此即六七八之山一片是也。于衰死，玄空秘旨有云："家无耄耋，多因裁破父母爻"。生我者为父母。若父母卦位破碎，则家无尽老。或中元乾位损者。亦如是。飞星赋有云："须识乾爻门向，长子痴迷"。

五七，生出（土生金）。于当旺，得钱财。旺家业。于衰死，飞星赋有云："紫、黄毒药，邻宫兑口休尝。"飞星赋有云："青楼染疾，只因七弼同黄。"飞星赋有云："酉辛年，戊己吊来。喉间有疾。"玄机赋有云："兑不利软，唇亡齿寒。"

五八，比和（五行皆土）。于当旺，旺丁财，多田产，于衰死，玄空秘旨有云："家有少亡，只为冲残子息卦。"我生者为子息，若子息位被冲伤损，破每主少亡。玄机赋有云："艮非宜也，筋伤骨折。"

五九，生入（火生土）。于当旺，子女聪慧，有利财源。于衰死，玄空秘旨有云："我生之而反被其灾，为难产以致死。"我不当令。而生反彼。彼不当令。反以生旺之星下水。故有此应。飞星赋有云："青楼染疾，只因七弼同黄。"飞星赋有云："火暗而神智难清。"

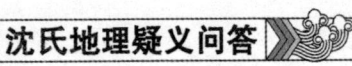

六白武曲金星

六白名为九星之武曲星，为六亲之老父，五行属金。于当旺，威权震世，武将勋贵，多丁，巨富。于衰死，刑妻伤子，刀兵自缢，孤苦伶仃。

六一，生出（金生水）。于当旺，玄空秘旨有云："虚联奎壁，启八代之文章。"虚，壬也，奎木壁水，在乾戌之间，其中水木相生，虽居金土之位，而有制有化，故有八代文人之应。盖一元而兼两元。所谓一六共宗也。玄机秘旨有云："车驱北阙，时闻丹诏频来。"一白运龙从巽来，立坎山离向，即四三二一龙逆去，四子均荣贵之义。于衰死，玄机赋有云："水冷金寒，坎癸不滋乎乾兑。"摇鞭赋有云："水淫天门内乱殃"。

六二，生入（土生金）。于当旺，玄空秘旨有云："富近陶朱，断是坚金遇土。"下元六七之山，而遇艮水，为水之生入，主富。或六七之山，而遇艮水亦然，此即六七八之山一片是也。紫白诀有云："二黑飞乾，逢八白而财源大进。"于衰死，飞星赋有云："乾坤鬼神，与他相克非祥。"飞星赋有云："交至乾卦，吝心不足。"飞星赋有云："戌未僧尼，自我有缘何益。"飞星赋有云："乾为寒，坤为热，往来切记。"

六三，克出（金克木）。于当旺，身高体健，事业有成，利官场、建筑相关领域，因上司提携而有成。于衰死，玄空秘旨有云："雷风金伐，定被金伤。"震雷巽风，皆属木，若失元而被金克，定主刀斧之伤，或遭兵惨。玄空秘旨有云："足以金而踌跚。"震为足，被金克而不当令，故有踌跚之应。飞星赋有云："头乡兮六三。"飞星赋有云："三逢六，患在长男。"竹节赋有云："金伤雷府，易牙杀子媚君。"竹节赋有云："鬼入雷门，惠王子丧于齐。"

六四，克出（金克木）。于当旺，玄空秘旨有云："四生有合，人文旺。"上元一二三四之山，有九八七六之水，配成合十之数，下元六七八九之山，有四三二一之水，配合一六二七三八四九生成之数，主旺人文。于衰死，玄空秘旨有云："雷风金伐，定被金伤。"震雷巽风，皆属木，若失元而被金克，定主刀斧之伤，或遭兵惨。玄空秘旨有云："我克彼而反遭其辱，因财帛以丧身。"水本以克我为旺，而我反去克他，故有因财帛丧身之应。玄机赋有云："木见戌朝、庄生难免鼓盆之欢。"摇鞭赋有云："天沉风户杀长妇。"飞星赋有云"小畜差徭劳碌。"因为，乾克巽，所以会有差徭、劳碌之象。

六五，生入（土生金）。于当旺，玄空秘旨有云："富并陶朱，断是坚金遇土。"于衰死，玄空秘旨有云："庭无耄耋，多因裁破父母爻。"飞星赋有云："须识乾爻门向，长子痴迷。"

六六，比和（五行皆金）。天当旺，官运佳，掌大权，登极位。于衰死，飞星赋有云："须识乾爻门向，长子痴迷。"飞星赋有云："乾为寒，坤为热，往来切记。"飞星赋有云："乾若悬头，更痛遭刑莫避。"

六七，比和（五行皆金）。于当旺，玄机赋有云："职掌兵权，武曲峰当庚兑。"摇鞭赋有云："天泽财旺女淫乱。"于衰死，紫白诀有云："交剑煞与多劫掠。"玄机赋有云："乾缺元神，用兑金而傍城借主。"玄机赋有云："乾兑托假邻之谊。"竹节赋有云："蛇惊梦里，皆缘内兑外乾。

六八，生入（土生金）。于当旺，玄空秘旨有云："富并陶朱，断是坚金遇土。"紫白诀有云："更言武曲青龙，喜逢左辅善曜。六八武科发迹，否亦韬略荣身。"紫白诀有云："六遇辅星，尊荣不次。"摇鞭赋有云："天临山上家富贵。"于衰死，须防头、骨、肾及泌尿之病。

六九，克入（火克金）。于当旺，玄空秘旨有云："丁丙朝乾，贵客而有耄耋之寿。"下元九八七六逆排父母，主八十年之久，故主贵寿，上元不应。紫白诀有云："九紫虽司喜气，然六会九而长房血症。"飞星赋有云："同入，车马驰驱。"于衰死，玄空秘旨有云："火烧天而张牙相斗，家生骂父之儿。"乾为天，为父，离火来克，其形更如张牙相斗之状，必生骂父之逆子，失元者应。紫白诀有云："九紫虽可喜气，六会九而长房血症。"飞星赋有云："同入，车马驰驱。"玄机赋有云："火照天门，必当吐血。"秘本有云："六九为肺，痿衰则血症，盛必火灾。"摇鞭赋有云："天门见火翁嗽死。"

七赤破军金星

七赤名为九星之破军星，为六亲之少女，五行属金。于当旺，利于武职，旺丁旺财，福发小房。于衰死，易出盗贼，投军，战死，牢狱，官非，口舌，损丁，须防福融之灾。

七一，生出（金生水）。于当旺，有桃花之运，易得财富，较利娱乐业。飞星赋有云："破近文贪，秀丽乃温柔之本。"玄空秘旨有云："金水多情，贪花恋酒。"坎为中男、兑为少女，主男女多情。坎为水、为酒，兑为金、为娼，水性淫荡，值失元之时，故有贪花恋酒之应。玄空秘旨有云："鸡交鼠而倾泻，必犯徒流。"鸡，酉也；鼠，子也。若酉金到子，虽属相生，苟不当元，而又倾泻，必犯徒流破财，以水冷金寒也，轻则肾耳有病。飞星赋有云："破近文贪，秀丽乃温柔之本。"玄机赋有云："水冷金寒，坎癸不滋乎乾兑。"摇鞭赋有云："水临白花堕落杀。"

七二，生入（土生金）。于当旺，玄空秘旨有云："富近陶朱，断是坚金遇土。"玄空秘旨有云："天市合丙坤、富堪敌国。"天市，艮也，合丙坤即二一九八进气。或坤山坤向坤水流之类，故曰富堪敌国也。于衰死，玄空秘旨有云："阴神满地成群，红粉场中空快乐。"山本阴质，仍得阴星，水亦得阴神，虽多妻妾，只有空乐而无子。玄空秘旨有云："若坤配兑女，庶妾难投寡母之欢心。"秘本有云："二七合为火，乖杀气，遇凶山凶水，乃乌焚其巢。"

　　七三，克出（金克木）。于当旺，玄空秘旨有云："震庚会局，文臣而兼武将之权。"震甲为文士。庚为武将。若上元震山庚水庚峰。向水兼收。即三阳水向尽源流之义。下元兑山震水甲峰。亦主文武全备。失元不应。谓为金木交并。于衰死，玄空秘旨有云："木金相反，背义忘恩。"上文七运而用一白，此则一运而用七赤，为运之相反失令，金主义，故曰背义忘恩，无取用。玄空秘旨有云："兑位明堂破震，定生吐血之灾。"明堂，聚水虚也。兑以震为明堂，兑在下元，阴阳相反，两敌为难。兑为口为血为肺，震为肝，兑被震水冲破，肺肝两伤，故有吐血之灾。玄空秘旨有云："雷风金伐，定被刀伤。"震雷巽风，皆属木，若失元而被金克，定主刀斧之伤，或遭兵惨。玄空秘旨有云："长庚启明，交战四国。"长庚，西也。启明，东也。东在天地之左，为阳为主，主贵，即日之东升。升则处处皆得阳明生旺之气。西在天地之右，为阴为死，主夜，即日之降也。降则处处皆昏暗阴惨矣，四面八方。此阳彼阴，此阴彼阳，山水匹配交妍之准此。玄空秘旨有云："足以金而蹒跚。"紫白诀有云："三遇七临生病，那知病愈遭官，七逢三到生财，岂知财多被盗。"紫白诀有云："三七叠至，被劫盗更见官灾。"紫白诀有云；"蚩尤碧星，好勇斗狠之神，破军赤名，肃杀剑锋之象。"紫白诀有云："身强不畏反伏，但助神一去，还见官灾。"飞星赋有云："赤，连碧、紫，聪明亦泽雷随，刻薄之萌。"飞星赋有云："须知七刚三毅，刚毅者，制则生殃。"飞星赋有云："乙辛兮家室分离。"摇鞭赋有云："龙争虎斗而伤长。"

七四，克出（金克木）。于当旺，文人掌权，出文秀、聪明、诚信之人，积财颇多。于衰死，玄空秘旨有云："雷风金伐，定被刀伤。"玄空秘旨有云："破军居巽位，颠疾疯狂。"破军非兑卦也，言欹斜破碎，形似金星，巽上逢之，故出颠狂也。飞星赋有云："破近文贪，秀丽乃温柔之本。"飞星赋有云："长酉兮闺帏不睦。"

七五，生入（土生金）。于当旺，发土地、房产之富。于衰死，飞星赋有云："青楼染疾，只因七弼同黄。"飞星赋有云："紫、黄毒药，邻宫兑口莫尝。"飞星赋有云："酉辛年，戊己吊来，喉间有疾。"玄机赋有云："兑不利欤，唇亡齿寒。"

七六，比和（五行皆金）。于当旺，玄机赋有云："职掌兵权，武曲峰当庚兑。"于衰死，紫白诀有云："交剑煞兴多劫掠。"玄机赋有云："乾乏元神，用兑金而傍城借主。"竹节赋有云："蛇惊梦里，皆缘内兑外乾。"

七七，比和（五行皆金）。于当旺，飞星赋有云："七有葫芦之异，医卜兴家。"飞星赋有云："七逢刀盏兑为泽之形，屠沽居肆。"飞星赋有云："铁匠缘钳锤七地。"于衰死，玄空秘旨有云："兑缺陷而唇亡齿寒。"下元兑方缺陷，或水冲败，皆主缺唇音哑口喉诸病。紫白诀有云："破军赤名，肃杀剑锋之象。"飞星赋有云："赤为刑曜，那堪射肋水方。"

七八，生入（土生金）。于当旺，玄机赋有云："泽山为咸，少男之情属少女。"玄机赋有云："金居艮位，乌府求名。"竹节赋有云："甘罗发早，爻逢艮而配兑延年。"摇鞭赋有云："泽山增福旺少房。"玄空秘旨有云："胃入斗牛，积千箱之玉帛。"胃土在酉庚之位，入于艮丑斗木金牛之位，在下元主富。胃，兑也。斗牛，艮也。艮为天市垣，又七八相生，故有巨富之应，入者言辅星当飞在水口三又也。于衰死，玄空秘旨有云："男女多情，无媒妁则为私约。"若山水无从中用不合图画之秘，虽山水有情，只为私约。

盖中五立极之所，犹丹家黄婆为媒之义。

　　七九，克入（火克金）。于当旺，兴旺家室。于衰死，玄空秘旨有云："午酉逢而江湖花酒。"午酉虽属同元，而火能克金，唯无大碍，亦不免好花好酒之应。紫白诀有云："七九合辙，常招回禄之灾。"紫白诀有云："七赤为先天火数，九紫为后天火星。"紫白诀有云："旺宫单遇，动始为殃，煞处重逢，静亦肆虐。"飞星赋有云："赤，紫兮，致灾有数。"飞星赋有云："紫黄毒药，临宫兑口莫尝。"飞星赋有云："赤运碧、紫，聪明亦刻薄之萌。"

八白左辅土星

　　八白为九星之左辅星，为六亲之少男，五行属土。于当旺，忠孝有义，富贵长远，福发小房。于衰死，小口损伤，山难，须防关节及足部和脊骨之病痛。

　　八一，克出（土克水）。于当旺，有利事业之成功，钱财之收获。于衰死，竹衰死，竹节赋："坤艮动见坎，中男绝灭不还乡。"摇鞭赋有云："水淹鬼户小儿死。"此组合有白事之兆。妇不易生育，有子早夭。

　　八二，比和（五行皆土）。于当旺，玄空秘旨有云："天市合丙坤，富堪敌国。"玄空秘旨有云："四生有合，人文旺。"玄机赋有云："巨入艮坤，田连阡陌。"于衰死，玄空秘旨有云："丑未换局而出僧尼。"坤为寡，艮为阉寺，故在僧尼。玄机赋有云："坤艮通偶尔之情。"摇鞭赋有云："地山年幼子孙劳。"

　　八三，克入（木克土）。于当旺，利文财发丁财。于衰死，紫白诀有云："四绿固号文昌，然八会四，而小口殒生；三八之逢更恶。"竹节赋有云："碧星入艮卦，郭氏绝贾相之嗣。"秘本有云：

"八逢三、四，损小口。"

八四，克入（木克土）。于当旺，贤妇教子，积善之家，农林、蓄牧致富。于衰死，玄空秘旨有云："山地被风，还生风疾。"山艮地坤皆属土。若失元。而被巽木来克，故有疾之应。玄空秘旨有云："山风值而泉石膏肓。"艮被巽克也。紫白诀有云："四绿固号文昌，然八会而小口殒生，三八逢之更恶。"飞星赋有云："寅申触巳，曾闻虎咥家人。"飞星赋有云："或被犬伤，或逢蛇毒。"摇鞭赋有云："风户见鬼堕胎亡。"

八五，比和（五行皆土）。于当旺，发财禄，好运势。于衰死，玄空秘旨有云："家有少亡，只为冲残子息卦。"玄空秘旨有云："艮伤残而筋枯臂折。"艮为脾、为背、为手、为足、为鼻，下元艮位伤残，故有臂折筋枯之应。玄机赋有云："艮非宜也，筋伤骨折。"

八六，生出（土生金）。于当旺，紫白诀有云："八六文士参军，武则异途擢用。"紫白诀有云："武曲青龙，喜逢左辅善曜。"竹节赋有云："艮入乾，有捧挠无班山天大畜之乐。"于衰死，玄机赋有云："若艮配纯阳，鳏夫岂有发生之机兆。"玄髓经有云："艮配乾金，君岂有发生之机括。"

八七，生出（土生金）。于当旺，玄空秘旨有云："胃入斗牛，积千箱之玉帛。"竹节赋有云："甘罗发早，爻逢艮而配兑延年。"玄髓经有云："山泽通气，此少男之精结少女之胎也。"于衰死，玄髓经有云："艮乏元神，无恩星，用兑金，为傍城借局，而玉蕴山辉。"

八八，经和（五行皆土）。于当旺，利文才，成学业，旺事业，发田产。于衰死，玄空秘旨有云："家有少亡，只为冲残子息卦。"玄空秘旨有云："艮伤残而筋枯臂折。"玄空秘旨有云："离乡砂见艮位，定遭驿路之亡。"艮为山，为岩壁，倘此方有反背离乡砂，更过失元，主流亡于外；或山驿路之旁。玄机赋有云："艮非宜也，筋伤骨折。"

八九，生入（火生土）。于当旺，玄空秘旨有云："天市合丙、坤，富堪敌国。"紫白诀有云："八达紫曜，婚喜重来。"玄机赋有云："辅临丙丁，位列朝班。"于衰死，玄机赋有云："火炎土燥，南离何益乎艮坤。"

九紫右弼火星

九紫火为九星之右弼星，为六亲之中女，五行属火。于当旺，文章科第，荣显骤至，催贵中房，于衰死，官灾，回禄之灾，目疾吐血，疯癫，难产。

九一，克入（水克火）。于当旺，玄空秘旨有云："阴阳相见，遇冤仇而反无冤。"玄空秘旨有云："南离北坎，位极中央。"南北为中天立极之所，八卦之父母，其最力厚，能管诸方，故配合之道，以天地为定位也。玄空秘旨有云："相克而有相济之功，先天之火水未济乾坤大定。"先天之气，虽以生旺衰败为主，若由水皆得生旺，虽相克无碍也。玄空秘旨有云："离于会子癸，喜产多男。"离水至壬而止，子癸进气，即支兼干出最豪雄也，在上元主多男丁盛。于衰死，飞星赋有云："火暗而神志难清。"竹节赋有云："狮吼河东，盖因上离下坎。"竹节赋有云："中男合就离家火，夫妇先吉而后有伤。"摇鞭赋有云："火水破财主眼疾。"

九二，生出（火生土）。于当旺，须勤俭、广结善缘，财运、事业运方能渐渐提升。于衰死，玄空秘旨有云："阴神满地成群，红粉场中空快乐。"玄空秘旨有云："火见土而出愚钝顽夫。"火炎土燥，虽当元亦主生顽钝愚夫，何况出元乎。玄机赋有云："火炎土燥，南离何益乎艮坤。"摇鞭赋有云："火烧人户阴人败。"

九三，生入（木生火）。玄空秘旨有云："木见火而生聪明奇士。"木火通明。乃文明之象。虽不当元。亦生聪明之子。玄空秘旨有云："栋入南离，骤见听堂再唤。"九紫运龙从卯乙来脉，坐午向子兼丁癸，则九紫运当骤发，木生火尤速也。此为龙来三九逆去为穴，应主八十年之富贵。玄机赋有云："震阳生火，雷震而火尤明。"摇鞭赋有云："雷火进财人口贵。"于衰死，玄空秘旨有云："见禄存，瘟疫必发。"玄机赋有云："震阳生火，雷震而火尤明。"

九四，生入（木生火）。于当旺，玄空秘旨有云："木见火而生聪明奇士。"于衰死，玄空秘旨有云："丙临文曲，丁近伤官，人财因之耗乏。"丙杂巳。巳为文曲丁杂未，未以火生土，为伤官。龙水有犯此者，人财散耗乏之应。龙杂主丁，水杂方财也。玄空秘旨有云："遇文曲，荡子无归。"玄机赋有云："巽阴就离，风散则火易熄。"玄机赋有云："离共巽而暂合。

九五，生出（火生土）。于当旺，子女聪慧，有利财源。于衰死，玄空秘旨有云："丙临文曲，丁近伤官，人财因之耗乏。"玄空秘旨有云："我生之而反被其灾，为难产以致死。"我不当令，而反生彼。彼不当令，反以生旺之星下水，故有此应。玄空秘旨有云："值廉贞而顿见火灾。"值五黄运，在中央为土，在外即廉贞火也。玄空秘旨有云："火见土而生愚钝顽夫。"飞星赋有云："青楼染疾，只因七、弼同黄。"

九六，克出（火克金）。于当旺，玄空秘旨有云："丁丙朝乾，贵客而有耄耋之寿。"于衰死，玄空秘旨有云："火烧天而张牙相斗，家主骂父之儿。"乾为天，为父，离火来克。其刑更如张牙相斗之状，必生骂父之逆子，先元者应。紫白诀有云："九紫虽司喜气，六会九而长房血症。"玄机赋有云："火照天门，必当吐血。"摇鞭赋有云："天门见火翁嗽死。"

九七，克出（火克金）。于当旺，兴旺家室。于衰死，玄空秘旨有云："午酉逢而江湖花酒。"玄空秘旨有云："逢破军，而多亏身体。"火克金也，以上皆因夹杂之故，至其元而应。紫白诀有云："七九合辙，常招回禄之灾。"紫白诀有云："九七穿途，常遭回禄之灾。"飞星赋有云："紫、黄毒药，临宫兑口莫尝。"飞星赋有云："青楼染疾，只因七弼同黄。"

九八，生出（火生土）。于当旺，玄空秘旨有云："天市合丙坤，富堪敌国。"紫白诀有云："八逢紫曜，婚喜重来。"玄机赋有云："辅临丁丙，位列朝班。"秘本有云："辅弼相辉，田园富盛，子孙繁衍。"于衰死，玄机赋有云："火炎土燥，南离何益乎艮坤。"

九九，比和（五行皆土）。于当旺，玄空秘旨有云："火曜连珠相值，青云路上逍遥。"山得阳星，水亦得阳星，虽贵而不富。于衰死，飞星赋有云："火暗而神智难清。"玄机赋有云："离位巉岩而损目。"

沈氏地理疑义答问

沈飑民先生答杨天德纯三问

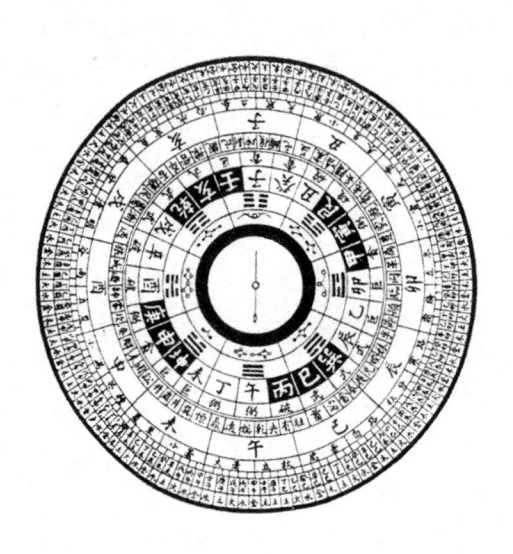

1 【问】：山龙来脉，以主山入首处为父母，八方星辰为子息。所谓主山，即入首结穴之主山否？八方，即八国否？

【答】：入首有来脉之入首，如甲山庚向，祖山在子丑，则丑为父母，而未甲庚壬丙辰戌七字为子息，结穴处系胞胎，亦作子息论。盘中八国，天元龙，八个清一色的天元龙。地元、人元皆然。八国之运星，天元龙者，各字亦均属天元，人元、地元如此，此天卦之法也。如用兼向，则天元龙、地元龙相兼，或天元龙、人元龙相互兼，或人元龙、地元龙相混，八国所排列各字，则以起星论，不以下卦论，均宜一一分清。总之只要是大地，八国山水，均要一卦纯清。

2【问】：如燕子拍梁，或金龙扛水等，横龙结作，穴后无顶脑，只在结穴处微动而略分八字者，此以来龙之夹耳峰为到头主星，微动八字处为入脉乎？抑此等变格，可不细求之乎？

【答】：此小八字系真正子息，古人葬地喜横龙贴脊而下，以其离父母祖宗较远，穴上不见主山，在来脉处始见之，其祖宗父母巍然高耸，或有圆秀峰峦，如此则来脉绵远，代数既长，子孙且能自立门户。近代地师，必欲于穴上见主山，则其来脉必短，子孙必受压迫，形局虽佳，不过出有田舍之翁而已，若急脉且有贯顶之煞气，而祸更多。穴法不外乎窝、钳、乳、突，古人喜葬乳突者，取其平稳耳，至窝恐空，钳怕直，不如乳突易见小八字、蝉翼，界水容易分清，肌理容易见其刷开故也。（此论述在山洋之迷一书上有详细的讲解）

3【问】：粤人虽推杨筠松风水术为正道，且由其挟术来粤东，不称其名，而称曰江西先生，但玄空学反而江西由失其传，潜移于江苏、浙江，夫少穷究其理，是是非非，无由明辨，江湖上谋食者皆伪说纷纷，不独道理无准验，即峦头工夫，格龙定穴，均不一致，究竟杨公所说若何？

【答】：杨筠松之说，详见《天玉经》及《青囊奥语》，后来失传，蒋大鸿公始整理之，故苏浙略有传者。

4【问】：凡格龙，龙在过峡处，抑在墓后一节束咽处乎？定穴究在穴冢前祭台边放水，三合家必取乙丙在戌，辛壬会辰等三合墓位，虽蒋氏《地理辨正》曾力辟其非，但未明言其非之故，此以城门诀取放水乎，还是另有他法？又后土碑位置，有重视，有不重视，主东各地风俗不甚相同，究竟在操作中有一定位置否？

【答】：凡格来龙，在过峡处为准，穴后入首一节为到头，亦需要审定，定穴则需要在穴心格之，竣工之后，则在墓碑处格之，放水以向星飞星布局为主，城门取旁气通而已，墓位放水纳甲收山伪说，皆不必从，后土绝不要紧，江浙后面放土碑在龙手，吾家坟墓，均不树立后土碑。

5【问】：书中论贵秀山穴，大抵阳脉入首，不过财丁门族而已。此阳脉是否如三合、二十四山之十二阳言也？抑指峦头言乎？

【答】：阳脉指峦头，即来脉无墩阜，无泡突，平平而来，谓之阳脉，非二十四山之十二阳也，阳脉平平无奇，故不发贵秀。

6【问】：书中有以实地峦头断生肖可也。此实地峦头，是否指坐山言，如甲山坐庚寅金，如此不由城门而应，而由秀峰以应，其发贵者生肖命，均以所坐者为生肖命所属乎？又兼向用替者，为甲子金，亦以甲子而断其生肖乎？

【答】：三叉水口城门流神等之空处，逢太岁填实之年，其地必发贵显，至其人生肖，分金为庚寅者，庚寅人发，而甲寅、丙寅、戊寅、壬寅之命亦发，但不及庚寅尔，翻阅仲山《宅断》之邵状元壬子命一切自明也，兼向用替者亦如此。

7【问】：玄空地理城门有一定之方位吗？

【答】：有，坎宅离向，城门在巽、坤两宫。
离宅坎向，城门在乾、艮两宫。
震宅兑向，城门在坤、乾两宫。

兑宅震向，城门在艮、巽两宫。
乾宅巽向，城门在离、震两宫。
巽宅乾向，城门在坎、兑两宫。
坤宅艮向，城门在震、坎两宫。
艮宅坤向，城门在兑、离两宫。

凡与向首合生成之数，为正格城门，即：一六共宗，二七通途，三八为朋，四九为友。如离向在巽，即四九为友，坤虽亦为城门，但不及巽之力大，故《天玉经》以有生成者为正马，余则为借马是也。

8【问】：凡能发贵的山穴，似乎八国中必有秀峰，或是"玄之"水，正格之城门，始能发贵，假如其山，八国无秀峰秀水，只得本身坐山高大卓拔，如此可能发贵否？

【答】：凡到山到向，均能发福，尖秀出文，圆正出武，故山水清秀者出人清秀，山水庸浊者出人庸俗，可下断言也。

9【问】：书中"过峡处，过龙运克泄，切须避忌"句，龙运既须避忌，譬如过峡处遇太岁加临，有无吉凶？

【答】：凡大地结穴，过峡处字字与穴相合，如子山午向天元龙，过峡处若丙若丁，则气不纯，发时必有小疵，故天元龙误立人元、地元之向，房分必有偏枯，三合家好为人立兼向，主要昧于定星，而不智龙气纯否，此无知妄作之结果也，如回龙之局，有午向而子字过峡者，非子能克午也，运克龙者，含理气而言，现在四运，过峡处若逢六七之字，金克木也，需要忌之，至过峡处遇太岁加临，则无关系，不能生祸福。

10【问】：书中言"临山时，辨通与塞，空与实。"句，此通与空二字，是指八方有水处或低下处言否？塞与实二字，是指八方之山岗高地，及桥亭树屋而言否？

【答】：当然，欲通处而塞之则无财，欲塞处而通之则无丁，如在四运排到四五六字处，在水宜空，在山宜实，所谓龙分两片阴阳取是也。

11【问】：粤地虽有三大江，细考究属山谷局者为多，且俗人不明通塞之理，而每惑于文峰出贵，喜其穴前之朝山高尖，似此山谷之地，四围山冈环绕，假如穴处旺星到山到向，惟向前数里有高山朝向，如此作水里龙神上山否？

【答】：亦作水神上山论。若内堂宽展，不被紧逼又无碍，大河大溪界之也无妨碍，前面朝山较穴低平也无碍，因山龙低一寸即为水之故也，向上平田低洼，均作水论。

12【问】：正道隐晦，伪说乱兴，谋食者诡计无穷，此形势所容易致也，有某人到了一个地方，故炫其伪术，则手里拿着一分山钤遗之，一而再，再而三，以便重来撞骗，俗人不察，珍视采用，不是谓李子明所遗，即是赖布衣所定，其真的未必为李赖所做，足迹所经，不可不深论。而程子曾言，非时不葬，上元下元甲子不同，则其形局虽美，而葬之未必合时，亦无当明矣，至于李子明何许人，不甚可考，即传为江西的系之赖布衣，亦无书说能来证明，以误传误，所谓李赖等山钤，果真有其事否？

【答】：山钤，起于晋朝郭璞，所谓天目峰高两乳长，龙飞凤舞到钱塘，海门一点巽峰起，五百年来名世王。相传如此，然文章不似郭璞所作，李子明为刘伥时宦者李托，赖太素为浙江处州人，非江西人，此种钤记，到处皆有，实不足信，刘基亦有钤记，其文才较赖公为高，然亦不足信。

13【问】：《天元五歌》谓"死者已枯之骨，非历久而不荣，生人食息之场，随呼吸而主应"句，此是蒋蒋大鸿以阳宅作用快于阴宅，其意是否？又平洋龙较山龙为快否？

【答】：阳宅受气较阴宅为速，阳宅属动，而变气易，因其为流动，凡宅不吉，可移房，房不吉，可移门，门不吉，可移床，流动如此，一年一月之间，总有吉星加临之日，故阳宅可随时以人的意思为之。阴宅静，是固定的，吉历者则有时亦不吉，不吉者则永远无吉期。至阴宅平洋龙虽比山龙快，然发福力量不及山龙之悠远。

14【问】：阳宅理论正道不兴昌，世人深中八宅派伪书诸弊，不区分个人与公共，错误地将市镇之宅划分为动宅类，以乡村者划分为静宅类，立向放水，各逞错误之旨，其无当可弗论，况住宅大小不同，间架各异，有单开间，双开间，或三四开间者，有正间，或偏间者，而进数则有二进三进四五进者，又近有二层或三五层之楼房者，式样也不一，下盘之法，不能明白，其单开间者，当然在间之正中下盘，然系偏间，或二进三进者，则于何处下盘？又楼房式之上层，必以楼梯为重，假如子午楼房，人住在楼上者，其梯位在宅之左角艮位，则以艮为气口乎？

【答】：阳宅以正梁格定，然一进三进及五七进者，以居中一进算，若二进四进六进，宜以物物一太极算，大门即气口，尤宜注意旁门，可按城门诀法论，至楼梯以下梯方为主，所谓接气是也，从左角艮位上楼，不作艮论，要以人从何方下，即以何方为承气，用盘格定何字，另飞一盘，定所承之气可也，总之阳宅间数，照玄空挨排，取其大局之吉星自吉，须避每年加临之二五凶星，二五交加必损主。如得本运旺星，或一六八白均吉，移床于此方可也。

15【问】：《紫白赋》有生运旺丁句，是即阳宅欲行催丁，须移床于生方，乃能有效乎？

【答】：拿定紫白图，取年三白，及当元旺星，无有不吉，如年星四绿到乾，虽克出亦可添丁，如以一运午向论，原造向星之四字处，现在得四绿加临，添丁无疑。

16【问】：书上云"移床催丁，须与命宫相配"等语，此命宫即三元九宫之男女命宫，生者取生旺其命宫乎，假如住者庚戌年生，为上元男命九紫，女为六白，此即九紫为命宫，取四绿木方为生之，或不得四绿，而取九紫之旺方以比助之，如此配合乎？

【答】：夫妇命不同者，取比助，若得元运乘旺，到山到向之地，皆可添丁，不必拘泥于此也。

17【问】：前承答示，凡房门不合，移床于吉方云云，若床位不得坐于旺位，而向于旺方，能有催丁之效否？

【答】：床位宜择生助男女命为最宜，如中元乾为统卦之气，六白可用，现在四运，四为旺星，四绿最旺，五为未来之气，然催丁则无功，惟旺气发取生入克入比和。

18【问】：常说物物一太极，每一间房屋必有八方，且年年必有吉星加临，于此移床趋吉，原属至易之事，但粤省平常屋式，所有房间过狭，阔每间有七八尺，且多长狭形，广肇更甚，对此形势，或东或西，每每不能得知道其东西之清楚方位，即每每不能得收趋吉避凶之效，抑此狭小房间，虽不能绝对得到，想震方即震方之全然清楚方位，而其卦气，以得震方为多，虽有少许之艮巽相兼，但不能夺其多数震气，亦即全然为震，便为震位，便可得收趋吉避凶之效乎？

【答】：不错，震多者便是震气方位，虽然吴越之地与粤地房屋不同，不是亲到不敢下断。

19【问】：灶为一宅中重要之事，古谓"妇主中馈"，须与妇命相配否？又灶位属火，四绿为木，现在四绿当旺，如坐四或向四，作取当元旺气，按木生火，转为泄气乎？

【答】：灶为妇人之事，虽与宅无关，亦须坐向合吉，现在向四绿方，为当元得旺吉之气，若在四巽处作灶，则属压，不是泄，作灶时注重向星，凡排二五八方吉，火门向三四方吉，谓之木生火，火生土，切忌安向七六九方。

20【问】：广肇之地宅内之土地公神位，每家安放在正中位，与门同向，门官神必安于入门后之左右方，三合家重视之，考虑此种定位方法当否？

【答】：不可安生方旺方，宜安煞方衰方，所谓煞重则神灵是也。

21【问】：井为有源之水，乡镇开井取水为饮料，往往左锄右凿，终不能得佳良堪饮之水，考虑应从何方开取，是在来龙有气脉处，是在生旺方乎，此不单独乡村这样，城市之屋，有水澄味甘，有污恶难闻，不堪饮料，其原理是关乎地脉之有无，还是关乎方位之生死乎？

【答】：井宜凿于旺方界水处，其水必洁，甘甜。

22【问】：三合家谓井为文峰，是把井当作山峰论，还是仍作水气论？

【答】：井实气也，亦作山峰论，在一四同宫之位，开井尤佳。

23【问】：开窗，市镇中邻舍相逼，有屋相阻，左右不能开别门趋吉，于是三合家伪设开窗取吉法，择取生旺方开横窗，或在瓦面开大天窗，如此办法可能接收生旺气以补救吗？

【答】：横窗天窗，不能收生气，但取空气流通而已，但窗外形状恶劣者，亦不可开。

24【问】：格城市村庄之公共地，在后方来龙处下盘，按水口格之乎？

【答】：以来龙作主，水口为枢机。

25【问】：水口之社坛，三合家甚为重视，此中之社坛，是否作山峰，为镇塞水口之意，抑果以神灵而事之乎？

【答】：凡排市村，用大运排，退气处可安社位，其神则灵，三合之法错误之说，不足为训。

26【问】：家庙或祠堂，粤地俗视为祸福之源，故祠堂外凿池建塔，以期待取富取贵，犹有建成各种各样的形式，如此家庙则承祀祖先神主，果真能如阴宅之发生吉凶，以关乎后人，或为子孙者，属于追宗敬祖之举，无祸福关系发生乎？

【答】：影向较小，然物之所凭，万一不走运时，亦必招祸，神坛庙社，最好峦头有气有煞，用煞形煞方最灵，所谓煞重神灵也，如庙在过峡处，其神必灵。

27【问】：粤地人每谓神前社后，不宜居住。按诸事实，凡于神社祠庙前后左右而住者，均为不吉，为何？

【答】：神前社后，不宜下葬，不独住居为然，而前面有屋如塞，实阻碍明堂者，亦宜避忌。

28【问】：乡镇欲建闸门楼，或欲建高塔，是否取当元生旺方为之？其法从何处下盘格定？

【答】：是，如有山取山之来脉格之为准，水以水口格之为准。

28【问】：天井放水，章仲山《宅断》无一言涉及，而三合家则神说纷纷，究以何位为宜？

【答】：放水于旺方为宜，三合家言，拘执不可信，放水如阴宅之明界处，须宜流通，惟阴宅重在元辰水，界水自高而下，而阳宅在平地，与阴宅异，凡本运当元之旺星可放水，未来气处可放水，若宅大者，三白处均可放水，不必一口气出也，此指明沟而言，若埋地下，目所不能见者，在玄空中不谈。

30【问】：二宅水光映照，远水不及近水之功大，但太近则恐有割脚之祸，此种情况远近有尺寸否？

【答】：水以近为贵，凡十丈之河面，必须离岸十五丈筑屋方利，其财始悠久，能离岸二十丈，门前无掩蔽，水深能湾曲畜聚尤佳，远水次之，凡目能见之水，均有效力，不过远则力量微些。

31【问】：凿池，凡阴阳二宅对于八方，排到水处而无水照映，用人力筑池蓄水，或凿道滨圳，在得元运时能有效力吗？

【答】：有效力，与天然生成者同样有效力。

32【问】：粤地俗有咸水、淡水之分，在于阴阳二宅之运而论，只有排到山者得山，排到水者得水，自然获吉，从无有水质咸淡之分，但粤地风俗每谓咸水结作，福力大减，果真有理吗？

【答】：此说不确，水性无分咸淡，惟茶糟臭污之水不吉。

33【问】：粤地风俗各村，村前必凿池蓄水，如此池塘水，作向上之水论否，又有吉凶吗？

【答】：如此之池塘水，可作贴身水论，其吉凶视元运而定。

34【问】：阴阳二宅于明堂内，被人建造高楼大塔，或栽种竹木，遮蔽面前水光，如此变作向星上山论否？

【答】：能见水光，不作向星上山论。否则当作看。

35【问】：城市鳞次栉比，假如铺屋正门之外，又开一后门，如此之铺屋，排山时旺星到山，作为坐空否？

【答】：后有屋，即作山论。

36【问】：阳宅均以建造时，或入住时候修理为立极，假如一父生两子，在三运造三开间之屋，三运时为长子娶媳妇住左间，迟几年转入四运，为少子娶媳妇住右间，两子分食，于书中所谓一到分房宅气移之旨，是分作两家。其长子三运娶妇，固仍照三运立极，其少子则在四运娶媳妇而住，抑须照四运立极另起宅命，以推吉凶否？还是父母尚在，仍以父母为主，不必另排乎？

【答】：同为家人，无须也，且宅命之说，实不可信，每见宅吉，凡住三白，及本运旺星，与未来之进气之位者，房房皆吉，如龙济光督粤时，其兄弟子侄均发，可以类推，龙济光一败，其兄弟子侄，及一班依附者，均即失败，以此例推之，一家亦如此。

37【问】：一国之治乱兴衰，原以京都宫殿为主应，中国北京面势属乾巽，为二八两运发福之局，失运则衰，故明社于崇祯亡，但查清朝入关，明为甲申，虽为小运八运，然城市用大运排算，实则属六运，六运于乾巽为反伏吟，且渤海映其前，原不吉之局也，新易国主，即为新立极，而顺治入关后亦都于此，意成统一，逐渐兴盛，似不以地面而受影响，是别有故乎？

【答】：排大运非一坎二坤三震四巽等论，须排卦，与皇极经世有同异，在此不一一多说。

38【问】：书中"申尖兴讼"句，注谓"尖峰在一九为文笔，在四为书笔，在中为词讼之笔"云云，八国中遇如此峰峦在飞星，果真属的验否？

【答】：得令者为刑名幕，失令者为讼棍，甚验也，申非申方尖峰，排山时排到二字处，有高峰即验。

39【问】：书中"火曜连珠相值，青云路上旬逍遥。"句，注谓"一六二七三八四九九一一四等，皆为连珠。"云云，此文笔峰排山到九一之连珠，果真亦应运发贵，抑不必拘拘于一四一六乃贵乎？

【答】：按章本无白字，火曜即尖秀之峰，排列于主山朝案，用时又得一六联珠之妙，主交运即应，一九亦联珠，联珠法甚多，非必一六为是也。

40【问】：个人住宅，与全局兴衰，实无关系，照《宅运新案》载上海小南门外，适庆主人张姓，三运建筑二层楼洋房，壬山丙兼子午三度，离方低空，总气口在艮角，向首及位，山星七赤，克制山星三四生旺木星，有损丁之忧，其次子竟于去年毕业后，不幸病殁，主人因特种缘由，迁往北市，仅留二人守宅，寂寞殊甚，急欲招一相当住户，相伴打破寂寞，适遇沈君，欲迁出鸣鹤里不吉之宅，因向此分租，张沈二人，入宅不是同一运，故两家宅运不同，于是沈家成为吉宅，沈宅总气口得生气，向首得旺气，向上低空，见公司钟楼耸起，丁禄两宜，灶在山星一白之位亦吉，就西边观之，灶在生山中五生气之方，丁口尤旺，云云，上海地势，艮方开朗，为上元二运旺局，张姓三运，宅中挨星不吉，又书云，内外俱凶成废宅，此张之衰败，是势所当然，至沈君四运迁入，四运于上海大局，亦居衰面，乃沈君因立极宅舍不同，竟然得丁禄两宜，绝不受大局影响，由此观之，住宅之吉凶，只有各个之立极宅命为衡量，于大而兴衰，似无关系，与书所谓"外凶内吉，准许小康，外吉内凶，难除瑕玷"云云，实相符合，惟有时见村庄上在前后左右，偶然误建楼阁，即生官非，或损人口，如此又于大局有关，该村庄因建楼阁而生官非，损人口，是由流年方位天星不吉，又犯五黄者所致，仍不关大局乎？

【答】：一宅不关全局气运，全局吉而一宅不吉亦凶，如繁盛的都会，难道无穷人，至上海全局之气甚衰，故年命奸拐盗案，日出不穷，然亦有众多人家，安全得福，所谓"物物一太极者"此也，适应宅命须用替卦，吾早已批明，该书未将批语加入，致读者未能明了，盖兼向用替方准，乾方灶位犯反伏吟，门开艮，艮方山星挨四，在四运为山上龙神下水，故丧丁，又震挨七，故艮方三，四运三巳为退气，七又克之，不利甚矣，沈总气口得四，为本运旺星吉，用替卦，其灶在山星八白之位吉，至五黄方位，动作必凶，桥梁公共建筑，乃关系全局，然与气口无关之宅亦无碍，凡建筑桥梁，其方位在五黄加临之年月最灵，然筑铁路公路，路线既长，亦无碍也。

41 【问】：住宅屋式，不论长形阔形，四边墙壁，必以整齐为是，但其中因地势关系，常有前面偏斜，不能整齐，或左右阔窄，偏歪不均，如此之屋，对于住人，有吉凶关系否，抑或得承旺气，可不拘论乎？

【答】：墙壁不齐正，则吉凶参半，失元衰退尤凶，将房屋改造，筑成长方，或正方，再开有气之门，可以趋吉避凶。

42 【问】：阴阳二宅之要，全在得生旺，其于失元运受囚，准备更新趋旺者，照《心眼指要》上所载，谓旧坟受囚，若遇得元运合旺时，即将碑记改换，或将冢上明土，去其旧土，重堆上新土，自可与新葬得元运乘旺气相同，而收更新之效。若按此，只言及阴宅，阳宅如何办，未有言及，照《地理全体大用》所言，则谓将瓦面揭开，露天数日，然后盖好，即可收生旺之效等语，有效果吗？

【答】：有效，阴阳一例尔同。

43 【问】：住宅入囚，另开门户，收效至易至大，书中已明言，假如其宅互相邻接，只有大街正门，别无余地可改变，照后三种简法，可有效否？

1 换地面，此与阴宅换土同，将原有屋内地面所铺之砖石揭去，另将新砖铺成，各处门向，均仍其旧，此法有效否？

2 揭瓦，将近正梁处之瓦揭开，露天数日，然后盖好，各处不动，此法有效否？

【答】：两种方法均有效。不必换地，将屋瓦揭去四五椽，露天数日，使受现在之天气，最简便也，但楼屋宜揭去楼板，此法简而易行，至换梁法，将梁一转身可也。

44【问】：三合家不明玄理，所谓的失运得运克煞等，原无定准，当其遇人家损丁破财者，指其山遇煞，则将穴冢用泥填而封之，待过数年，而后揭开，谓此自可免祸云云，而人多信之，其法真的能免凶否？

【答】：用泥填封，此说不可靠，若填时遇五黄岁煞更助其凶，粤地迷信三合之说过甚，人们喜听俗说，不能求实，在学说所致。

45【问】：乘土如何，凡山穴探得太极晕内真土，多是二三尺阔大，以葬棺论，棺尸长七八飞，大于真土甚多，此三二尺之真土，自然不足尽乘其棺，如此，葬时以棺内之尸首正乘其真土，或是以尸身正乘真土乎？

【答】：既得真土，将棺之中心，置真土中乘之可也，不必用尸首乘其真土。

46【问】：平常葬法，将棺放于真土，乘纳土中真气暖棺，然后棺骸不朽，而获吉也。但回忆童年时，邻乡有一户在其村后山边锄泥造屋，无意中锄见一古冢，冢内用砖石砌成坚固洞形，高及丈，阔丈许，中间砌结两堵二尺高基，乘棺其上，引动多人前往到看，随由乡绅者见是古冢，用原泥封固之，于今想象其地形势，原为结穴之地，惟葬法如此，不特无太极真土乘棺，且无常土贴棺，则与葬乘生气之旨相悖，如此葬法，果可发福否？

【答】：能发福。浙东均此葬法，余目睹怪事甚多。

　　1 上海百官俞姓发族地（北宋时所葬），开穴时，只见一道清气，亦此葬法，穴内无尘土，棺木尸骸均无。

　　2 王店某姓巨冢，有凹风吹穴，穴内棺木反身，（葬不过20年）满穴竹筋。至于凹风，余外祖吴春荣公墓，局势甚好，因建筑过大，为伪师葬高三四丈，两肩受凹风，葬后即绝，后舅氏死，经先子为之改葬，点定穴之后，扦下五丈，而原圹中三棺，一棺反身，一棺火灼，一棺移动，亲戚皆见之。

47 【问】：古冢葬法，似与三合家圹内开沟，引泉水外流之法相同，究此等洞葬之法可行否？

【答】：三合家泉水外流之法，非正法也，因地师看地不真的，恐受潮湿，故用此法，吾杭州因元时受杨涟掘坟之惨，乃改用三和土，取树叶打实，将穴掘深四尺左右，即名金井，棺放井中，四面用三和土筑成，底系纯土，取入土为安之义，棺上亦用三和土盖平，浙江铁路筑路，掘此种坟墓时，至坚者以火药轰之，亦不能动，惟须掘得真土，然后下葬，不肖地师，往往串同土人，预埋土于穴者有之，然一辨自明，惟浙东各地地师，不能辨土，故不敢穴葬只能筑圹而已。

48 【问】：古代士庶之死，葬有定期，粤地风俗则多葬骨，照理人死归土，元灵未灭，似葬骨不及葬尸之更佳，又凡误葬凶向凶地，尸骸已受水蚁，残留碎骨，如此若改葬后，尚能发生祸福否？或是只可为做子孙者纪念其祖宗之所在而已？

【答】：葬骨非正法，且葬骨不及葬尸之速发，残余碎骨，效力稍微，吾家有衣冠墓，在杭州地方，余亲生的祖母，因为洪杨之役，尸骨无处可觅，先于二运扦巽乾向，局面尚好，而地仅二三分，因衣冠墓，不多购地，癸丑年坟后章姓开池，余立遭凶险，后章姓因池无水，又开深尺余，余又遇覆车之祸，按此种葬衣冠之墓，尚有应验，况有骨者乎，惟葬凶地，犹如居囹狱，一旦出狱，如庆苏还，然其人年岁已老，无少壮有为之气力，只好安年而已，此一段比喻甚似之。

49 【问】：探土不确，葬后有祸否？凡地原以得太极真土暖棺，才能不朽，假如有穴，龙局好，元运又合，只是不善探土，将真土掘去，或未探得真土，如此葬之，能有发迹否？

【答】：此种地苟得旺龙向，亦能发福，不过不出人才而已。

50 【问】：土色有黄有白，有黄有白间杂，以何种土色为上，有无高下之别？

【答】：以黄色为正，白色易受潮湿，黄白间杂者，较白色为优，然各地土色不同，至真正时，土质细润有光有色，以手扪之，在初掘时，软滑如有油然，见风即硬，曾闻粤东习俗风尚，往往掘土深至一二丈，实太误事，掘至四五尺见真土已可，如一见土晕，便不可再掘。切勿为俗说所误。

51 【问】：选择之法，按照三合者言，选择之要妙，能以人力取胜而邀福祉，又《天元五歌》有"初年祸福天时验，日久方知地有权"之句，其意即二宅之吉凶，初用事时，未承地力，未能因地生祸福，所以祸福者，乃由用事时，年月日时而生也，但平日见人修二宅，二用事时所选日课，其遇凶煞者，因年应凶，所谓吉者，四柱合局，生扶龙山主命等等之如何为吉，每不见其吉应，只庆幸无凶祸而已，究之选择真的能以人力取胜获福否？或是以四柱造命之法不能应，而以天星紫白为得应乎？抑仅可避岁破五黄三煞使凶祸，自是为吉？亦即自是人力取胜之法乎？

【答】：三煞太岁切宜避，四柱八字谓之造命，造命者人已死无命，再取吉日，使已死者如更生之意也，此种吉课，不足为训，死排一个呆板的八字而已，其吉凶如何能应，总之可谓吉者绝对不验，而所谓凶者则无一不验，蒋氏用天星，然用果老星宗法，不及现代用天星为精，广州蔡氏最白，算法尚合，异于紫白有所误会，蒋盘十二舍，二十四节气，系择日之用，今识吉者均未知，即为三合之本旨，其法夹宫对照，一年有六日可用，能知其法，诹吉甚易。

52 【问】：三合家神煞甚多，五黄岁破三煞而外，又有阴府官符等等，假如得紫白吉星，可不畏太岁三煞否？又急于用事，五黄到山，择得太阳到山临照，可以不忌否？

【答】：三煞太岁宜忌，阴府等小煞无关，紫白只畏太岁，太阳不能制五黄，如遇到太阳到山，均需缓葬，三煞亦然。

53 【问】：二宅于立极时，所佈年月日时九星，将业能与坐山向首所得飞星同其吉凶否，现假例言之，比如于甲戌年葬寅山申向，除急于用事，犯坐太岁不计，所得时日九星，向首一四同宫，坐山一六共宗，如此将来能与山向飞得之一四一六同吉否？

【答】：如此择法亦可。

54 【问】：选择以何者为重，前问甲戌年，葬寅山申向，除急于用事，犯坐太岁不计，所排日时九星，惟力甚微，推所谓天星者，尚须太阳临照或交照否？抑太阳紫白，两者均要合吉，方为全吉，抑或除不犯太岁五黄三杀外，专以白星为主，全未明瞭，乞再示知？

【答】：须除太岁五黄三杀，择三合六合，而无日，五黄者用之可也，粤地选择，迷信甚深，天星之外，又加无穷神煞，神吉煞凶，但是阴阳原理，合则吉，冲则凶，而天道，多未研究，天道是气，能书每月下详细载明，同气同时交脱，例如今年：

正月建寅雨水太阳入亥宫　初一日寅亥合也

二月建卯春分太阳入戌宫　初一日卯戌合也

三月建辰谷雨太阳入酉宫　初二日辰酉合也

四月建巳小满太阳入申宫　初四日巳申合也

五月建午夏至太阳入未宫　初六日未午合也

六月建未大暑太阳入午宫　初七日午未合也

以下类推，所谓天德、月德、天合、月合、月空，皆由此推出，即黄道也，今所讲谓吉日，指地道言，黄道吉日，指天地合德言，不可不明辨之者也，能得吉日，黄道又吉，紫白亦合足矣，如明太祖朱元璋葬亲，当时哪有选择，可心为例。

55 【问】：择日原本与卦气并重，书谓"冬至甲子起子之半"，又谓"甲子起中孚"，是即冬至起于子之半，而为中孚卦所属也，查各年历书，冬至节之首日，如甲戌年为丁卯，乙亥年为癸酉，所谓甲子起于冬至日者，未为尽同，即黄星若之气妥，亦夫说明，依照每卦管六日七分，是否每年冬至节之首日，须由子月下半月起甲子，由甲子而乙丑，而丙，一视同仁，丁卯戊辰已巳之六日零七分，为中孚卦所属，须直输去，以至为塞为颐，周而复始，明年又在子半起甲子，而为中孚用事否？

【答】：一交冬至，即交中孚，所谓冬至甲子起中孚者，通卦验溯第一冬到是甲子日，余则不要非呆板甲子日也，盖六日七分之学，历年递推，甲子虽异，而卦气则不动，因卦气之起原，实出九宫，故以此法诹吉，方不失玄空之本旨。

56 【问】：各历书之冬至节日，未为尽同，此都是由岁差所致乎？但周天三百六十五日四分之一日为一年，即由岁差，而十二月之节气，亦必排足十五日而后为一节气也，既各年之冬至节日不同，以日时紫白而论，时由日定，日由月定，如此对于日时之紫白，似不准确尔，抑或另有推法乎？

【答】：卦气起于中孚在甲子之日，系当时历源，后因节气迟早，则以后之冬至，非甲子日矣，故日紫白表中，冬至前后甲子日，分须逆之说，卦气与紫白须相辅而行，盖阴阳之理，均可贯通，前寄九宫撰略，虽未及卦气之说，而紫白与卦相通之理，已明白言之，因天下之事，理只有一法，并无二致也，推法极呆，此互校，以避反伏吟而已。

57【问】：张心言阴阳开阖图，其卦位下所列之数目字，如坎宫所举，书内罗盘亦共取之，其意义及其用法何如？

【答】：毫无深义，四川有姓高者，以此为秘诀，如二运葬地，则用益观，大错误，不可为法。

58【问】：张心言须逆排卦之法，此即照山向飞星配成之卦，与先天所值之卦，两相较量，看其爻中分金，对于坐山分金，有夫相同，同则为反伏吟，改而避之，为立向趋避之法乎？

【答】：张心言根本已差误，其书只可作小说读也，先子当时谓心言一派能知卦理，然学术尚浅尔，六十花甲分金，以飞星为断，飞星为一，一属壬子癸，如壬分金乙亥丁亥己亥辛亥癸亥，天盘如遇一字，则两相较量，遇反伏吟避之，若在五运立卯山酉向，天盘之卯，与地盘之卯相同，人以为反伏吟，实则否也，因用分金时只用天盘，不用地盘，向上字飞为卯星之五字，即卯气，然五字夫分金之可言，且五为皇极，其气包括万有，并夫反伏之可言，此中最宜分别也。

59【问】：书中六十四卦世次图，所列各宫之世次卦，为乾为，观为四世卦，剥为五世卦，晋为游魂四世卦，大有为归魂三世卦。等，其用法究为何如？

【答】：分金用先天六十四卦，不分宫位与世次，故列下表，合人明白宫位与世次之位，如分金遇姤，则知姤在乾宫而已。

乾☰　姤☴　遁☶

否☷　观☶　剥☶

坤☷

乾　五爻变为　☲　大有归魂

否　五爻变为　☶　晋　游魂

60【问】：书中分金有转移之巧，不独关于穴中为要，穴上所见砂水，亦有奇验。等句，此转移是指立穴时补泄言否？奇验是指卦气生肖有所应否？

【答】：此奇验是小事，如得旺龙旺向，虽有小病，无损大局，如丙子庚子等，是应在生肖，卦气应疾病，沈氏玄空学自得齐地理丛说中已说明，勿疑，穴上所见砂水，无一不要分金，指小地也，若大地则不然，天下未有尽美之地，决有一种欠缺，富贵之地，夫一不犯桃花，富贵之人，狮子桃花者不过多娶姬妾而已，若于一种之地，不堪寓目，挨排出来，逢二四七九同宫，如此非妓女即下流，与富贵人不同，生溯极验，然吉地葬后，遇分金之年始生子，凶地遇分金之年，出盗贼淫女，再遇反伏吟，则凶上加凶，如女人本已淫乱矣，因淫乱而身罹大辟，可心类推，总之峦头为体，理气为用，峦头不真，理气无用，三复斯言可也。

61【问】：立向既重分金，假如立向时以骑正分金为主，还是以骑正卦位为主？

【答】：骑正分金，如子午向，取戊子庚子，不取卦位。

62【问】：分金以补泄为主，此所谓补泄，即指生克言乎？

【答】：曰然，医云不足宜补，有余宜泄，地犹人也，本源不足，虽日且参茸，适足以速其死，先天足者，虽遇瘟疫，不过一时之痛苦，其人仍夫碍，以峦头论，堂局不佳，以理气论，不到山到向，虽补泄亦何益，分金之力，亦犹是而已。

63【问】：书中论向水，将今星与地盘互相对照，求生克若何。句，按各山向不同，各元运亦不同，五运五黄入中之盘，何能运运适用，此地盘指何盘言乎？

【答】：地盘，即南午北子东卯西酉之地盘也，俗谓之元旦盘，因玄空须运运挨排，此挨排谓之排山诀，又谓之排掌诀，运运不同，所谓生克，亦运运不同，要运盘云生地盘及云克地盘，不要地盘生克运盘，然到山到向，所谓一贵当权，则不要紧，如四运午宫挨八即自明：

丙　丑　丙为火，生丑土，为生出凶。

午　八　艮　午为火，生艮土，为生出凶。

丁　寅　丁为火，寅为木，是木生火，为生入吉。

至如兼向用替星，当以星定之，又与上不同。

丙　丑　破　丙火克破军金，克出凶。

午　八用替　艮　破　午火克破军金，克出凶。

丁　寅　弼　丁火与右弼火，比和吉。

立向消水之正道，收山出煞之要诀，分金时如山向飞星遇一，若向首遇坎是也，然效力甚微，总之玄空宜活用，如到山到向矣，必须坐有山朝宜空，如上山下水之地，现在四运，亦可取用，必须坐空朝满乃可，因上山而向上有山，下水而坐后有水也，如二运乾巽大旺，然不可兼左兼右，兼则必绝嗣，因用替卦，丁星入囚，过生子之年，必损丁、小产、坠胎，此种宜用直达之向，切忌补救之向。

山管人丁，山星运盘三，用替卦挨卯，卯即巨，以二入中，二为本运旺星，今当旺之星入中，即二入囚不吉，故子嗣必绝，若用乾巽或亥巳正向，则丁财贵秀矣。

64 【问】：书中"反伏吟山向，按未分零正空实而用之，亦可化凶为吉。"等句，反伏吟原为凶向，今得零正空实合法，反吉无凶，此空指低空言乎？零神之义为何？

【答】：凡犯反伏吟之处，遇低空无碍，遇零神无碍，零神即用向上地盘而来者，非飞星挨排而来也，零神在向首，故四运之零神，为辰山向，四运下葬，致富者甚多。

65 【问】：分金应法，设例，峦头端正秀美，局势平正，来龙水法，均合人元寅山申向，在此四运立极，坐山寅位既济卦，戊寅庚寅分金，向上未济卦，丙申分金，有秀峰，左方贴耳峰乙位，辛卯争金，左来水巳位，癸巳分金，去水辛位，如此何年应山，何年应水，请详示知。

【答】：此问：题过大，且近日天寒砚冻，只好简单举例，如坐山寅位，地盘寅，天盘辛，辛克寅，为克入，旺，天地盘相遇，为上艮下兑，损☲，六十四卦之分金为☲既济与损，夫反伏吟，至寅之纳章分金，为戊寅土比各，庚寅木克出，损为艮宫三世卦，土重，又在艮位，亦为土，克出本凶，然庚寅之分金为木，又为兑金所克，其力甚微，主庚寅生子，其性仁慈，然善善而不能用，恶恶而不能去之流也，又山上飞星为四七，四为巽，七为兑，上巽下兑中孚☲与☲既济相较，无反伏吟云，余类推。

66 【问】：按上文答示，可明大概，况现时又现天寒砚冻，原不应再问，惟思庚寅生子，善善不用，恶恶不去云云，忆及敝友姓黄者深中此前不见古人，欲振作而不能，卒无建白，又有吴姓者，亦类如此，每为寒心，人类原以仁慈为贵，但其善恶不决，等于愚狂澜，按五行，以中和为贵，不论金木水火土五性，一旦被主过，即变为其性，太过不足，将来生肖遇之，均如上之庚寅木肖者之生此偏弊，非限于此庚寅者，乃有此偏弊乎，再举奉问，乞便时详细示知？

【答】：前答因天寒笔冻，未能细答，何年应山，何年应水，原拟春来函告，兹再略答如下，《青囊序》云：龙分两片阴阳取。水一片管财禄，山一片管人丁，水里何年得旺气则行财，山里何年得旺气则添丁，此活泼泼地，将流年之飞星，加诸天盘之上，以分金之纳音互参，如纳音为金，遇土则吉，遇金则比和，遇水则生出，山上主人有疾病，水上主人耗财，可类推也，此现在四运之排法也。倘至五运，又将五之客星，再飞一盘，以客星之分金，与元旦盘之飞星合阐之，定其生克可也。又如四运所葬之地，尚未入囚，四运过后，在五运时，五字处有水，将五字处分金之字论生克，则财禄可断，五字处有山，将五字处分金之字论生克，则人丁可断，在人心灵目巧而已，总之五行以中和为贵，而龙身亦有强弱之别，强弱则生人秉性不同，而事业则异，如强则为长官，弱则为守财翁，性同而事业不同也，又最可怕者，如分金处，逢山巉岩巨石，水则斜飞，又如红庙形状奇怪者，逢凶则愈凶，逢吉亦不吉也。

67【问】：假如其山，所葬之人，生前无子，已属绝嗣，其后由别人入继而祭祀之，如此葬后能兹荫其继祀之人否？又如其人一妻一妾，或妻无子，而妾有之，或妾无子，而妻有之，如此于无子者死后所葬之山，能一体祸福其子孙否？抑此中道理，不分血统，凡无子而死者，其葬之山，由继承奉祀之人，山吉者必得其福，凶者必应其凶乎？

【答】：上理至浅，僧道乳母，均能荫及祭主，即谚云孤坟荫祭主是也。

68【问】：书中豫以食停句，震木克制土豫，故必停食，按豫卦由辰坤而成，震在上则为豫，若震在下则为复，豫与复性情不同，若不严分之者为上为下，则读豫时读复，读复时而读豫，卦爻不同，吉凶颠倒尔，此中未见明文，穷以向星为上卦，抑以山星为上卦乎？

【答】：山星居下为内卦，向星居上为外卦，此一定之例也，若双星在向，或双星在山，亦以山星为下卦。

69【问】：替卦之法，于山向皆有替可寻时，向首不吉，替之则合元贞吉，但有时并坐山亦替之，反为不吉，章仲山宅断山星不见有替，如此专替向首而不替坐山，能否任人随意，抑凡有替均须取替乎？

【答】：章仲山宅断于坐山不用替，系章仲山欺人之事，其实有替者均须取替，不能任人随意，章仲山宅断少一句声明，再版时当补入。

70【问】：现市上罗盘似有度而无分，凡兼向兼过三分须用替句，此三分指盘中何层之三分言？

【答】：周天三百六十度，每一字得十五度，十五度的三分之一为五度，五度为三分，三合盘二十四山之边二层，即左兼右兼也，并非消水拨砂之用，兼向时用三合盘极为便利，奈何今之习三合者未能知之用法，妄以为指东西尔，惜哉惜哉。

71【问】：书中统临、专临句，是专用于阳宅，推九星流年到方乎？又何谓专临？何谓统临？

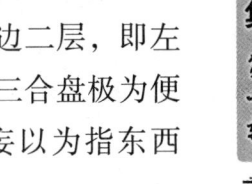

【答】：统临专临，如现在是四运，排到四字即专临也，若遇六字即统临也，因六为中元统卦，阴阳两宅，均如此推，惟慢宅客星加临，较阴宅尤验，查章仲山宅断阳宅诸断自明。至于紫白诀所云，切记万不可从。

72【问】：书中取得转星成五吉句，如此既得今星到山到向，不得转星，尚有凶否？

【答】：当今之星到向一吉也，到山二吉也，向傍二宫有水者，挨得一白六白八白，三吉与四吉也。如现在四运，其八国有水处挨得五字，五为未来之气，即一吉也。而此处所谓之五吉，是指只要酸山有山到向有水，则人财两旺，虽不得转星，亦有吉无凶。

73【问】：书中"挨辅星之法"，即替卦，一挨立向消水之用，即收山出煞，其法亦与替卦同，挨得之星，于分金时如与六十四卦成反伏吟者，则另移位置等句，于此如何挨法，如何移位，全然未时，请详释之？

【答】：兼贪兼辅，系言替卦，如章仲山《宅断》中之稽中堂一地是也。可揣摩之，此白以三白为吉，贪一白，辅八白，不言兼武者，因武包括于一白八白之内，即举一反三之意，上元取贪，中元取武，下元取辅，上元用辅，下元用贪，则功效不同，所调贪辅不同论也，然穿系吉星，所谓天气下降，地气上升，说见周易未儿录，至另移位置，即另改向也，下卦之地，亦有五吉，不用替星取得，如四运之丁癸癸丁兼向，虽只四吉，而夫五吉，然葬之坐有山，向有水，则财丁两旺，惟此种兼向极危险，交五运甲中年时犯上山下水，丁财大财，癸山丁向，虽犯向煞，尚可修理，使星辰一变，作五运论，如丁山癸向，是年三煞，万不能动，甲中一看中丧丁破财，必不能免，若同一时有得别坟旺山相补，则祸尚可稍减轻。

74 【问】：书内"空位忌流神"句，此空位指何处言，流神是指来去水言否？

【答】：流神即水也，玄空取水，不论去来，在穴上见某字水，旺在某运，所忌者流神之外，傍二宫见过时之水，即现在四运，向傍见三字三字之水，又如子山午向，午字上无水，而丙字丁字上有水，此丙丁空位也，遇此宜用兼替补救，又替卦既用星，城门水口等，亦当以星排为是也。

75 【问】：书中"凡用替卦，向首无明水者，前十年作本向论，后十年始由替星轮转取断。"句，假如现四运，前十年甲子已过，在甲戌后所葬之山，即照后十年论，即将替星推断吉凶乎？抑须由葬日起，计分前十年，后十年之期而论乎？

【答】：不必自葬日起，甲戌后当以替卦论。

76 【问】：兼向用替，校量反伏吟，原兼向用替之山，八国所得者是星而非卦也，校量时即将向首天盘所挨之卦位如何，与山向所值之卦位如何，两相校量，抑山向所飞排之星，不必校量乎？

【答】：替卦山向排值之星亦卦也，仍须查反伏吟，惟到向到山之地，所谓一贵当权，诸邪尽伏，虽遇生出克出，分金之反伏吟，为祸甚微。

77 【问】：兼向如兼一分二分者，原不须用替，若兼至三分以上，则必须寻替云云，此原一定之法也，但以宿度计算，兼至三分以上者，不为六度，即是七度，似此非属差错，即近出卦，或居骑缝，譬如每逢山向兼至二分以上，即将用替取断可行否？

【答】：兼则有一定，可避差错出卦，今之正向，实非正向，因磁差三分，而正向已兼三分矣，四运之乾巽，原为反伏吟，如向上有水，而震宫有水放光，能用兼向，则四在震宫大利，向上之三系卯，兼则以二入中，当元旺星四绿到震，所谓兼向为补救之向，为救贫之向也，至在骑缝山向，其人作事，反复无定见，心身如坐飞艇，摇摇无定，阳宅尤验。

78【问】：书内罗盘图式第八层，所列山向六爻分金，实未明其用法。

【答】：如在四运用艮向坤山，艮是无妄☲明夷☷，坤是讼☵升☷，今天盘坤挨一，一即坎，坎之分金为☷坤为☷复，与坤相较，复☷与明夷☷遇，复有坤，明夷亦有坤，其气丛，为反吟，然天盘，其力甚微，其交亦浅，肖羊未猿申之人，葬后生者，患腹疾，或鸦片赌博之类。又以山向之飞星，合成一卦，为四一，即☴涣，以坤之天盘复☷与明夷☷相较，无反伏吟吉。

79【问】：观上文反伏吟之法已明，假如现四运辰山戌向，是反伏吟也，按于反伏吟遇水空无碍之旨，向上低通，可置不忌，惟到山向星这乾六，山为实地，其凶可能免乎？

【答】：六乾到山，与巽四暗合十，无碍，然后伏吟遇空无祸，实则凶，此外仍宜慎之。

80【问】：现在四运四为旺星，一贵当权，诸邪摄服，但在乾方为反吟，如此尚能作当权无凶否？

【答】：无凶，因合十也，如乾方得水，或为门路，且年星四绿加临，致富者甚多。

81【问】：一九两运之壬丙山向，均犯反伏吟，惟其为何而犯成反伏吟，再三排列，未甚明其所以，照一运壬丙，除全局向星犯伏吟外，向首天盘挨到五黄，五为皇极，包函万有，其分金料无反伏吟，置不具论，向上先天之卦，丙中为大壮大有及半夬，大有☰☲中有离☲卦，与向上飞星合成卦之晋卦☲☷相较，晋中亦有离☲卦，彼此同对离所了，即为伏吟，此向上飞星合成之卦与先天卦校而犯伏吟也，又向上飞星合成晋卦，卦爻分金，与坐山所坐己巳。此己巳分金，与坐线之己亥相反，如此即为卦爻相反，而犯反吟呼？究属如此较量否？

【答】：譬如是向，向首九犯伏吟，而一运用之，向上有水其水已退气，作煞水论，至其分金，九字见离，大有处是为反吟，至夬与大壮虽相丛，然为先天卦，先天体也，不作反吟，壬字处比字，则作反吟论，因双一遇坎也，至己巳分金，以纳音论，己巳木，己巳处卦位为大壮，大壮有木有金，然大壮坤宫卦也，作土论，土被木克矣，然土多，克之无害，所谓不足宜补，有余宜泄之也。

82 【问】：犯反吟之山向，所发生小产等祸害，是照卦理卦气而应其疾病，照生肖而应其人否？

【答】：大有为乾之归魂卦，作乾论，戌亥二命当之，暌为艮之四世卦，丑寅二命当之，晋为乾之游魂卦，亦戌亥二命当之，余类推，至小产不育等，今举一例，如二运葬乾山巽向或亥山巳向，到山到向，财丁两旺也，若乾巽兼向，或亥巳兼向，则皆有财而无丁，并多小产不育等病，因兼则用替，用替卦则不以三入中，而以二入中，时在二运，以二入中，即丁星入囚，丁星受囚，即女人生产，必犯小产不育无疑，如此丁星入囚，虽富而无子，不必推反伏吟之卦也。

83 【问】：颠倒之山向，每遇流年旺星加临而见凶祸，其中犯祸反伏吟之山向，又如何而复见福？

【答】：反吟伏吟，其卦气已乱，流年旺星加临时，反助其乱，益促其凶，往往是年，立时得财，立时破财，并见人命官非。

84【问】：凡山当令时，所谓一贵当权，自可无凶，若失元时，则被克者凶祸难免，假如四运艮山，向星飞七，天盘又七，七制山星之四，如此交五运作受煞否？抑葬时得旺，则犹春生之树木，自后开枝结实，究其未到枯死时期，虽过华霜冬雪，亦不畏乎？

【答】：凡得元当旺之地，在未囚时，有吉无凶，因年月日时客星生助，即如开花结果，年月日时客星退休，即如冬霜，有一年不利，而其中有数月可利者，有一年利，而其中有数月不利者，平均计算，旺山旺向，尚未囚时，决不能摇动，例如旺山旺向，作一公司，年作支店，月作分销处，倘遇分销处停业，与大公司基本，仍不能动摇也，四运艮坤，一运始囚，以此比喻，思维之。

85【问】：推断二宅，原以卦气与分金为主，而照章仲山《宅断》一书所断，有时似取运星同断，究意以运星能推祸福否？

【答】：运星不能断吉凶，财以向星断，丁以山星断，此定便也，总之玄空须活用，不可呆用，如一四同宫，得运时则功名可取，失运时则犯淫乱，故章仲山《宅断》有遇一四同宫，主母与和尚通奸，可悟也，又如《玄空秘旨》云，"火（九）烧天门（六），是九六，丁丙（九）朝乾，亦是九六。"失运为火烧天门，得运为丁丙朝乾，贵而多寿，有如天壤之别如此，余可类推。

至于丁丙朝乾，非丁丙两字朝乾，若丁丙朝乾，即凶差错之病，言丁丙是举离卦言，其中含有午字，此不可不知，午字朝乾，丙字朝戌，丁字朝亥，得运之地，九六同宫，即丁丙朝乾，主贵而寿，或山星排得九字，向星排得六字，亦是丁丙朝乾，故玄空宜活用也。

86 【问】：书内"一六联珠"句，原其向星与山星相配，乃正当之一六共宗也，但有时不得山向两全，只天盘挨一或六，与山向之六或一，飞到相遇，如此亦为一六共宗否？又如地盘之坎一，或乾六方，遇天盘挨来之六配于坎，或挨一到乾，发此可作一六共宗否？

【答】：均作一六共宗论，不仅一六联珠，二七、三八、四九皆为联珠，不过不如一六之佳而已。

87 【问】："二五交加"之凶，即五黄遇二黑，二黑遇五黄之凶也，但于一贵当权时，二运之二，五运之五，如此交加尚有凶否？

【答】：当旺时二五交加出名医，以医起家，此言排山排水也，若二字五字，年神排到五黄，虽名医自己亦病。

88 【问】：中宫所值飞星，能与八方所值飞星，遇流年客星加临吊动，即生吉凶，如一四六八相值者应其吉，二五三七者即应其凶否？

【答】：中宫与八方同，中宫值旺，八方献美也。阴宅主静，不独年星加临，吉凶立见，而月神亦验，若二五运之二五，如五字加临，是年病不能免，病者生肖属相同者为多，三七运之三七，遇三七加临，旺上加旺，入囚后主火灾，加九字尤验，得令时所谓震庚会局，文臣而兼武将之权矣，阳宅更验。

89 【问】：书中"杀旺须求身旺为佳，造塔堆山，龙极旺宫加意，制杀不如化杀为贵，钟楼鼓阁，局山生旺施工。"等句，此法在阴宅能施用否？

【答】：阴宅主静，宜听天命，阳宅主动，可以人为。阴宅如建塔堆山，一旦凶煞飞吊，反生祸灾。阳宅主动，如建塔山楼阁，一旦凶煞飞临，人可趋避，如移徙别间，移房安床等类，等待凶煞过后，再回原状，至易事也，惜三合俗说仅知凿池建塔，未知施用之故，呆拘死法反增祸灾尔。

90【问】：章仲山《宅断》一书言贵者多，甚少言武，虽有出鼎元，出总兵格局之句，然亦多言飞星，而少言形局，究竟出文出武之峦头为主，还是以飞星为主乎？

【答】：大地形势，固可断文，亦可断武，如一四、一六均可断贵，形面秀美者断文，如顽金蛮金亦有发者，此等地遇一四、一六均可心武贵断之，即尖秀出文，圆正出武也，然亦有一种地，形面虽美，而山向飞星，遇震庚会局，如此决不能出鼎元，出武臣无疑，又峦头为体，理气为用，飞布不合，亦无应也。

91【问】：书中财丁贵秀一段，断新坟吉凶，以峦头为重，旧坟则峦理并重。等句，此新坟旧坟之分，平常葬后经过几许多年期，乃作旧坟？

【答】：新坟得天报迟，得地气早，到山到向之地，吉则理吉，上山下水，凶则更凶，至新坟年数，如四运葬寅申旺山旺向，峦头佳美，则吉上加吉，至五运作老坟论，然须八国山向飞星而断，入囚则无气，峦头虽好，亦无用也，又新坟并重零神正神，零神正神用元旦盘，如三运以七为零神，三运旺向为卯酉、酉卯、辛乙、乙辛、辰戌、戌辰，然此六局之地，卯酉、乙辛二局，发福最速，因零神在兑之故，所谓寅葬卯发者，即此局是也，然向上无水，则零神无力。

92【问】："财下贵秀"段，末尾仍以实地峦头断生肖可也句，如三运葬卯山酉向，前面低田，乾方则水外尖峰，飞星巽四，现值四运当元，一旦客星加临，固可发贵，惟此肖命，照于坐山卯命，如辛卯生者为应，还是取乾方之巽为主乎？

【答】：此地乾方特朝水，主辰巳生之人肖本运致富，取四巽断，假若无此命生人，木命者亦发。

93 【问】：阴宅以分金定生肖命，原一定之法也，是不是阳宅也照此以推肖命否？还是阳宅取飞星为断，便可乎？

【答】：阳宅是活动，与阴宅不同，照山向飞星推定都可。

94 【问】：书中"陶宅，五运丑未，向上飞布二二五，被楼阻塞，六七两运，病人常见女鬼，后则不见。"等语，二黑阴卦，失运固主鬼怪，但六七两运未失运，且后不再见，又未见其更改门向，换星辰，此是由六七运所挨，客星为三四木，克动坤土，及生助五火，故此发见，其后不逢生克，故而不见乎？（见图134页图一）

【答】：凡阳宅在入囚时，始见鬼怪，骑缝向向更多，因人心未安，鬼神即生，陶宅前面楼阻，星辰虽不囚，而形局且在囚中，故出鬼怪，女鬼者，五运之末为阴，双二又阴，故主女鬼，五运不出者，究因一贵当权，诸邪可摄也。

95 【问】：章仲山《宅断》徐姓祖墓，因山上旺星是五，故断中乡榜五人，其出一神童，十五岁中进士者，亦由山向与中宫之五，合成十五，故断为十五岁乎？（见图216页图五十八）

【答】：六入中，飞星是五，故入五人，神童未知何年生肖，此问不能妄答，已向徐氏查其生肖。

96 【问】：中进士者至十九岁吐血而亡，此从何处推为十九岁乎？周易之为数只五，多则宜加，少则须减，习三合者每谓人家祖坟，某可出文科武甲几名，某可出丁几人，发财几千百万，此三合是取甲巳子午九之数为推，还是妄言乎？所指数目多少，究经如何推法为定则乎？

【答】：红庙之九，即作十九论，甲巳等之九数，习三合者所言均无准，宜用洛书，此法人多未知之，列于下。

一三七九天数，即生数也，二四六八地数，即成数也。

凡天数皆以一起，而以三乘之，如一乘三，即得三，三与三乘，即得九，三与九乘，即得二十七，凡十数二十数云之不用，去二十不用，得一即为七，三与七乘，得二十一，去二十不用，即得一。

凡地数皆以二起，皆以二乘之，以二乘二，即得四，二与四乘，即得八，二乘八，即得十六，去十不用，即得六，二乘六，为十二，去十不用，即得二，如此细推自得。

97 【问】：再版《玄空学》，内有新增某姓祖墓，二运乙山辛向，其中有两点不明：1、二运之乙山，三运旺星入中，一白到山，长房添丁云云，一白虽为上元得力吉星，然其到山，山上飞星，绝无一白，何能添丁，2、另问：又添丁属在长房疑而未得其故也？（见图167页图廿三）

【答】：一白到山，与九相遇可添丁，章仲山云次房，非长房也，又中宫值旺，亦能添丁。

98 【问】：第一点已明，至第二点，章仲山注巳命人发福，酉命人发秀云云，此中发福发秀，如何而发，更难明白？

【答】：此图王则先由钱氏家谱录出者，则先从向上之地盘取断，此系总诀，切记住此四，非在向首之四，仍地盘之四，主巳命，七仍地盘之七，非在坎之七也，主酉命，不言辛者，因辛属天干，非地支也，巳命地盘与天盘合四一同宫，本主发秀，然无明水发光，潴聚池水，系辰字，以一入中顺排，池水系九，一九相遇，向上飞星三碧木遇之，为木火通明，震为长男也，故长房起家，酉命地盘七，七属辛，辛天干也，酉内含辛金，故主酉

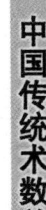

命，三运一白入中之年，三到向，与七合十，中宫向上飞星之四，又与一合，一四同宫，故主发秀。

99 【问】：八卦分属之公位，如乾为父，坤为母，震巽属长房，坎离为中，艮兑为少，又乾为长，坤为次，巽为少，此八卦所属也，然世人往往不只三子，常有四子五子或十余子者，假如遇此多子之山，仍皆照八卦所属而分，其为第四子者，又作长子，以震巽属之，其第五子，又以坎离属之，第六子者，又作少论，其第七子者，又复作长，以震巽为属，周而轮断，不论其子多至十断以外，均准此而推否？抑别有断法？

【答】：所言者如是也，别无断法。另外还需从峦头上断之。

100 【问】：二宅所排之卦，衰败克煞时期，固由其所排何种之卦，即招何种凶祸，假如得运应吉之时，其为士农工商之事业，而后其吉否，例如乾卦而论，其凶时头痛肺病、吐血等祸，此因乾卦于身体为首为肺之所致，又应吉时，其地大者为军吏，为武职，为大富等，此由乾卦于天星为军吏，为贵人，为富之所致，若平常小地者，为金工金业，石匠石业，此乾卦于物为金为石之所致，应吉应凶，果如此与职业之关系否？

【答】：所言诚是，应吉应凶之理，但更重要的必连同峦头形局的美恶一起看而定，即所谓："峦头理气并重也。"

三元地理辨惑

清　桐城　马泰清

　　马泰青为清代著名风水大师，安徽桐城人，名清鹗。道光丁未年于在京城拜师李振宇（乐亭人），得玄空真传。著《三元地理辨惑》问答一百则。解惑人们对风水的认识，很有适用性。被称为风水峦头理气的权威理论篇，是我们学习风水的必读篇，内中有《地理十不葬》堪为地师箴规，被历代传颂。

马泰青自序

近世地学一道，不患无书，而患书之多伪；不患无师，而患师之少真！初不解昔之撰伪书者，系何属何心？既不得形势理气之所以然，遂连篇累牍，灾殃梨一家之言不已。另创一家之言，汗先充栋，贻悟天下人！恨祖龙之不作，谁为投诸烈焰之中，以快被惑者之胸臆也？

其挟南针以游食者，亦据伪书为蓝本，说幻谈空，不自知其迷谬，彼士大夫，素不研究心说于此，一旦闻所未闻，惊为神异，倒屣争迎，术士遂得肆其簧鼓，致令孝子慈孙，一片虚心，显赏实祸。虽名公巨卿，能举天下之生民以安全于席，曾不能逃术士之蛊惑，以自救其败亡，可悯可叹！

凡历代名师，不难明目张胆，悉取其诀以示天下人，无如金人苦少，特恐奸恶之人，识得仙机妄希非分，故有守口如瓶之戒，遂蹈因噎废食之讥，然而秘之虽深，于各经传注中，未尝不直言其诀。但必待家世仁德之英贤，口授心传，以绍千秋之道咏，何尝以吝啬为怀？作鄙夫垄断之计哉，所患者，有恺切济世之心，著书立说，徒与伪术混淆，谁分瑕瑜，则余之晓，晓伸辩者，亦未免多事也矣。

同治丙寅孟夏龙眠洒落布衣记于知止山房

《地理辨惑》序

堪舆之之术，自古迄今，代出名师，研究推测，既精且详，可谓极矣，而名师间世而出，不得尝遇，即有口传心授，世又不获多闻，其假托名师，妄称秘诀者，遂滋蔓焉。

所以敢为伪术以欺世者，不过以枯骨无言，纳棺入土，即受谢而去，至于祸发之速，近者期年半载，远者十数岁方见，彼则夸其地力，当在三五十以欺罔，举世之孝子慈孙，死丧破败，为害之酷，笔不胜书，间有偶中，则自诩其真知灼见，若可通神，其实确有据者，百无一人。

余弱冠时，尝闻风水家言，又见龙角牛眠之说，心窃慕之，广搜地理各种图册，冥心思索，无间寒暄，凡系声名烜赫者，竭诚就正，其谈形势者，有精有不精，尚属大同小异，至言理气，则五行三合，拨砂辅星，纯是捕风捉影之说，俗所谓鐡嘴行是也。

道光丁未孟夏，始遇乐亭振宇李先生于京师，然后知管郭杨曾之技，自有真者在，遂执弟子礼，从游久之，尽得其传，此后踪迹所至，覆验旧茔，虽数百年者，断之无不吻合，亦不敢轻以语人，恐犯造物之忌也。

同治甲子嘉平，老友蓉溪张子，回里葬亲，亦精于形势者也，与余昼则偕游，夜则同榻，闻余所言彰往察来之效，因谓余曰，胡不着之于书，以示后人，余昔与李师约云，誓不滥传，乃得尽聆其秘，今不可以背吾师，又谓曰：姑留真旨，大概令人知所宗可乎，余不能却，遂以平日，与人相问答之言，笔录之，名曰地理辨惑，诀虽不在是，而亦未常不在是，慧心人一见，自知之耳。

1【问】：近日地理多种说法，当以何者为专主？

【答】：看龙之来，必须有起伏摆折，有的象屏幛，有的象枝脚，至结穴处，必须有砂环水绕，内有窝、钳乳突，此等语，人人能说，及至觅地时，拉山抵水，往往皆错，盖看地之法，先以形势为体，理气为用，形势一错，则体非其体，用非其用，无往而不错矣，以势为专主，深明龙穴砂水之法，则于地理一道，亦思过半矣。

2【问】：世之谈形势者，于穴星，每每好言狮、象、虎、凤、猪、犬、龟、鱼、罗汉、将军、美女等类，言岸砂，则有玉屏、牙笏、文笔、三台、贵人、天马、旗鼓等名，是也？非也？

【答】：不过遇有龙真穴的之地，形貌略同，名师偶为是说，俗师遂相袭成风，见一地，即造一名，以眩惑世人，不问有龙无龙，有穴无穴，勉强扦葬，世受其愚，殃咎踵至，岂少也哉。

3【问】：看地首重形势（即峦头），而近世俗眼，强不知以为知，究竟如何是眼力？

【答】：业斯术者，多属无学之徒，游食为生，本无真实传授，凡孝子仁人，或因葬亲，或欲积德，须闭户读书穷理，登山覆验名坟，多事阅历，秋久，自然胸中有些领略，即可知谁为名师，谁为俗士。盖理正而有验者，为名师；理悖而无验者，为俗士，求得名师指示，便是真眼力。

4【问】：学风水当看何书为是？

【答】：有形势之书，有理气之书，杨公《撼龙疑龙》二经，吴景鸾《望龙经》，廖金精《拨砂经》，沈六圃《地学》，此数书，言形势最为的当。其余各书，但言形势者，尚属可看。至言理气，则悖谬矣。惟《地理辨正》，《天元五歌》，是真理气之书。

5【问】：世上以龙，向，水三合为理气，其法何如？

【答】：理气云者，天心之正运，其气循环往来，以三元为始

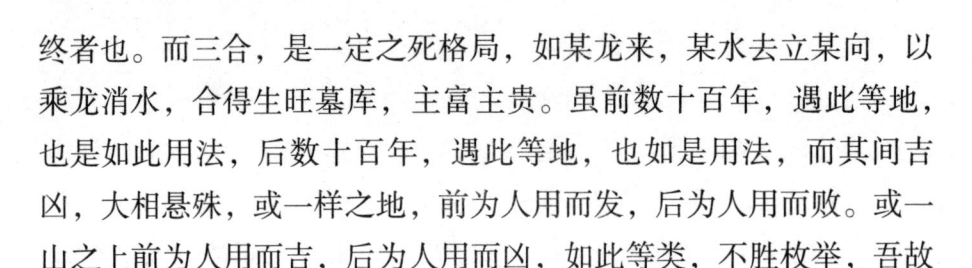

终者也。而三合，是一定之死格局，如某龙来，某水去立某向，以乘龙消水，合得生旺墓库，主富主贵。虽前数十百年，遇此等地，也是如此用法，后数十百年，遇此等地，也如是用法，而其间吉凶，大相悬殊，或一样之地，前为人用而发，后为人用而败。或一山之上前为人用而吉，后为人用而凶，如此等类，不胜枚举，吾故谓之死榕局，盖另有三元之真理气，操其权耳。

6【问】：信你所言，则形势竟无权也？形势理气各主什么？

【答】：有权，形势所主者，生人之权；理气所主者，兴发之权。如山川平坦者，则出人必温厚和平，得运，则生端庄公正之贵人，失运，则生庸儒卑鄙之贱人。山川粗雄者，则出人必强悍猛烈，得运，则生鲠直果勇之贵人，失运，则生凶险横暴之贱人。地理固是如此，亦宜忝看人之家教俗习何如。

7【问】：发富发贵，为贫为贱，或贱而富，或贵而贫，或富贵而夭绝，或贫贱而丁寿，是形势使然？是理气使然？

【答】：形势理气俱有之，山水得运则富贵，山水失运则贫贱，固属无疑，其贱而富者，必远坟非地，新坟得地，故也；其贵而贫者，必山龙得运，向水失运，故也；其富贵而夭绝者，必旺运已尽，煞运管事，故也；其贫贱而丁寿者，必地本非地，而向水得令，有吉无凶，故也。

8【问】：俗师得一地，必许人以富贵，而实未尝富贵，何也？

【答】：美地所主者，原有四方面，人丁、寿考、富与贵也，而人丁为寿考之本，寿考为富贵之本，使无人丁，焉有寿考，无寿考，则富贵将谁属也，世俗惟知重富贵，故彼即以富贵饵之，其实有人丁寿考，即或及身不富贵，而居仁由义，视贪官污吏之富贵，孰优。

9【问】：尝见世之富豪，人丁寿考科甲四者，当在何处分别？何以有兼全，有不兼全，有长久，有不长久？

【答】：豪富人丁寿考，只要坐山主星庄重，水法团聚，俱在旺运便是，至于科甲，则全要看乡会试之年，有文昌，魁星会于坐山，或会于水口，或会于文峰，或会于向中三堂之水上，俱主科甲，如龙穴砂水，纵美好到十分，只主豪富人丁寿考，而文昌魁星会不着，科甲终不可得也，所以往往有地非吉穴，而亦出科甲者，必其穴前后左右砂水上，有文昌魁星会故也，但发科甲，不得大贵，或旋即殒灭，其久与不久，只看交煞运不交煞运而已。

10【问】：凡人之祖坟非一代，代非一穴，每见发福者，或谓其远祖得地，或谓其新坟得穴，古今聚讼，将何以决疑？

【答】：远坟所主者，生贵之地，新坟所主者，催贵之地，只看人有品貌非常，学问渊博，而一生不遇，乃远坟有好地，能生此人，而新坟无好地，不能催之也，有骨格丑陋，才识平庸，而遭逢意外，乃远坟无好地，仅能生此人，新坟有好地，极力催之也，倘其人品学相副，遇合又奇，告知其人必有数代好坟，不待登山而后知之也。

11【问】：形势纵明，仍当以理气为主，而三合又非真理气，则何者谓之真理气？

【答】：人生天地间，原与天地为一气，虽死归于土，又何尝不与天地为一气，故葬经云，气乘风散，所散者何，散其天地之气也。界水则止，所止者何，止其天地之气也。而气运之循环往来，又有上中下元以消息之，流行九宫，周布八方，分析二十四山，占六十甲子，躔三百六十度，一元有一元之气运，一运有一运之用法，得其法而用之，斯谓之真理气。

12【问】：真理气，载在何书，可得而闻欤？

【答】：蒋大鸿先生所注《地理辩证》，并所著《天元五歌》，二者足称千古不传之绝学。道光年间，有无锡章仲山，增注《地理辨正直解》，《天元五歌阐义》，尤为明晰。

13【问】：叶九升之《地理大成》，尹一勺之地理十二种，如何说？

【答】：他们亦曾略闻斯道，奈他们信之不专，胸无主见，杂收伪书，不辨真假，贻误世人。不但此也，《乾坤法窍》，风水一书，增注《地理辨正疏》，俱是未得真传，私心悬揣，拟造挨星图，去道逾远，从此玄空一门，又添无数邪说，咸丰元年，京师有妄男子，刻造《地理正宗》一卷，穿凿不经，尤堪齿冷，此外伪撰之书尚多，愈出愈奇，辨惑之作，正为此辈也。

14【问】：吾子何以知三元之真，名师之真，得从而学之？

【答】：君但知余今日得知之独真，而不知余前日所遇之多伪。自道光壬辰，游秦之齐，至京师，凡十有六年，其间遇五行三合之师，即求学五行三合之法，遇拨砂辅星之师，即求学拨砂辅星之法，其待师之诚，用功之苦，如地理原真，天机会元，金玉铁铅四弹子，地理大成，地理大全，地理纲目，人子须知，山洋指迷，罗经解，及各种地书，日夜不懈，即至相与登山，但云某地主富贵，某地主败绝，引证各书，非不至详且备。考其人家之事迹，殊大不然，及遇李师也，先闻友人张载勋向余云，子好地理，昨有李姓客同乡姚伯昂总宪处，其人能观坟茔地图，即知某元当发当败，某房发，某房败，所主何事，应在何年。或与人谈其家吉凶成败，即能知其坟当是何山向，是何元运之地？其神若此。余根不立与之一见，而李已归矣。余时应莫北友人之聘，乃谒姚公致渴暴之意，而行至塞外，甫二年，丁未岁，姚来信云，李又至京，余立辞千金之馆，回京往谒，被拒。因求姚公之言为介，凡三四返，始允为弟子，从游年余，乃得尽其底蕴，归又覆验数年，始去疑义，得真诀之难如此。

15【问】：如吾子所云，三元理气，既真且灵，何以世之学者，百无一人，均以三合为圭臬也？

【答】：三合之书，唐宋元以来，尚无谈考，自有明中叶以后，始盛行于时。相传唐一行和尚之书，又有海角、青乌、铜函、玉髓、赤霆、黑囊，各种之书，其词无甚奥义，可以朝成诵而夕行道，故人习之。若蒋公之注，引经据典，语奥义深，乃千古之心传，惜天玉、宝照二经，隐仙机于注内，必遇其人，始授真诀，否则缄口不言。是以世之学者，既难幸传，不惟不学，且群起批谤，盖有由也。

16【问】：如李师者水平者，近世有几人？

【答】：余自戊申，前师游广陵，至姑苏北出关，历古代，迄今又十有八年，所遇者，或略知大概，或粗识作用，俱未能造精微，无锡朱旭轮所刻宅法举隅，颇精挨星之法，但所言阳宅，不知其阴地形势何如，此外不闻有知者，或有之，亦难多得也。

17【问】：吾子所言，先形势而后理气，及闻休咎之说，又似重理气而轻形势。

【答】：非也，理气从何处看来，凡地形长，就是何龙穴，当收某元之地（地即指山星所挨到之处）。气长，就是指何向水，当收某元之天。气值其元而用之，为旺气；违其元而用之，为死气。（按所谓地长，即山峰较水为佳，所谓气长，即水较山峰为佳。又所谓当收某元之"地"，当收某元之"天"，其中"地"即指山，"天"即指向，亦即是水。）

18【问】：形势虽美，元运不合，将弃之欤？

【答】：然，若勉强用之，其凶立至，今之三合，往往犯之，及至受害，或疑曰，此地甚吉，当是旧地之过。否则曰，此地是先凶后吉，固应如是，抑或诿之命运使然，非地之过也。东牵西扯，都只为识不得理气。

第19【问】：形势完美者，已不可多觏，而又因不会元运而弃之，举世不乏富贵丁寿之家，其地又不皆完美，则理气将如何安置？

【答】：天地间，无处不有理气，全凭形势以推测之，如君所谓不完美者，即有龙无虎，有虎无龙，或龙虎俱无，或来龙懒散，或穴情模糊，或砂脚飞扬，或水城不顾，俗师以三合五行，正库借库，四十八局加之，不能以拨砂、辅星，净阴净阳加之，又不能技俩既穷，如是乎名之为怪穴，岂知穴形虽怪，而理气固在，合得理气，则形势怪，理气原不怪也，只有不合三合五行而发者，断未有不合元运理气而能或发者。

第20【问】：元运理气之应，捷如桴鼓，近世习玄空者甚少，间有习之，用亦不验，是何以故？

【答】：盖有故焉，蒋氏之书，文理深奥，懦者喜读之，亦只视作三合之书，可游览而得也，又不肯屈身从师，自逞聪明，肆行臆解，愈迷愈谬者有之。亦有俗士，慕玄空之美名，口称得传，其实一无所得者有之。抑或虚心向学，不辨真伪，所读非书，所师非人，以盲引瞎者有之，故用之多无验，而玄空之受谤，实斯人皆之也。

21【问】：地理家言，无不援引周易，以为原本，细核其实，不过言纳甲与净阴净阳而已，玄空亦本周易否？

【答】：玄空纯是周易，其言大体也，以天气交地，以地体承天。其言先天也，乾与坤对待，震与巽对待，坎与离对待，艮与兑对待。其言后天也，坎一，坤二，震三，为上元三运，巽四，中五，乾六，为中元三运，兑七，艮八，离九，为下元三运。至其占验所主，一本乎系辞卦象，并无一丝牵强，不似三合以生旺墓库，左旋右转以定局，偏左偏右中针缝针以立向，与周易何涉，有似痴人说梦也。

22【问】：先天八卦，起于乾南，止于坤北，岂仅于对待，别无余蕴乎？

【答】：岂止此也，先天对待卦内，原有后天流行之卦位，并三元次第，皆在其内，一对待乌足以尽其用乎。如先天坤，居后天坎一，先天巽，居后天坤二，先天离，居后天震三，先天兑，居后天巽四。坤三阴爻，在一宫；巽一阴爻在下，居二宫；离一阴爻在中，居三宫；兑一阴爻在上，居四宫，岂非地气自下而。上升乎。

先天艮，居后天乾六，先天坎，居后天兑七，先天震，居后天艮八，先天六，居后天离九。艮一阳爻在上，居六宫。坎一阳爻在中，居七宫，震一阳爻在下，居八宫，乾三阳爻，居九宫，岂非六七八九之部位，岂非天气自上而下降乎。一山一水，一阴一阳，一升一降，名曰对待，实具流行。立穴于中五之区，乃天地真交合处，乘得时运，焉有不吉者。彼三合家，徒以支离之辞，攀附周易者，乌足以语此，玄空之学，固非操觚之士所能望也。

23【问】：人皆言三合是看山之法，三元是看水之法？

【答】：错也，人们这样说，因见蒋公之书，言山之处十之一，言水之处十之九，殊不知山系形势，杨、曾、吴、廖诸公，已言之在前，独于理气，秘而不宣，彼言山者，不更言水，是以蒋公但言水，不复言山，且天玉、宝照经中，何尝不有山法，杨公作撼龙、疑龙二经，不言理气者，恐混淆使形势不明也，故作天玉、宝照二经，不多言形势者，亦恐杂乱，令理气不畅也，蒋公依经文而注之，人遂谓之只知水法，何其谬也。

24【问】：习三合者固多，而信三合者尤多；精玄空者甚少，而信玄空者尤少，至于畏之谤之，何故？

【答】：彼三合者家弦户诵，则耳濡目染者久，故信之不疑。即或用之不吉，亦只怨地之不佳，不知法之不是。学玄空者，既鲜真传，苟或误用，无益而有损，遂群相惊骇，望风而靡，不知用之差错，而谓术之不祥，焉得不畏之谤之。然真诀在是，信与不信，关乎人之福泽，有缘法，有天数焉。不然，管郭杨曾，在当时不闻人人求之；惟身后思慕，而既无及矣。

25【问】：有用奇门葬法者，其术何如？

【答】：玄空即是真奇门，龙有龙之三元，水有水之三元，流行九宫，年有年之九宫，月有月之九宫，日时有日时之九宫，龙水之元运得失，俟年月日时之九宫神煞加临，吉凶祸福立应，一丝不爽，俗师只有三奇六仪，飞吊挨加，以之占数修方，选择日时则

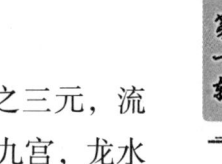

可，以之葬坟则大谬，此皆舍形势，而空口言神煞之流也。

26【问】：既云形势理气，统归三元运气主持，又何以有年月日时之异？

【答】：形势为体，理气为用，如一白运之地，可管百六十年，二黑运之地，可管百四十年，三碧运之地，可管百二十年，四绿运之地，可管五十年，六白运之地，可管五十年，七赤运之地，与八白九紫运之地，俱各管六十年。至于五黄运中，以前十年属之巽，后十年属之乾，俗收二八两宫者，及奇寄宫之说也，此乃得诀后，覆验古坟所得者，与旧说微有不同，其年月日时，又为用中之用，一层一层的用将来，非浅躁者所能窥测。

27【问】：理气既已为用，何以年月日时，又有用中之用？

【答】：当令之运，二十年，一小迁移，六十年，一大更换百八十年，周而复始，而一年又有一年之运，一月又有一月之运，如断坟地，何年出科甲之法，须看二十年大运，与每年每月之运，文昌魁星，能否会山向砂水之上，当在某房发科发甲，生气旺气，能否会山向砂水之上，当主某房添丁益，可预知，亦可预作也。又以年三白，与月三白，所临之方，安床开门，可以催丁，以运之生旺，与年月之生旺，合移居改灶，可以病招财，均有奇验。

28【问】：理气既有长短，将毋限满即便败绝？

【答】：地有南北之异，其绝与不绝，亦有异，如南省山龙，一山只扦一穴，倘龙水运败，则竟败矣，若另葬一得运之地，则又转败为兴矣，如北省平阳龙，穴情宽大附葬多棺，倘正穴龙水交败运，其附葬于左右者，其穴内所受龙水之气，移步换形，与正穴之龙水，亦有异，其兴其败，当于此中推测，不得拘泥。

29【问】：每见北省富室多悠久，南省人，富不五代，当于何处决其异同？

【答】：是不难，北省地平旷，按昭穆可葬多棺，得一吉地，故数代富贵，或房同时富贵，南省山龙，结穴于窝钳乳突，其小

74

者，仅可容棺，稍偏，必侵界水，势必一代之后，另扦一穴，得地则可，否必败矣，故南不如北，地势使然，理气原无别也。

30【问】：昔人有言，葬得吉地之后，所生之人方是贵人，若已生之人，后得地者，与伊无涉，其言是非？

【答】：得吉地，生贵人，其言甚是，若人已生而得地，不能与伊无涉，余前所云：地能催富贵丁寿者，正催已生之人也，岂可云与伊无涉，试看人当正盛之时，必心葬凶地，其人立见败绝，岂非明效也。

31【问】：吾子之形势，必用理气之对待，然则子龙必用午水，乾龙必用巽水矣？

【答】：不能如是拘泥，所谓对待者，用法中秘妙，难以显言，但子山午向，既以子为山，则山必有化生脑，既以午为向，则向必有小明堂，此穴内之对待也。穴后有主山父母山，则穴前有中明堂、外明堂，所以宝照经云：安坟最要看中阳，宽抱明堂水聚囊；出峡结成玄字样，朝来鸳凤舞呈祥；外阳起眼人皆见，乙字湾身玉带长；更有内阳坐穴法，神机出处觅仙方。是言形，兼言气；是言水，兼言山，俗人不知，遂谓玄空只是水法。

32【问】：主山端正，龙虎均齐，水出当面，是真对待，倘有龙来作案，虎来作案，水必有到左到右之别，其对待当何如？

【答】：善哉问，任他到左到右，而结穴处，后必有脉有脑，前必有微茫水小明堂，先于此处认定真对待，至于到左到右，乃本宫之内水口，察其理气，合得何元何运，运吉则吉，运凶则凶，在左属长房，在右属小房。

俗人每谓有龙则长房发，有虎则小房发，殊不知吉水在左，虽无龙而长亦发，吉水在右，虽无虎而小亦兴，凶水亦然，曾见人子须知，书内有一图云，有龙无虎，大江在右，小房大发，渠无以自解，忽悟云，水缠即是山缠，自以为奇，殊不知山阴也，水阳也，以水为山，将阳作阴，呼男代女，岂不令人笑煞。

33【问】：南省山龙，多系龙虎作岸，或近山远山，来作朝岸；北地平阳，四望空廓，有一水横过，略一湾曲，即就湾曲处而立穴者，或一水直流，旁有一水插入，即就其合入处而立穴者。或水横过，左有一水插入，右有一插入，中间一块方平如几，即就其中而立穴者，既无化生脑，又无小明堂，到此地位，毫无把握，当如何安置对待理气？

【答】：一水横流，谓之静，略一湾曲，谓之动，水虽直流，谓之静，有水插入，即谓之动，阴静阳动，静则死而无用，动则生而有用，形既动矣，气即随之，察其属何卦，属何元运，乘其生旺而扦之，无不利者，内中自有一个对待，在人见其不似山龙之易寻，只见其依水点穴，故谓蒋公玄空，是看平阳水龙之法，殊不知其同一理也，且玄空自古有之，非蒋公所创造，乃自蒋公标而出之，世之谤玄空者，竟直指蒋公，殊可笑也。

34【问】：平阳之内外水口，当如何看法？

【答】：于贴身处有三叉交合，即以三叉交合，为内水口，自穴上看其来水初见之处，与去水不见之处，为外水口，天元五歌，所谓去来一口死生门，是也，至于水从前过，有停蓄，有转折，或岸有崩缺之处，皆谓之动，俱主人之祸福，穴上不见者不论。

35【问】：水既横过，又有去来二口，焉能尽合元运？

【答】：有尽合者，则房房皆利，其边合边不合者，则房分中有利有不利，然气运有往来，故有彼此互为兴废之不同。

36【问】：房分公位之说，各有不同，张九仪云：孟在左，仲在向，季在右，四在孟仲之间，五在坐山，六在仲季之间，若七子八子，则何处安顿矣。透地灵又云：左砂属长，右砂自右肩为二，往下数去，至砂尖为止，不够多少，皆在右砂，三合家以长生为长房，一顺轮排，或以孟左季右之法，诸家之说不一，究应如何为是？

【答】：余初亦用此考验多次，均不合法，惟孟左仲向季右之说尚是，若四子五子与十子者，均无定准，不得已，随地考核，久乃透彻。

盖从左往右排去，不拘多少房分，各占一位，仅一房者，四面均归之；两房者，一居左，一居右，三房者，则孟左，仲向，季右，如九仪之言；七房者，左为长，往右排为二为三，其第四房，正在向上，复往右排为五为六，其第七房，居右之末，如有九房，则长居首，九居末，其第五房，正在向上，若有十房，则五在向之左，六在向之右，屡试不爽。

又从覆验中考得者，如其人未葬时，或长房已死，则葬坟之后，次子居长，如长房位上有吉凶，则代长当之，如有多子，已死数人，即以葬坟之日，照现存几子，孰为长，孰为仲季，按公位排算，此皆古书所无者，今特指日，亦当以真气断之，始验，若以三合辅星等法胡猜，仍是百无一验。

37【问】：士大夫家，以读书求名为重，将葬亲大事，付于术士之手，今聆吾子所言，纯以周易为主，然则地理非小数也。

【答】：周易包罗万象，大者不外乎天地人三才而已，通天文者，可以知四时代谢，水旱灾祥，以养生；明地理者，可以知九运往来，趋吉避凶，以立命，人能为贞吉之君子，勿为悔吝之小人，以与天地参。

孟子曰：惟送死，可以当大事，谁谓地理为小数也，彼术士既无真实学问，不能不苟悦取容，望门求售，无怪乎富豪役之如同厮仆，道以人卑，故以末流小数视之。

38【问】：天文地理人事，即此地理以配三才乎？

【答】：何尝不是，大龙大干，到头处，形止气蓄，钟灵毓秀，以诞帝王圣贤，大江大河，回合处，建都设邑，控制八方，以居君国卿相，得其气运，则国泰民安，失其气运，则时衰世乱，人但知万事皆由天定，孰知地理亦有主持乎；迁豳卜洛，晋绦楚郢，国之兴废因之，若山川险阻，战守所凭，土壤瘠肥，农桑所持，乃孟子所谓地利，非地理也。

39【问】：地理所关者祸福，世人遂因求福而后谋地，至有道学先生，力矫其弊，遇地即葬，可以为世法否？

【答】：坟犹树根也，人犹枝叶也，有地脉处，则根肥叶茂，无地脉处，则树瘦枝枯，若以安祖宗之骨为念，则可，若以邀己身之福为心，则不可避风、避水，干暖之地，则可，若故欲矫俗随意，从省埋葬，则不可，如程邵朱蔡，非大贤也，而于葬事其难其慎，亦不过欲安先人之灵，尽其心焉已尔。

40【问】：南方有高山、大垄、平冈，北方有平原、平阳，水乡有平洋，而高山大垄平原，居高临下，则多干流，平冈坦缓，则多水绕，平阳宽，则以沟以路为用，平洋低，则就水立局，其理气异同？

【答】：高山大垄，平冈平原，不过有高峻平坦之异，而开幛过峡，成局结穴，朝案护砂，俱是一样看法，有水无水，是一样用法，俗眼不知，每以穴高水低为嫌者，谬也平洋之地，行龙处，虽不见有龙，而两水相夹，中即是龙结穴处，不见有砂，而水湾即有砂湾，砂遶才有水遶，所谓两山之间必有水，两水之间必有山，正是谓此。

若山垄冈原，何用说也，其平阳以路为用者，路必深至数尺，浅者亦必尺余，依形就气而用之，一样发福，倘深不满尺，即或用之，亦无效验，所以然者，行龙结穴，乃阴气所凝之处，溪涧沟路，乃阳气所行之处，阴逢阳界即止，山环水绕，即是阴阳交媾，天地钟灵毓秀之区，山垄、冈原、平阳、平洋，都无二致，虽举天下之地，不能出此围范。

41【问】：理气纯以九运为主，又以年月日时为用，为克应之期，其八干四维十二支，将无用也？

【答】：伏羲画卦，只有八卦，其十二支，亦上应天之舍次，古人制造罗经，分析八方，为三八二十四字，子午卯酉所占之位，即坎离震兑之宫，子坎同是水，卯震同是木，酉兑同是金，故用子午卯酉，不必更言坎离震兑也。

乾坤艮巽，正当十二支之隙，又是本卦正位，不必更假名字，其子午卯酉，左右隙处，以壬癸属水，故附于坎宫；以甲乙属木，故附于震宫；以丙丁属火，故附于离宫；以庚辛属金，故附于兑宫，原属一体同气之义，甚属显然。

然人从而穿凿，甲不为木，而纳于乾金，乙不为木，而纳于坤土，如此等类，使五行各失其性，甚至甲或附于寅，而为寅午戌局，或附于卯，而为亥卯未局，以至有乙丙交而趋戌，辛壬会而聚辰，土牛纳庚丁之气，金羊收癸甲之灵，生旺墓库，左旋右旋，令学者至死不悟，其实所系者，全在乎元运，与太岁所缠之宫主之。

如一白坎当令，即地支之子，逢太岁在申子辰午四年应之，子年为填实，午年为冲动，申辰为催合，吉则应吉，凶则应凶，如犯一支，则四年应之；犯二支，八年应之；犯三支，则十二年中，无休歇矣。独乾坤艮巽四宫之内，皆得老友两位，冲合填实当有八年，遇吉砂吉水，太岁值年，世人见其发之速而且久，莫知其所以然，遂呼曰：乾坤艮巽号御街，四大尊神在内排，不问气运之得失，故乱用之，一遇凶祸，又呼乾坤艮巽为杀人黄泉矣。

42【问】：大运六十年，小运二十年，何以一白有百六十年，一黑有百四十年，三碧有百二十年之说？

【答】：一白与九紫相对，必九紫当运，则一白之地方败，如上元甲子甲戌二十年，一白正当运，大发，至二黑三碧运内，则一向尚余气，故仍发，至四、五、六、七、八运内，运虽过亦无凶，故云百六十年。

若甲申甲午二十年，二黑主运固发，在一白运内，同是上元，已可用之，二与八相对交，八白管运即败，故云百四十年；若甲辰甲寅二十年，三碧主运，交一白运，已可用之，至本运大发，三与七相对，交七赤管运，三碧始败，故云百二十年，中下二元之地，皆仿此，总之上元六十年，三运之地，皆可用，必至本运而后发耳，中下两元之地，用法同此。

43【问】：巽乾于中元运内，何以各五十年？

【答】：各卦本运只二十年，惟中五运二十年，前甲申十年属之巽，三碧运内，四绿之地已可用，故有五十年，后甲午十年属之乾，七赤运内，六白之地，尚有余气，故亦有五十年，然一白九紫两运之内，四绿六白之地，亦各有二十年旺运，用得者大发，用错者大败，此一说，惟李师知之，余考验之，信然。

44【问】：五行一诀非真术，城门一诀最为良，何所指？

【答】：即穴后入首束气之处，与穴前放水出口之处也，乃形势兼理气而言，对待元运，皆任于此，吉凶祸福之柄，亦无不在此。

45【问】：天机妙诀本不同，八卦只有一卦通，如何谓之一卦通？

【答】：本是说得明明白白，被后人越解越错，竟有说是以此一卦，去通那八卦，以至愈迷愈谬，尽为理气言也，所谓一卦通者，乃是当运之一卦，用之最吉，谓之通。言八卦不能皆通也，即余前篇所云，某卦之当运二十年，是也。

46【问】：何谓合得天心造化工？

【答】：世人但以点穴处横直度量，十字相交为天心，又以明堂水聚为天心，是形势之天心，非理气之天心也。理气之天心，乃某元某运管事，则某元某运，即是真天心。识得天心，以此察人间祸福，用此趋吉避凶，夺天命，改造化，全系乎此。即以此运入中，按阴阳顺逆飞吊，所谓颠颠倒者，所谓星辰流转要相逢者，又用中之用，不经口授，乌能知之。

47【问】：凡结地之处，或数十里而结一穴，或十数里而结一穴，或三五里而结数穴者，不等，究之遍地皆人，所葬，不尽得穴，小康者有之，自给者有之，亦不皆绝，子孙相继，间有繁衍者，地之力也？运之力也？

【答】：其地虽不得穴，亦必地势高燥平稳，无凶砂恶水冲射，即能自给，有得运低小，砂水顾照，即可小康，而子孙繁衍矣，然亦当以人事参之，倘其人庸懦，纵有吉砂旺水荫坟，亦只平平，倘其人勤能，但无凶砂恶水浸坟，亦足自立，此以天时、地理、人事，参合之妙，千百中不爽毫发。

48【问】：继父之坟，能发承继之子乎？

【答】：何独不可发。试观人家不利女丁者，或产难，或淫奔，不特其女应之，即其媳亦应之，虽庵刹、寺院、僧道之坟，尚能荫其招养之徒，岂有继父不能荫承祧之子孙也，但媳之吉凶，母家与夫家参看，而承祧子之吉凶，亦当本生与过继者同看，俱关系两家故也。

49【问】：今人皆欲谋大地，甚至谋得极不堪之地，转不若不求大地，得一干暖之地，无凶砂恶水冲射，用之好否？

【答】：较之胡求大地而得祸者，亦不失为中策，但贫人得之，仍如是贫，富人得之，仍如是富，地稍有一分好处，则富者必加一分富，贫者必减一分贫，倘地有一分坏处，亦然，勿作妄想，但求安亲，劝得痴人醒，亦是无量功德。

50【问】：北省人死，即殡即葬，南省人死，厝棺不葬，甚至停留数代，积累十余棺，以待图谋风水，所厝不吉，遂愈久愈贫，至不能葬，或夭绝无人，固毋论矣，间或有力者，一举而葬数代之坟，其吉凶当如何断？

【答】：只看其现在之人，近身父母之坟，与远祖之坟，同吉，作吉断，同凶，作凶断，若远坟吉近坟凶，仍作凶断，远坟凶，近坟吉，仍作吉断，近者最要故也。

51【问】：越是富贵人，越喜厝棺不葬，彼意谓得力于远坟，姑厝新棺，或在野或在家，何如？

【答】：毋论远近，只看头上一棺，不拘坟厝，最为紧要，如父母在，即看祖父母之停葬处，祖在则看曾祖之停葬处，依运断之，虽停棺在家，亦与坟厝同，察其祸福，如掌上观纹，世人每以近棺未葬，有吉有凶，尽归之远坟，岂不大错。

52【问】：尝见淮水以北，有筑围墙以葬坟者，其法何如？

【答】：余亦曾见之，惜乎彼所用者，俱是三合辅星之法，若依玄空理气用之，其力亦不减于真结，此平阳权宜之计，如水乡平洋，亦可用之，盖平阳平洋，无砂绕护，四望无收，择得高燥宽敞之地，立穴于中，去坟四五丈，筑墙齐肩，四面围之，隔却凶砂恶水，令坟上不见，开门于元运当令之方，照水口城门之例，亦能发福不替。

53【问】：坟地既可筑图，则建楼阁屋宇，以当护砂，挖池塘沟渠，以为界水，亦遒效也？

【答】：尝见人家阴阳二宅之傍，别家改造屋宇，穿浚沟渠，而此家败者，忽然而兴，盛者忽然而衰，非职是之故欤，彼既有关乎祸福，则依运而造者，正所夺天命，改造他也。若于四邻之坟宅无碍则可，倘有碍于四邻坟宅，恐伤天理，切不可为。

第54【问】：据《宅法举隅》所云，天心一卦，四十八局，门宅层间，内外六事，条分缕晰，备极详明，吾子尚以仅知阳宅少之，然则阴阳二宅，用法不同？

【答】：阳宅重局不重龙，重门不重山，其起卦挨星之法，最重是向，移门改路，只在土木之工，转换之际，气因门路而入，吉凶随之，若阴宅山法，先在寻龙点穴，然后立向消水，纯是天成，一些差池，断送人全家性命。彼朱旭轮，乃无锡人，与章仲山同乡里，又先后俱是道光年间人，且是诀非传不会，虽蒋公尚称其师为无极子，彼二人著书，不言其师为谁氏，已属忘本之人。

广陵人曾向余言章仲山游维扬，巨族争延之，徒手得谢礼万余金，不曾与人葬得好坟，乃熟于理气，而昧于形势者也，是以因章而疑朱，恐其仅知挨星之法，而昧于形势耳。

55【问】：《天玉经》云，乾山乾向水流乾，乾峰出状元，坤山坤向水流坤，富贵永无贫，午山午向午朝堂，大将值边疆，卯山卯向卯源水，富贵石崇比，诸解不一，虽蒋公亦未切实指明？

【答】：此是说形势，说方位，而暗言理气，秘妙于形势方位中也，至于状元大将，亦不能拘泥，但乾为八卦之首，又其方为天门，遇龙穴砂水，极真极美之地，得元运，又有文魁二星会合，自然出状元，倘稍有不的，亦可出科甲，不能抢元也。

但乾山乾向水流乾，乾峰出状元，其乾字上，当下一或字，或乾山，或乾向，或乾水，或乾峰，必遇文魁二星，会合之年月始然，否则富贵而已，其余七山，皆是如此，不仅乾山、午山、卯山、坤山四卦已也，但峰秀水曲者贵，峰肥水大者富，出人物俊秀浑厚，亦在此上分。

余曾见直隶蔚州，李氏葬地，当出文状元，其家习武，竟中武状元，可见习染使然，地亦无如之何矣。

曾见人家藏伪造之玄空，珍为秘本，其解乾山乾向水流乾，元后天乾上来龙，为乾山，朝先天乾，为乾向，身坐后天之坎，以先天坎上之水，为乾水，或用飞吊挨排，由坐山挨起，由向上挨起，由来水挨起，由水口挨起，自乾所治之方，为乾山乾向水流乾，种种谬语，以乱真传，殊可惜也。

56【问】：南北各省，竟有荒陋州县，从古迄今，不能出一伟人，亦不出一科第，何其凋敝一至于此？

【答】：大凡名都巨邑，所占者，皆风水之区，一要城池得地，二要宫星合宜，三要文庙合武，四要书院培养英才，五要土著人士立志向学，再有醇儒指教，自然人文蔚起矣，不然，既不向学，又无指教，科第功名，焉能从天而降也，如余所谓龙穴砂水，文魁会合之处，岂百里之邑，竟绝无一有，有是理，有是事乎？

如近世河间人，多阉宦，石埭，多衣工，抚州人，多书客，溧水人，多药商，曹州人，多响马，南阳颍州寿春，多掖刀捻匪之类，盖由比屋邻居，见闻如是，所行为竟如是矣，岂有天成山水，专出宦者、衣工、书客、药商、响马、掖刀、捻匪之地者也、朱博短衣，齐变楚俗，其教化原在人也。

【答】：阳宅重局不重龙，重门不重山，其起卦挨星之法，最重是向，移门改路，只在土木之工，转换之际，气因门路而入，吉凶随之，若阴宅山法，先在寻龙点穴，然后立向消水，纯是天成，一些差池，断送人全家性命。彼朱旭轮，乃无锡人，与章仲山同里，又先后俱是道光年间人，且是诀非传不会，虽蒋公尚称其师为无极子，彼二人著书，不言其师为谁氏，已属忘本之人。

广陵人曾向余言章仲山游维扬，巨族争延之，徒手得谢礼万余金，不曾与人葬得好坟，乃熟于理气，而昧于形势者也，是以因章而疑朱，恐其仅知挨星之法，而昧于形势耳。

57【问】：世有龙穴砂水，并无暇疵之地，不惟不发，甚至败绝，是何以故？

【答】：此即是不明三元理气，尽据形势之美好，不待合元运之时，而即迁葬，吉气未到，凶煞先来，故败绝相寻，遑云发福。彼世之舍理气而专言形势者，可不惧哉。

58【问】：坟地以元运判兴废，已凿凿有据，在未葬之时，尚可趋避，设若已葬得运之地，忽交失运时，将举其坟尽迁之也，何以未见古人有是事者，不特不见有是事，且有自上元发至下元而不败者，是何以故？

【答】：理自在，但人不知耳。如今日我明明指出得运失运之效如足，世固无改迁之理，而彼自得运至失运之时而败，亦不过懵懂受之而已，初未尝幸免也。亦有三元不败者，并非上元一坟能管至下元，盖百余年间，人非一代，必有新坟，乃上元有上元之老坟，至中元，又遇中元之吉坟，即至下元，又接葬下元之新坟，所以能如是悠久，此非积善之家，有大福德之人不能。

59【问】：世有古仙师钳记之说，预定大地，将如何发达，并未言当在何运发？

【答】：钳记之说，间亦有之，彼不运据龙穴砂水之美好而言，固未尝言元运，亦未尝言不须元运，且元运之名，古师隐而不宣，自大鸿氏出，虑伪术之混淆，贻害世人，故将元运特长而出之，原属一片婆心，俗子既不能窥其堂奥，遂以为骇见骇闻。

又有一种，慕其名，不得其传，自创一解，惑世误人，致令谤玄空者纷起，从此玄空一道，又复难明真伪，殆天不欲斯人尽闻妙道，而生此种种魔障于世间也。

60【问】：钳记之说，果可信否？

【答】：有可信，有不可信，其可信者，古仙师游踪所致，见有美地，未遇可葬之人，特留钳记，以待将来有德者，其不可信者，乃俗师受贿市奸，假托钳记，以行诈欺愚，且古师钳记最著者，莫如郭景纯、刘伯温，皆抱负王佐之才，杨筠松、赖布衣，皆高蹈隐逸之士，旁通杂术，偶一为之，非若近世术士，专挟南车，游说富豪之门，惟知哄骗衣食者，捏造钳记，饰绘图形，不如此，惑人不动也，何必钳记。

61【问】：青阳桂丹崖，讳超万者，精三元，昔未第时，居京寓，必改易其门路，后由两榜即用，其居室每月必迁移，竟以观察在闽，秉臬权藩终？

【答】：余初入都，即知其名，惜未见其人，而测其所行所为，必其坟已得地，彼又以挨星法，施之阳宅耳，其改易门路以求中者，即前所云，取文魁二星会合之处也，其每月迁移居室者，是取生旺之气，以趋吉避离也，又闻其建造宗祠之后，侄中武举，子点庶常，殆亦深明明体用作法，方能如是。

62【问】：千里寻龙，到头一穴，而各书或云过峡高，则穴结高处过峡低，则穴结低处，或云岸山高，则穴高，岸山低，则穴低，或云看龙虎二砂，以定穴之上下，或云以卦九星五行，以定金之浅深者，究竟如何点穴法？

【答】：从峡山上定穴者，乃术士恶习，夸张其辞，于步龙时，预决穴之高低，即至到头，勉强牵就，此等之人，余屡见之，以岸山定高低者，恐其高压，故岸高则高点，岸低则低点，若岸山远，虽高何嫌，以龙虎定穴者，倘本身无龙虎，将如之何，至以八卦、九星、五行定穴者，更属迷谬。

盖地脉生动，比之如龙者，特因其起伏摆折而云，试看来龙祖山粗雄，跌峡一次，则山渐秀嫩，愈跌俞佳，即至结穴，山形土色全异，而灵气聚矣，如无跌断，必左右摆折，遇摆折处，必分枝开帐，以泄憨气，大则为兼葭枝，小则为水木芦鞭之类，即至结穴，砂缠水聚，而生气凝矣，如是乎窝钳乳突之形成，浮沉高低之法定。

若是小小窝钳乳突，是为少阴少阳，即在其上点穴，本无疑义，倘窝钳宽大，是为老阳，老阳不可用，须于老阳中觅少阴，又当于窝钳中求乳突，即为少阴，倘乳突肥人，是为老阴，老阴不可用，须于老阴中觅少阳，又当于乳突上求窝钳，即为少阳，若大窝钳中无乳突，大乳突上无窝钳，又有求晕之法。

窝钳之晕，如人心坎中跳起处，略有一点高影，是一阴初动，似有似无，便是穴晕，乳突之晕，如小儿颂门上吸动处，略有一点低靥，是一阳初动，若隐若现，便是穴晕，立穴于此，自然水朝砂应，龙绕虎驯，其巧妙处，暗合天机，俗师动云寻龙点穴，岂易言哉，岂易言哉。

63【问】：山冈寻龙点穴之法，尚可习见习闻，其平阳平洋，寻龙点穴之法，仅见水龙经，具其图形，究未颛言其所以然点穴理气之法。

【答】：大江以北，东至齐，西至秦，北抵幽燕，平阳居十六七，平原居十之二三，高山大陇，仅十之一二，而葬山者，甚属寥寥，不从事于平阳平原之地，然北人俗厚质朴，业青鸟者无几，盖不善作欺人之事，不似南人诬罔诡谲，竞挟南针，自称妙手者之多也，至其寻龙点穴，亦无真知卓见，大约依局定穴者居多，其得穴与不得穴，发与不发，亦在人幸不幸耳。

余与李师游，其看平阳之法，于绵渺一片之处，细察地气之隐隐隆隆，如人肉上之筋，皮中之脉，若有若无，高一寸为山，低一寸为水也，有帐盖也，有迎送也，有过峡也，有人首至结穴处，或以水，或以路，或以低浅之地，缠绕交护，龙穴砂水，样样俱全，其穴形亦分窝钳乳突，窝大窝小，求突求晕，一与看山法同，总要乘得元运生旺而用之，其发可翘足而待。

至若平原，在原下望之，如同高山，及在原上，则低平如掌，一望无际，与平阳无二，其结穴处，有在原边者，有在原角者，有在原尽头者，有在原之中者，若在边者，则下临崖岸，彷佛大江大湖之傍，必左右有沟渠插入交汇。

即在其交汇气聚之处立穴，其在角者，彷佛大小转湾处，形象圆净，理气清纯，即在其圆净清纯处立穴，其在尽头者，则原势渐低，亦有枝脚作龙虎拱卫，与高山大陇，干流结穴相类，其在原之中者，四望不见边岸，有沟渠，则就沟渠，有路水，则就路水，其认脉审穴，仍与平阳同，此皆从来无人细辨者。

64【问】：江浙尽属平洋，六朝以后，代出名流，而看平洋之法，可得闻欤？

【答】：平洋遍地水田，皆人力潴蓄者耳，当其未开田以前，亦与平阳同一类也，今虽已改地为田，其有龙有砂处，田必高，其界水处，田必低，过峡处，田必低窄，开帐处，田必横宽，其结穴处，高田为砂，抱护于外，低田为水环绕于内，结穴之田，高不过砂，低不侵水，相度形势，或深葬，或浅埋，或培土结盘，以迎生旺之气运，作用之妙，存乎其人，亦必积善有德之家，乃肯为之施力耳。

65【问】：人咸谓玄空之学，只重理气，不重形势，今闻子言，重形势，莫精于玄空者矣，何以习三合者，诋之不遗余力？

【答】：是有故焉，玄空之学，可以挽回造化，必择人而授，必择人而用，则术者不得其门而入，不得不挟三合以求食，遂以诋毁玄空为能事，俗人无知，助之诽谤，而文空家怀不世之秘诀，方晦迹韬光，以避世俗纠缠，无心与之分辩，亦不屑与之分辩。彼皆自作自受者，盖天也命也。

66【问】：高山大陇，平原平阳，认龙点穴，既如此其重且的，宜乎古今名师扦葬，皆当在大干、大枝，特结之处立穴，乃考之殊不尽然，其旁城借局，牵就用事者甚多。

【答】：是亦有说，或正龙正穴，当未可用之时，用之恐致祸，不如就其偏侧可用者，用之以邀福，或其葬家德行浅薄，不欲逆天以行事，姑以其次者应之，盖以年代人事，细询之自见。

67【问】：玄空之术，不云可以此行善积德，何以又有不轻为人施用之言，岂不自相矛盾？

【答】：所谓行善积德者，乃遇人家丁稀寿促，宗嗣垂绝者，为之扦一丁寿之地，遇人品学优长，而贫困不售者，为之扦一富贵之地，遇人世代仁厚，又逢大地，理应指示，或其人世无大恶，身遭奇殃为之转移，化否为泰，只要其人敬信，不取谢金，是谓之行善积德，倘其人挟富挟贵，阴隲全无，希望非常福分，以利为饵，远近奔趋，若此等人，决不轻为施用。

余亲见李师为一亲王看生茔，微嫌地狭，王问其奴曰：傍是何人地，奴曰：民地也，王曰：可将我之界移过去，李师怒曰：何不以价买，而夺民之生产乎，怫然登车而归，王踵至寓谢过，李师却聘不顾，星夜命驾回里，玄空门中，专以救人济世为念，视王候与乞丐，均人也，岂在富贵贫贱上分向背也。

68【问】：旧坟旧宅，改向改门，可以转祸为福否？

【答】：阳宅能，阴地不能，阳宅以门路通阳气出入，故门路在衰败之方不吉，可移就旺运之方，则化离为吉矣，至若阴地，以水口为门，以元辰水为路者也，若土冢之上，立碑为向，非门非路，可通出入，仅将其碑改立一向，焉能转移祸福，此皆鄙陋俗师，希图谢礼，登人之山，即令其改碑换向，人人之宅，即使之搭灶修方，千人一辙，无不皆然，揆诸其心，原属为己，非为人也，而阴地之可以更改者，惟平阳以路为水，或小小沟渠立局，可以改就旺方，如阳宅之改门改路。

盖阳宅之门，即水口也，路即水气也，平阳之改水口沟渠，与阳宅同，或四围置墙安门，迎生就旺，亦是此意，若系山垄冈原，砂缠水绕，高低显然，天地生定，无可改移，岂扭转一碑，即能免殃造福也，喜为是说者，皆三合洪范拨砂辅星之流，以二十四向为主，改一向，则满盘之生旺死绝全变，请以理度之，岂有一片石碑，能使龙穴砂水，天地之气，随之为吉凶乎，不待深究，而可知其罔也。

69【问】：昨同游三处，坐向砂水皆同，何以一处指其发富绥，而败亦迟。一处指其应富豪，而子孙不孝。一处指其主富贵，而闺门不洁，退而询之，皆然，是从何处分判？

【答】：即从形势理气上分判，其发缓败迟老，来势懒坦，向中又是干流。（按，向首虽合旺水，若不见水光者，不论是干流，或是低空，俱主发缓而财小，同时缓龙缓接，虽合丁星到坐山，而添丁亦迟。）其富豪而不孝者，来势粗雄，向中又见反水（玄空向星挨利向首，不论水之来去皆主发财，大水大发，小水小发，惟水反无情者，主不孝，及寡情。）其富贵而闺门不洁者，来龙有峡有帐，向水又见之玄，独于然虎之内，皆是冲田，左手辰巽上有水塘一口，右手酉辛上有一水塘一口，乃外局美，而又得运，内水杂，而又失运，以至有此。（按：此三穴必系二黑运所葬之壬山丙向，合七星打劫，向首有水者皆发，惟酉辛方挨得风火家人，纯是阴星，该方有水塘一口，又属失元之水，当主妇女淫乱。）三合家，只知生旺墓库，看水来去，岂知有败运之水在内，为害匪细，倘是合运之水，当作吉断矣，举世懵懵，乌足以语。

70【问】：据谈阴地者，则以干旋造化，全在阴地，而不管阳宅，其谈阳宅者，则以挽回天心，全仗阳宅，而不顾阴地，以二者较之，熟为重轻？

【答】：阴宅犹树之土壤也，阳宅，犹树之雨露也，若植根肥壤，纵雨露愆期，莫枝叶暂时憔悴，终久滋荣，乃阴地佳，阳宅否者是也，若植根瘠区，纵雨露调匀，其枝叶暂时繁华，终必枯槁，乃阳宅佳，阴地否者是也，如此譬之，最为至当，细考二者之力，阴地当居十之七八，阳宅当居十之二三而已。

71【问】：阳宅书中有云，人家子孙不旺者，迁其父母之床，其子孙即旺，有验与否？

【答】：所云者，老八宅之法，迁其父母之床，于生气延年，天医之方耳，不能十分效验，余玄空术中，亦有是用法，盖床乃生人八尺之穴，二六时中，有六时坐卧其上，死骨之冢，尚可荫其后人，活亲之床，岂不能荫其子息，余曾识为两人催，入泮甚准。

72【问】：挨星之法，既少真传，如是乎，三合家，有三匝贪狼之挨星，有辅星游年翻卦之挨星，玄空家，又有各种之挨星，独范宜宾之挨星图，风水一书中遵之，地理录要中收之，地理三字经，极赞之，然则挨星图，近乎真也？

【答】：是则是，非则非，焉有似是而非，近乎真之理，徒足以乱真耳，其所分者，子午卯酉，乾坤艮巽入天元，寅申巳亥，乙辛丁癸八人元，辰戌丑未，甲庚壬丙入八地元，从山挨一局，从向挨一局，共成四十八局，将贪、巨、绿、文、武、破、辅、弼，挨加天元之八方，地元之八方，人元之八方，以廉贞入中，惟有八星左旋右旋，以贪巨武为三吉，挨加于砂水之上，倘有如是地，即如是挨，此法与生旺墓库，游年翻卦死板格局，有何分别。真正挨星诀法，虽钦定协纪辨方中，亦仅存三元九星之文，不得所用诀，附刻存之，以备参考，以国家之旁求博采，亦只与之以文，不语之以诀，足见前贤之秘，一至于此。

73【问】：蒋公罗盘，四正卦，每卦两阴一阳，四隅卦，两阳一阴，蒋公立法如此，范氏杨顺阴逆，依法挨加，其错在何处？

【答】：蒋公所谓阳顺阴逆者，谓各宫阴阳，当是如此，以此为法，非死定在本位者。如二黑运内，二黑入中，一白在巽，则辰巽巳三向，要用一白壬子癸之阴阳，不用辰巽巳之阴阳。三碧在乾，则戌乾亥三向，要用三碧甲卯乙之阴阳，不用戌乾亥之阴阳。八宫九运，皆是如此运用，元妙无穷，兹特举天心正运，下卦起星之大纲，若误信伪术，此处一错，则满盘皆错矣。

74【问】：罗经有中缝正三针，今蒋法只用正针，其中缝二针，竟无用也？

【答】：余昔曾学三合，读罗经解，研究三针作用，历试之皆不及三元之验，虽三合有正针偏东三分之说，而缝针向西，又不在三分之上，西洋士圭测影，亦有正针偏东之说，其缝针既不合正位，且用之无验。蒋公用正针，试之既灵，一依正针为是。至于中针，益偏往东，更属不经，毋庸置议，正针之源，始自黄帝周公，中缝两针，托名杨赖，以之惊愚则可，施之于用，则误人多矣。

75【问】：赖公二十八宿拨砂法，铅弹子穿透真传，张九仪专成一家之言，极夸其神奇，痛诋玄空为无用，其拨砂法，果有验否？

【答】：余昔亦学之，及乎既明玄空之后，考窍之，终是合得玄空之旺砂则吉，不合者不验。而其中最不经者，莫过于日月之八宿，凡二十八宿，周布于罗盘之四方，每方七宿，以木金土日月火水七政配之。按天文书，日月自有日月之本性，张九仪以房虚昴星四日宿为火，既属牵强，月则与水同类者，心危毕张四月宿，亦指之为火，遂谓火星当有十二宿，用之最利，彼特不自知其谬误，而极诋玄空，多见其不知自量也。

76【问】：俗称黄泉水法云，八个黄泉能救人，八个黄泉能杀人，其能救人杀人，莫非即是玄空？

【答】：玄空诚能救人杀人，却非是黄泉。其黄泉歌云："庚丁坤位是黄泉，乙丙须防巽水先，甲癸向中忧见艮，辛壬水路怕当乾。"不过庚丁向不宜见坤水，乙丙向不宜见巽水，甲癸向不宜见艮水，辛壬向不宜见乾水而已。使见之而吉，则呼为救人黄泉，见之而凶则指为杀人黄泉，全属反复无凭之言。又有解作，来水为杀人黄泉，去水为救人黄泉，纯是胡猜乱摸而已。若依玄空，只取天地生就之形势，往来消长之气运，立向消水，不问其为黄泉也。

77【问】：乾坤艮巽四黄泉，既不足为凭，又有乾坤艮巽四御阶，亦不足为据，则玄空之可凭可据者，何在？

【答】：即以庚丁坤位是黄泉而论，庚在七宫，可在九宫，坤乃二宫，若作庚向，使向中之水，兼见坤流，是由七兼二也，作丁向，使向中之水，兼见坤流，是以九兼二也，依玄空论之，论非一元，谓之驳杂不纯，再交离运焉得不败，焉得不杀人。

若庚丁向水，专在坤宫，左不兼丁，右不兼庚，清纯不杂，再交吉运，焉得不兴，焉得不救人，若坤向见庚丁水，亦如此，所以谓之御街，乃水法清纯，又乘吉运故也，倘乘离运，一样为祸，其犯驳杂者，乃七九得运，二宫失运之时，即至二宫得运，七九为失运之时，永无全吉之日，彼不知所以然，遂呼为杀人黄泉而已。

78【问】：古今帝王无数，焉得如许天子地以葬之？

【答】：葬天子者，非天子地也，如世胄创业之家，其起初必是一大富贵之地，可自白衣而致卿相，以后有一平稳之地，即可保其一代富贵，帝王之地亦然，必其头一代帝王之祖若父，葬于正乾正穴，真帝王地，生得帝王，开基建国以后，但得龙真穴的之地，含元合运，自然四海升平，万方底定矣。古今来，惟中干龙，所出帝王，能混一宇内，中干龙，昔连泰岱，今隔黄河，南干龙，则割据及草窃而已，虽建国亦不能久，史监具在，可为证也。

79【问】：平民地有吉凶，关乎一家，帝王地有吉凶，关乎天下，使处扰乱之时，平民地将无权也？

【答】：不然，当贼冠纵横之际，其地吉者，虽频遭劫掠，终能获全，其地凶者，虽远避他乡，不遇杀戮，亦入死囚，此亲目所击之事，非徒托空言欺人者，彼言地理者，曾有留心考验，如是者也。

80【问】：阴阳二家之言，既如是矣，至临事之时，无不慎重选择，谓选择稍差，能使阴阳二宅，转吉成凶，减其福力，其擅选择之长者，夸大其辞，真谓选择之法，只须动土修方，可使凶地凶宅，立致吉祥，倘三家之言并行，将何所适从？

【答】：阳宅之力，不敌阴地之半，于第七十问，已详言之，而选择又其末焉者矣，其大略，避却太岁三煞、岁月时之空破，与化命祭主之刑冲、克害足矣。

至若七政四余选法，分恩用仇难，以为扶助趋避，杨公造命歌，备言其旨，而远省僻县，台历难致，精者其稀，即或用之，转滋诧异，乡曲愚人，咸奉鳌头象吉等书，拘泥各种不经之神煞，虽有钦定协纪辨方，辟其谬妄，而庸俗信之自若。余方考新旧名墓，以及村落坟厝，只据形势理气，以决祸福，无不了然，并不问其何月日时，神煞吉凶，可见选择之力，不敌二宅之形势理气，且世家巨族，高碑大冢，其选择非不慎重讲求，何以葬非其地，补救无灵，其惑不待辩而自明矣。

但见世俗卜葬课单，置形势理气之真吉凶不论，专讲日干之扶山补龙，扶之补之之法，夫坟永远长久之地，惟形势理气是凭，岂一日之干支，即扶补龙山，使之永长不替乎，余每为人扦葬，是吉地则用，是凶地则不用，只依协纪辨方，避却刑冲克害，葬于合运之地，无有不吉，愿天下嗜斯道者，亟宜勤求形势，精习理气，毋使本末倒置而已。

81【问】：今人看峦头者，指杨公九星，为老九星，不以为重，而专言廖公九星，似胜于杨公九星，而子则专言杨公九星，必有所见而然也？

【答】：星何常有九，而又何止于九，盖水曲、火尖、木直、金圆、土方，此五星之正形，杨公因其形之难拘于五，故也北斗七星之名，而益之以弼，以为九，又虑其变化不定，故于撼龙经中，备言兼带之形，自杨公以前，原只五星，无九星也。

廖公承杨公之后，亦因其变体，而立九星之名，复穷之九九八十一变之穴象，是皆恐后人之拘泥，而为之立说耳，其实总不离五行之正形而已，若景纯葬书，何曾有是说，今人又强为分解，以杨公九星，为看龙之星，廖公九星，为点穴之星。

然杨公经中不云："贪狼作穴是乳头，巨门作穴窝中求，武曲作穴钗钳觅，禄廉梳齿犁锄头，文曲穴来坪里作，高处亦是掌心落，辅星作穴挂灯样，纵有圆头亦凹相。"

此九星在龙身行度多者，即以此定结地穴形，否则，于祖山与父母之山龙身上见，而在立穴处见者，即窝钳中之突，窝钳中之晕是也。

杨公九星，何尝不可点穴，既主杨，不更言廖，恐立言驳杂，闻者易于混淆耳，是以尝言，凡系峦头之书，不过不同小异，尚属有凭有据之言，尽皆可看，至理气，则东牵西就，左转右旋，使五行失其常，八卦失其序，山水无言，至理气，则东牵西就，左转右旋，使五行失其常，八卦失其序，山水无言，其灾祸萃于人身，而不之觉，余不惮烦，以申述者，无非欲唤醒痴聋。

82【问】：子常言看地，首重形势，既得形势，再进求理气，是理气寓于形势之中，今三合节节步龙，何字落豚，何字过峡，从水口看是何库，与山脉相合，然后立向消水，亦是得形势以求理气，何尝不是气寓于形，子独力辨三合非是，何也？

【答】：看龙之法，原只在龙身，看其是何五行星体，落脉宜柔细生动，不宜粗蠢死硬，过峡宜跌断，不宜刚直，开帐宜前抱，不宜反飞，起星宜端正，不宜倾斜，自祖山步起，节节分枝，孰为干，孰为枝，孰为大干傍干，孰为大枝榜枝。

大凡祖山必高峻粗雄，开一帐，则山形一变，跌一峡，则土色一变，由高峻而变和平，由粗雄而变清秀，即至成局结穴之时，砂环水聚，穴星呈象，中有似石非石，似土非土，坚细之好土，或五色兼全，或纯是一色，与穴外土色，迥乎不同，或生圆晕如太极之形，杨公拟龙经中，俱详言之，何尝拘拘于某字龙，必与某字向水为三合，余遍考之，率皆牵强，无一合者。

即所谓合者，其立向，或迎生，或迎旺，或朝御街，或朝墓库，或以小龙虎为水库，或以大龙虎为水库，或以大龙虎为水库，或以龙虎外，不见之口为水口，或以罗城总水口为水口，尽是李代桃僵，全无把握，殊不知入山寻水口，乃于山之水口，见其交锁紧密，或两山来立如门，或山脚交牙，不使直泄而去，或狭如石栅，将山内众水束住，一口而出，或口外之山，有日月、狮象、龟蛇，各种之形，镇住水口，便知其内，必结美地，并不问其水向，何方何字出，亦不问其在穴之何方何字出，而指为某库也。

山之气，阴也，自祖山起伏摆动而下行，水之气，阳也，自总水口盘旋曲折而上行，同会于结穴之区，水之三叉，抱向穴后，山之龙虎，抱向穴前，山水相抱，即是阴阳相见，此谓之交媾有情者是也。

往前看穴上所见出水之处，一出不再见者，为去逃之方，往后看穴上入首之处，为来脉之方，以玄空理气合之，合吉则吉，合凶则凶，吾得诀以来，考之万无一失，使三合各法，果灵验胜于玄空，余岂愿弃诸家而专学玄空也，人孰无亲，焉敢以无稽以言误人，而先自误其身者乎。

83【问】：《青囊》云："山上龙神不下水，水里龙神不上山"，解者多以此二句，一是看山龙之法，一是看平洋水龙之法，盖山龙多有龙而无水，平洋多有水而无龙，其说是否？

【答】：山龙穴前多干流，干流何尝不是水；平洋穴后多低坦，无星峰，其脉伏行迤逦而来到穴，其来处何尝不是龙。但此二句所言者，山水之理气是也。盖山有山之运，水有水之运。山之运，不可为水之运，放云不下水。水之运，不可为山之运，故云不上山。

84【问】：地理之书，远自海角青乌，降及唐宋、元明，为书甚多，子独沽沽于景纯、筠松，及大鸿氏之书，毋仍罔欤？

【答】：《海角》、《青乌》二书，托名最古，其书即伪之尤者，不必细论其他，只看其措辞，周秦时之文字，何等古奥，况海角经，为黄帝时九天玄女之语，何其酷似唐以后之言也，青乌经，樗里子所著，其人为秦王之弟，周时之王候，皆人君也，汉以后，则为人臣矣。

秦以前，从无营葬，欲得地为王候者，宰相于祖龙时，始为极贵之官，秦以前、宰为宰，相为相，并非大贵之人，沙堤者，乃唐时拜相之礼，周之时，焉得有此乎，岂非皆唐以后人之伪书，天下惟真者不假人之名，假名者，岂有真诀也哉？

虽杨公之书，流传日久，亦被三合家涂改，以附会其术，幸蒋公得古本，畅为注明，使天下后世？复观杨公之真传，景纯葬书，所言者，均是形势，三合家，亦无从涂改，尚将形势之生死，注作生旺墓库之生死，此乃固执不通，至死而不悟者也。

夫看地之法，最难者形势，自祖山出脉，奔腾踊跃，闪跌隐现，横飞逆上，侧落回顾，变换不一，愈奇愈真，穷其足力目力，始有心领神会之时，原非一朝所能得，是以古之葬书，乃三合家，以罗经解为理气真传，奉为至宝，转视形势为末务，每与之登山，未曾立定，先用罗经，以谈三合四库，如是看法，究谁为固执之人也。

85【问】：从来地理书中，言峦头形势者有之，言诸家理气者有之，绝无言及三元为理气者，自蒋大鸿氏出，始以三元为理气，世以罕见罕闻，疑信相参，原非得已，子何辟之，罪之之甚也？且如子言玄空法，至简至易，何以前此未之闻也。

【答】：余非罪其他人，罪其甘受诸家之愚弄，转为之附会标榜，不知玄空之神奇，竟肆其诋毁阻挠，陷学世之人于水火之中耳。若谓无书，玉镜经，即是玉函遗意，非其真也。三元九宫，非其位也，但未将何考用之于山，何者用之于水，分别指明，世俗既不解用之法，又不解用之效，书虽存，俱遗而勿论。蒋公得秘传，申明其效验，其诀虽易，得之最难，必待其人而得语之，否则，奉之千金弗顾也。于宝惜秘诀之中，亦隐喻人以劝诫之意，使人人以孝悌忠信自勉，则斯诀亦可尽人而语之矣，夫游食者，以此谋生，不得不固执以诋玄空，而无识者，亦喜妄加指摘。余昔初学地学时，看诸家书，则人无言，习玄空，则群起诽笑，余于地理无所不学，经久是玄空极其灵验，其诸家书之所以误人者，皆附会标榜太过之故也。

第86【问】：吾子得诀甚秘，立论甚高，些子玄机，引而不发，虽云辨惑，究未能去人之惑也。后之人读子之书，将毋疑子徒知善辨，实未尝得诀，谁又为子辨？

【答】：余岂故为秘密，乃守蒋公及李师之诫耳。昔亦曾为数人言之，或浅尝而不深信，或得鱼而遂忘筌。余由是三缄其口，必待至诚笃信之君子而语之耳。今试举略二人，一为同乡老友，察其心地朴实，因以元运往来消长，山水对待流行，倾心相告，彼亦不考其灵验与否，去而谓人曰："岂有秘诀，乃老生常谈耳"。一为姻戚，值成丰癸丑，粤贼陷城，其人约与其共患难，且求真诀。余虑诀之失传，遂告以天心正运，下卦，起星之旨。无何仇家引贼索余甚急，非以贿解不可，余乞援于其人，竟不之顾。如此等人，不一而足，子谓余守口如瓶，不亦宜乎。亦常悯人之疾厄困穷，为之择地葬亲，乃疾老愈，困者苏，自庆其否运已过，泰运方来，竟忘其俯首乞怜，于谁也。近代人心不古，居家不讲孝悌，出外不立品节，欲侥幸于阴地，以济其无穷之贫，誓不滥传，悠悠之口，其如余何。

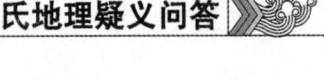

87【问】：近见人延师卜地，每每寻得吉穴，倘另延师至，则又指为非是，再延一师，更有一番批驳，虽三合与三合不同，玄空与玄空有异，岂眼力不同也，抑用法有异也？

【答】：形势之美，显而易见，自是千人一律，无可异同，惟作用之法，玄空重在乘运乘时，三合不过昧于时运，至于形势则一也。

近世俗师之批驳，原不在乎形势之优劣，在乎言人眼力之低小，以夸其本领之高大，使主人翁舍此另图，遂得居功索谢，此皆各门户起见，是以三合毁三合者有之，玄空毁玄空者有之，入主出奴，纷纷聚讼，皆市侩之心，术士最恶之习，无主见人，未有不受其愚者，要亦其家之阴隙福命所关，冥冥中盖有使之然也。

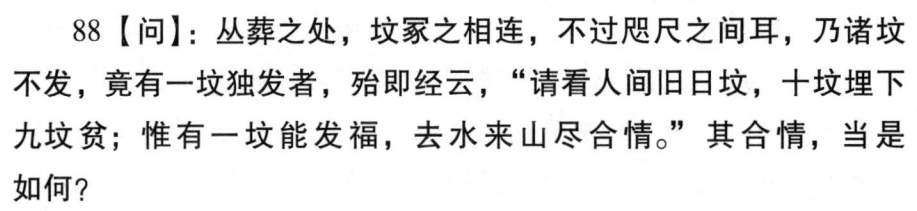

88【问】：丛葬之处，坟冢之相连，不过咫尺之间耳，乃诸坟不发，竟有一坟独发者，殆即经云，"请看人间旧日坟，十坟埋下九坟贫；惟有一坟能发福，去水来山尽合情。"其合情，当是如何？

【答】：非独山水之形势合情，乃山水合元运之情耳，不然咫尺之间，何分瑕瑜。在山龙穴小，尚有得穴失穴之说，若平阳穴形宽大，一山数穴，焉有区别其不发者，必非其元运之时所葬；其发者，必正当元运之时所葬。合情者，即合得天心造化工也。明得天心，则于葬事有何难哉。

89【问】：每与吾子登山覆验旧坟，即知其吉凶，虽年代远近，房分公位，所主何事，有如目击，是用何术，出于何书？

【答】：岂另有术，岂另有书，皆是以元运之得失，如于龙穴坐向，并各方公位砂水以上，即能知其远年近代，在何公位，即属何房，吉则为吉，凶则为凶，至于如何之吉，如何之凶，八卦之中，各有所主，周易系辞，言之最详，俗术洪范三合纳甲翻卦，谓之周易，可丑之极，若玄空真无一处可离周易者，若谓之术，轻视玄空矣。

90【问】：尝见北省地师，至南省看龙点穴，高下失宜，南省地师，至北省看平阳定穴，觉茫然无据，虽素称好手者，至此亦失其所长，其病在何处？

【答】：余前已言，地有六样看法，而理气作用，总是一法也，其分六样者，形势之不同，彼南北地师，果系好手，而犯此病者，乃久阅历之过也，病在不谙风土情形，倘于初至其地之时，先将地气厚薄，土脉浅深，覆验确实，已葬老坟，与理气丝毫不爽，然后为人作用，焉得有错误之理。余生于陕，家于皖，游燕代，涉齐豫，继维阳，抵姑苏，幸于六样形势，皆得亲见之，是以谆谆语人，首重形势者，即此六样之形势，次重理气者，六样形势，俱不能离此理气也。

91【问】：凡谈玄空者，无不以翻卦为主，今读子之书，从无一字言及翻卦，经不云翻天倒地对不同，其中秘密在玄空，又云颠颠倒，二十四山有珠宝，顺逆行，二十四山有火坑，岂秘诀在是，故秘而不宣也？

【答】：颠颠倒，顺逆行，有珠宝，有火坑，皆是扐巴水辨理气而言，山有山之运，水有水之运，以二运相较，有似乎颠倒，而实非颠倒也，使山水各得其运，则美有如珠宝矣，盖山之运顺行，水之运逆行，其顺也，自然之顺，其逆也，自然之逆，非是伪造，挨星图之左旋右旋之顺逆，倘不明顺逆，则用之皆为火坑矣。

水之运，天也，山之运，地也，以二者对之，迥乎不同，故曰翻天倒地对不同，非独一山一水对不同，即此元与彼元对，亦复不同，知得其中秘密，即知理气矣，何用翻卦，世之慕玄空者，最喜在挨星翻卦上着想，枉费心机，故盲解日以多也。

92【问】：北方土厚水深，其葬也，不事版筑，不用灰炭，南方地卑水浅，其葬也，坚筑石灰，以隔水蚁，加以炭末，以隔树根，甚至朱紫阳砌以砖椁，岂不与死欲速朽之言相悖？

【答】：毋使土亲肤，亦圣人之言也，然余在南北，亦尝为人迁移旧墓矣，北方之葬也，以土厚之故，其穴之深，或至丈余，纵浅亦必六七尺，又北地少雨，葬后堆土之时，只用数人践踏，不崇朝而事毕矣，其土有枯燥之土，有潮湿之土，皆是无龙穴之地，至掘起之时，其枯燥土中之棺，虽无水浸，亦干朽如灰，其潮湿土中之棺，必败毁如泥，但无白蚁耳。

南方之葬也，以土薄之故，其穴之深，仅只五六尺，甚至结盘培土成坟，倘遇风吹水劫之地，其潮湿固不待言，而白蚁先肆咀嚼矣，至于龙真穴的之地，其土如有油润，见风即干，其棺与骨，如初葬之时一样，仍有温暖之气，甚至气出如蒸，对面不相见，南北之美穴，皆是如此，

但南方多雨泽雾，有石灰坚筑，免令水气渗入，又南方土松，多树木之根，有炭末隔之，则树根遇之即止，皆目击之事，然富室俱喜蓄树荫坟，惟松柏根伸不远，亦须在二丈以外，防其百余年，根亦伸远也，最不宜者，乌桕夜合，枫与栗等树，其根能串行满山，虽数十丈外，亦不可留也。

邑之南郭，有古坟数冢，地滨大河，皆二三百年者，平洋葬法也，道光年间，邑大水，河遂啮坟，石灰皆现，好善者敛金徙之，柔凿石灰，其坚如石，棺外并无一些潮气，乃棺底亦用灰坚筑，与上下四旁，连合为一，俨然石椁也，棺仍如新。

今葬山者，其棺头入土尚深，其棺足入土最浅，虱蚁树根，往往由棺足而进，今之葬者，亦宜于棺底先坚筑石灰一层，然后纳棺于上，与四围及顶，坚筑为一，虱蚁树根，亦无隙可入矣。

93【问】：龙分两片阴阳取，水对三叉细认纵，是如何分取？如何对认？

【答】：两片者，即一阴一阳，雌雄、夫妇宾主之象也，三叉者，即合襟元辰，零正、动静、顺逆之处也，一言山，分山之运，一言水，认水之运，所谓地画八卦谁能会，山与水相对是也，青囊序八十余句，绝无一字泛言，总括玄空，因形求气，彰往察来之

妙，使观人成败吉凶，了如指掌，神而明之，不啻元珠之在握也。

94【问】：北方地平水远，随处皆可葬坟，风俗朴诚，人死即葬，其浮厝者甚少，南方地狭人稠，水陆相半，择地者，不得不求之于山冈，卖者居奇，买者犹豫，术士又从中煽惑之，则笃信者，如先言厝而后言葬，间有厝而吉者，亦有厝而凶者，其厝之吉凶，与坟之吉凶，同乎不同？

【答】：坟之所重者，龙穴砂水，厝之所有重者，局势向水，不必有龙穴也，只须朝向水法合运，俱是一样发迹，但葬则骨安而亲宁，与天地共久，若厝则魂魄未安，兼有水火贼盗虞，其凶者，固宜速葬，纵吉者，岂可因已之侥幸，忍令亲骨久停，不孝之罪，莫大乎是，编氓无知，固属可笑，乃士大夫蹈其辙者，更甚编氓，岂风水能惑人，人自惑耳。

95【问】：山龙于护砂之上，有空缺处，谓之凹风，平阳后无护托，左右无护砂，四面皆风，乃穴不畏四面之风，独畏一凹之风，却是何理？

【答】：亦尝于起坟时见之矣，凹风在左者，棺中之骨，必吹往右边，凹风在右者，棺中之骨，必吹往左边，在后者，必吹至胸次，或至足下，或将骨吹毁，入手如粉，或骸骨不全，若此者，屡见之，实真有之事也，余揣其理，盖凹风之吹穴，如人之撮口以吹物，其气最专之故也。

若平阳之风，匝地而来，宽阔一片，不专吹穴，故无所畏忌，亦不主吉凶，倘数十步内外，有村市家宅庙宇，则其屋左右之风，射穴亦如凹风，主人祸福，平阳无砂无峰，其村市家宅庙宇，即作星峰论，若在旺运，当高而高之处，主有吉无凶，反是者，有凶无吉，即前所云，阴阳动静之义是也。

96【问】：山陇、冈原、平阳、平洋、六样龙穴，其穴中土色，同乎不同？

【答】：凡山陇平冈，自祖山落脉，或龙身带石，或本山带石，则穴中必有似石非石，似土非土之土，在穴中搓之如粉，见风日，即坚硬如石，极佳者，成太极晕，至于平原平阳，穴中多是淡黄之细土，或红黄青紫各色，极佳者，亦有太极晕。

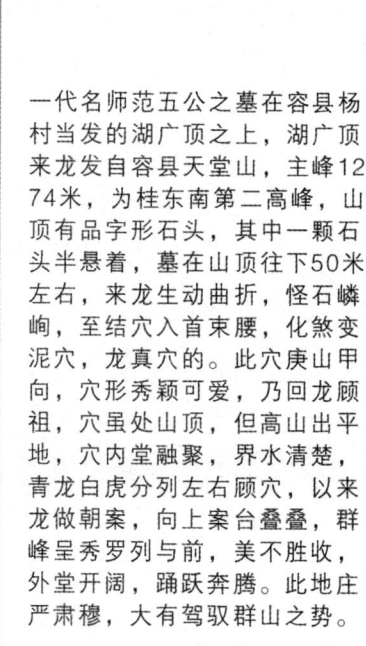

山顶　入首

一代名师范五公之墓在容县杨村当发的湖广顶之上，湖广顶来龙发自容县天堂山，主峰1274米，为桂东南第二高峰，山顶有品字形石头，其中一颗石头半悬着，墓在山顶往下50米左右，来龙生动曲折，怪石嶙峋，至结穴入首束腰，化煞变泥穴，龙真穴的。此穴庚山甲向，穴形秀颖可爱，乃回龙顾祖，穴虽处山顶，但高山出平地，穴内堂融聚，界水清楚，青龙白虎分列左右顾穴，以来龙做朝案，向上案台叠叠，群峰呈秀罗列与前，美不胜收，外堂开阔，踊跃奔腾。此地庄严肃穆，大有驾驭群山之势。

图片：山顶　入首

若平洋虽在万顷水田之中，池塘水侧，其结穴处，果系龙真穴的，其土色，干而不燥，润而不湿，捻之如面，不夹砂石污泥者，即是好土。

亦有成太极晕者，倘夹砂石，而又潮湿，乃无气之穴，如局势合宜，向水纯净，只可为厝，不可为坟也，若结盘安棺，培土作坟，名虽为葬，仍与厝等耳。

97【问】：经云，惟有挨星为最贵，泄漏天机秘，又，时师不识挨星学，只作天心摸，何以挨星之重，一至于此？

【答】：读书者，亦不必如是拘泥，此不过读玄空挨星之好而已，夫地理总以形势为体，理气为体中之用，挨星乃用中之用，又其次也，其不识挨星学，只作天心摸之云者，言天心自是天心，挨星自是挨星，盖挨星不离天心，而不仅止天心也。

余前所云文昌魁星会合，能发科甲，亦能择吉修方，催人富贵，必须形势佳，理气合，而加之以挨星，方为全美，若形势理气俱非，纵仗挨星，取效一时，亦难久远，章仲山虽得蒋公之传，好用挨星，正坐此弊。

98【问】：依法而葬，自应富贵，但有大小之分，久暂之别，当如何决之？

【答】：行龙有星降，有帐盖，有护从，有垣局，合得元运而葬之，即主大贵，若行龙单弱，帐盖不全，护从无多，垣局狭小，虽贵不大，其大富之地，或收大江大湖之朝水，不拘水之远近，但有一口吸尽之势，或大河扑面入怀，或大塘汇聚明堂，虽旱不涸者，皆主速发大富。

若水路细小，或是干流，皆主小富，虽发亦缓，尚看其人之根基才具何如，根基隆厚，才具精明者，地虽小而发亦大，根基卑薄，才具平庸者，地虽大而发亦微，至于入暂，则看元运之兴衰，可以知之，近世地师，为人扦一穴，即许以状元阁老，并不问山水何如者，皆谀墓之辞也。

99【问】：三合黄泉之八煞，不得谓之煞，既获闻命矣，请问玄空之煞？

【答】：玄空之煞无一定，山得运之处，宜有山，不宜有水，水得运之处，宜有水，不宜有山，不宜有而有之，即是煞矣，再逢太岁冲合到方之年，凶祸立见。

余有从侄，因兵火将其父用砖椁厝于山中，近十年矣，余曾见之，尚属平稳，后延徐姓地师，云是祖传玄空，谓煞气关在椁中，急开椁抬棺出，未百日，男子痘殇，又数月，诞一婴孩，七日而夭，棺在椁十年而无恼，乃出椁不半载而如是，伊谁之过欤。

夫理气之煞原在山水上见，而形势之煞，如山恶岩凶，沟直水反，亦举眼所能辨，选择日时之神煞，事过旋忘，从未闻关煞于椁中者，有此等人，造作妖言，误人性命，虽逃法网，亦难免真诛也，言祖传者，必其祖实系名师，始可谓有传授，若寻掌江湖游食之儿孙，纵祖传乌足深信，如执村学究之子弟，亦可呼之为世代通儒也？

100【问】：玄空家，动云恐泄天机，干犯造物之忌，究未见干犯者，如何遭谴？

【答】：有之，人自不觉耳，余姑苏数人以为证，明末时，余乡有史仲宏先生者，凡监之国手也，其传载邑志中，邑之名坟名宅，大半出于他手，遂自留一穴于宅后之山，植松一株以为记，临终，乃告其子，命葬于松下，既殁，其子升柩之山，则前植之松，已复生松，满山如林，不知穴处，夜示梦于其家云，吾擅为人葬四十余棺，已授冥罚，不可葬此地，乃别葬焉，余曾登其山，穴虽尚存，已被挖树取土，两水冲塌，不堪复用矣。

又道光初年，余乡有父子弟兄，沿为库吏，素无善行，闻湖北屈姓地师至，备礼迎之，相待极优，屈不知其为人，但感其礼貌之隆，许为觅大地。

屈师为玄空高手也，居数年，果得一地于棕阳，择日营葬，开穴时，土色甚佳，俄而化为一泓清水，屈正在食牛脯，闻之大惊，遂得噎病。数月，病益甚，某劝之归，屈感某之情，必报一地，然后归，犹力疾入山，于五岭河得一地，预定当出一榜，某大喜，屈云，聊以塞责，此地不如前地远甚，殆有命焉，不可强也。

葬坟之日，屈师在穴旁大笑，忽呕一血块，破之，即前食牛脯也，病亦寻愈，某之侄竟中北闱乡榜，今败绝，仅存一二丁，流落无家可归，则史屈二师，非遭谴而何，余今于问答之中，互文示意，蒋公心法，隐然宣泄无遗，实为悯孝子慈孙，呼天无告之苦衷，故情不能已，上苍及先师，其或有以鉴诸。

以上地理辨惑百条，抄录既就，不禁莞尔自笑曰：世之造伪术者，惑也，信伪术者，惑也，余复虑人之惑，更为孜孜讲说，而特为之辨惑者，亦惑也。古今来，惟忠孝贤良，道德仁义，泽被当时，名垂后世，是人人最急之务，若求地以安亲妥灵，为忠孝、贤良、道德、仁义之助，则可，若以之求富贵利达，趋炎附势，荼毒生灵，则堪舆一道，实为天下之罪人，奉劝士君子，时刻抚摹方寸，令坦白可对天地鬼神，是先于此中求真龙的穴耳，洒洒落落，布衣赘笔。

结语：

地理之学，尽是人力胜天之事，故巨室豪门，不思积德行仁，而专务寻地，盖十八而九，则青囊万卷，祇为造恶之津梁，幸有古师垂诫，直与神只赏善罚恶之权，同归一辙，所望预闻斯道者，敬守而慎行之可耳。

地理问正

金匮　曹山阳　著

《地理问正》三卷，约矩约言二篇，曹君山阴先生所作也，君对于地学诸书，无所不读，凡奇门遁甲、太乙、星占、以及岐黄灵素之术，俱能络环掌上，朗列眉端，而于景纯家言，尤臻微妙，盖其秉质超迈，研几功深，不为俗学所围，一眼观定，真面独开，理析微茫，纯以神悟，是技也。

湘心青氏序

自郭璞首阐河洛之秘，厥后杨曾廖赖，代有著述，而吝惜玄机，意深语艰，明哲罕遇，以致讹以传讹，私心妄测，言人人殊，贻误匪浅，四明目讲禅师，单提直指，大鸿蒋氏得之，因著《地理辨正》、《天元歌》、《水龙经》、《归厚录》，力纠诸说之错误，并析水龙山龙混而为一之非，廓清之功卫矣。第详言理气，略于峦头，不善学者，恐置峦头于不讲，得毋复蹈净阴净阳之覆辙也，夫天光下临，地载上承，承者缺一可也，兹山阴氏，寻于龙捉脉，定向立穴，反复指陈，峦头既真，则挨星分宫，头头是道，真可得无极子之真传，而补中阳子之未借者已。昔先大夫纳夫公，于龙之真伪，辨析微茫，尝著龙之经止经三卷，以从征巴勒布，没于古军营，原本遂失，予资性梼昧，未能仰承家学，尝以此为憾，今读曹君此书，惜日不得先大夫所著述，一为印证也。

昭文孙原湘心青氏序

钱　　序

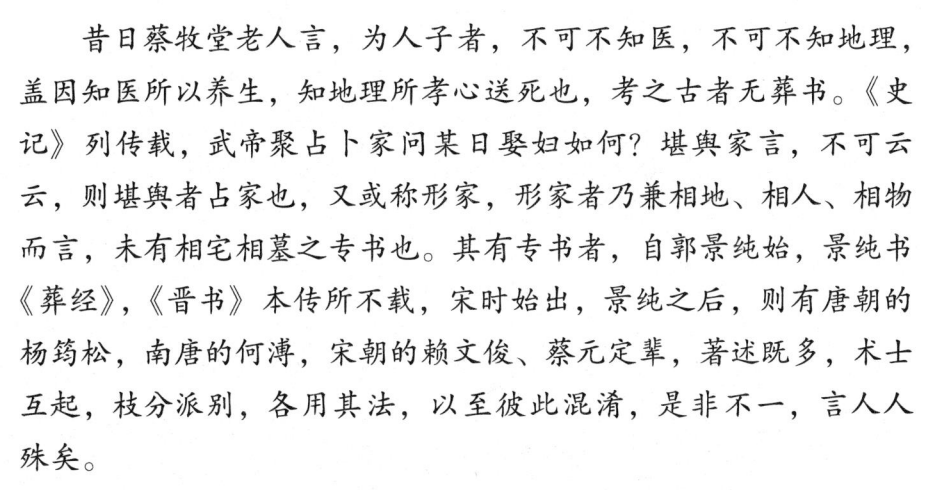

昔日蔡牧堂老人言，为人子者，不可不知医，不可不知地理，盖因知医所以养生，知地理所孝心送死也，考之古者无葬书。《史记》列传载，武帝聚占卜家问某日娶妇如何？堪舆家言，不可云云，则堪舆者占家也，又或称形家，形家者乃兼相地、相人、相物而言，未有相宅相墓之专书也。其有专书者，自郭景纯始，景纯书《葬经》，《晋书》本传所不载，宋时始出，景纯之后，则有唐朝的杨筠松，南唐的何溥，宋朝的赖文俊、蔡元定辈，著述既多，术士互起，枝分派别，各用其法，以至彼此混淆，是非不一，言人人殊矣。

先君子养竹公，尝留心于堪舆之学者有年，泳时年十余龄，从旁窃问，以为地理必本天道，而参之以人事，始为能尽之，夫天地之理，高深玄远，广大难名，或明其理而不推其数，或测其数而不穷其理，至于阴阳之消长，人事之吉凶，茫然不知其所以者，比比皆是也。

盖天道有运移，地道有变迁，人道有兴衰，不可以一律拘也。吾乡曹君山阴氏，少习地学，于审龙、察穴、寻砂、问水之大旨，已融会而贯通之矣,又得邓超然先生以为之师,口讲指书,其理益明,其术益精,操其术以著名公卿间,二十余年,仰观俯察,登山临水,知无不言,言无不验,以是知曹君之学,直通乎天道,贯乎三才,未可以术士看待之也。今年春为余卜生基于宛山之东,相聚者数日,暇时出游时,寻龙点穴,立向作用,阳宅问答,诸诀见示,并以所著约言约矩二篇,附刻于后,宣扬其奥而扬其蕴,萃其要而窍其精,言约而旨微,理该而义显,直可以补前人所未发,其为学也岂浅鲜哉!爰为述牧堂老人之言,以告世之为人子者,相与切磋而琢磨之可也。

道光二年七月七日梅花居士钱泳书

席　序

　　金匮山阴曹先生，精于地学，戊寅春来游虞山，余一见如旧，出示所著《地理问正》三卷，分论峦头理气，无微不至，无疑不晰，阐古人之真谛，述授受之心源，指迷觉昧，用心亦良苦矣，窃叹世之从事斯道者，或见迂识陋，未尽精微，或雄辩高谈，误宗异学，都被慈子孝孙，奉为正法眼藏，非地师之有心祸人，由于不得真传故耳，若山阴先生，可谓行无极子之心法，直窥杨曾廖赖之堂奥者也，今将付诸数语以为序。

南沙席汾拜序

无极子授蒋大鸿天心正运图

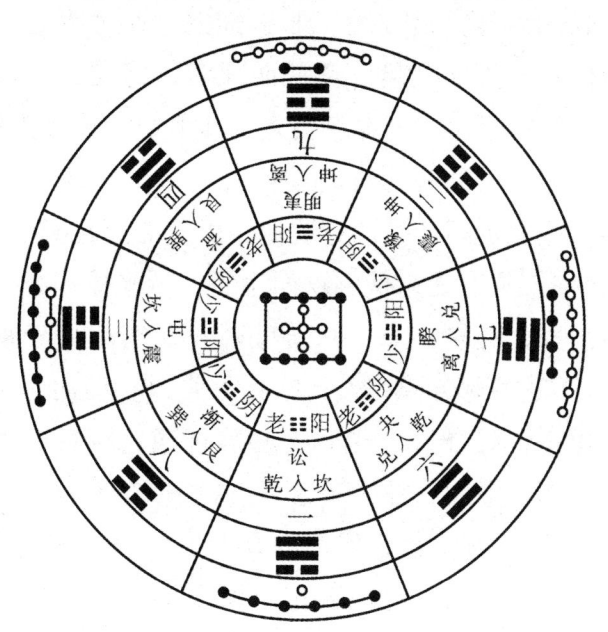

上卷　寻龙

1. 【问】：古今寻龙难易何如？

   【答】：今人动不动称寻龙容易，不知寻龙为地学第一件工夫，视为容易，无怪学此者，代有其人，而精此者，万不获一也。

2. 【问】：此法为古人之言吗？

   【答】：古人虽言之，不知古人对于天星地理，了如指掌，过眼便可窥见龙之肺腑，故可言寻龙容易，今人不知龙之生死，安知龙之肺腑，亦曰："寻龙容易"，岂不大误乎。

3. 【问】：**龙之生死似易辨也，只不过在于有起伏、顶跌、曲折、转动为生，反此为死，既学于此，岂不知者哉？**

   【答】：你只知道知龙之皮毛，非真知龙之生死者也，昔李德征先生曰："见有起伏顿跌而死者，怒龙也，譬如虎伤药箭，奔跃不宁，不知者目之为雄壮，而实死在须臾。"你知道吗？"见有曲折转动而死者，惊龙也，譬如蛇见鹤鹳，怆惶走闪，虽形身逶迤，而实心胆已碎。"这些你知道吗？"见有无起伏顿跌而生者，低平放冈龙也，譬如人方静坐，鼻疑不息，状若塑雕，而实闭目养神，生机充满。"这些你知道吗？"见有无曲折转动而生者，铺毡展席龙也，譬如人方熟睡，心静神逸，声息似无，形如僵毙，而其喉间，呼吸潜通。"这些你知道吗？

   凡一起一伏，俱坦胸开面出脉，精神凝聚，骨肉相称，枝肢齐收，界河双抱，罗城周密，裀褥四布，左冲则左避，右冲则右避，他山有伏侍端拱之情势，若俯首听命，龙行之踊跃，升则如登，降则如崩，或如良马奔驰，或如仙鸾起舞，有间星有化气，有煞为权，有吉为解，串插自然，插受俱得，盖胎、夹胎、辅胎、乘胎，四者俱备，此为有起伏顿跌而生者也。

（此讲龙之生）一起一伏，倘贯顶饱面出脉，体势突兀，盘骨尽露，枝肢尖散，界水侵泛，衵褥亏欠，罗城断缺，左冲则左攲，右冲则右攲，他山有抛离欺压之象，并无开面迎送之情，龙行虽踊跃，终非自然，升则顶背有亏，降则挂肩阴死，或如伤鹿窜逃，或如泣猿悲跳，无间星，无化气，煞不为权，吉不为解，串插不到，卑受俱无，盖胎、夹胎、辅胎、乘胎，四者不备，此则有起伏顿跌而死者也。

（此讲龙之死）夫起伏之龙，不过一上一下，曲折之经，只看一左一右，即此推之，可以寻龙点穴，立向作用矣。如果生死不辨，则从头错起，即使读尽所有传书有何用。子以师事我，我忍误子以误人乎？

大约辨龙之生死有五：

1、从出身看降辅之生列。

2、龙之行度看匹卫之生死。

3、龙之过峡看递承之生死。

4、龙之入首看气质之生死。

5、龙之卜时看运时之生死。

凡一龙之降，必有一个落头，或九星五体，二连五耸，起顶逐渐递降，气势精神俱到，此为势落，人自易辨，有意落者、力落者，是龙神巧于变化，难以踪迹，此所谓疑龙者也。

意落者，真龙不上正顶，而从星峰之肩，或腰间卸下，只要星峰转面照顾，其龙起背承受而云，即为意落。

又有两峰交顾，脉从腰坳中出，此为合意之落，是乃上地。又有意不在面目而在于耳，如人侧耳，随耳后卸下，起背承受而云，亦为意落。此是变中之变，必须心神与龙神意会，方可语此。

力落者，星面回顾，后龙头耸，背负如兽之登山，宛似拔尾之状，名曰天兽星，石峰高耸，位主鼎甲三公，如或低小，亦不失科甲，以其有带子升天之势也。

又有挂落者，是挂带之龙，只要有阴阳分受，或有背或有顶，有阴开胸，有阳开面，有分，有夹，有送，有迎，有受，受气丰足，则不论是龙，是砂，俱能结地也。

凡老龙行度，只看大势，辨回落，不必细论生死，譬如树之老干，生意浑然不露，直至分头分枝，然后辨其降辅之生死，亦可不论偏正，或巽，或辛，只要开面坦胸，星体垂顾，其气翕然敛聚，而成襟角，再起龙脊出脉下来，则谓之阳生阴成，或星背侧伏，星头垂顾，浑囵带饱，将至交节处，尽露筐毂，正气伏下，脱泄而去，则谓之阴生阳成，二者皆属生气，犹如夫妇阴阳交媾，得夫妇之情也。然亦有虽成夫妇而不生育者，此因胎元寒冷，不能受孕也，当看夹胎辅胎，星面之上，要梳云半月，或牛项纹波浪痕者，谓之盖胎；两边有嫩叶护脉者，谓之夹胎，阴阳交接之处，或本山，或外山，顿起星峰拱照者，谓之辅胎；有此则胎元自暖，方可受孕，待阴阳交媾之后，其第二节山尾背充满，不饥不陷，乘得后龙精气，假期点滴不漏，谓之乘胎；如妇人怀孕，子在胞中也，后面襟裾拔之不尽，则有漏精，谓之漏胎；漏胎之前，得降辅星者，亦有作结。

若离祖出脉，贯顶饱面，纯阴而无变化，纯阳敛聚

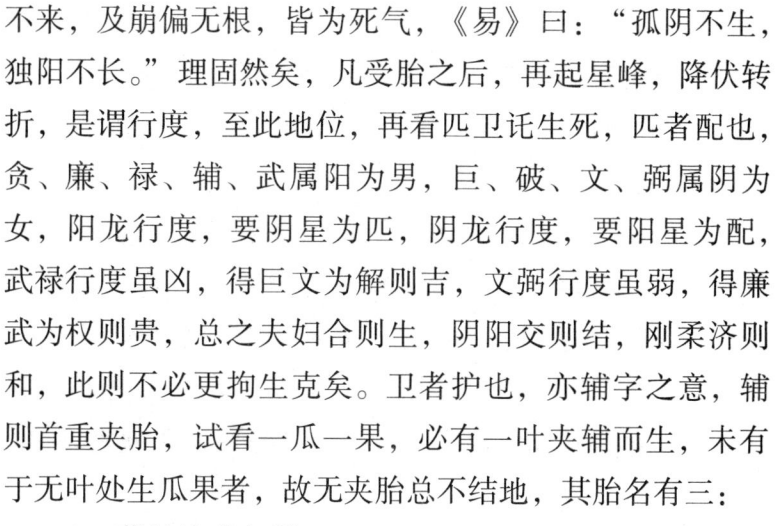

不来，及崩偏无根，皆为死气，《易》曰："孤阴不生，独阳不长。"理固然矣，凡受胎之后，再起星峰，降伏转折，是谓行度，至此地位，再看匹卫讬生死，匹者配也，贪、廉、禄、辅、武属阳为男，巨、破、文、弼属阴为女，阳龙行度，要阴星为匹，阴龙行度，要阳星为配，武禄行度虽凶，得巨文为解则吉，文弼行度虽弱，得廉武为权则贵，总之夫妇合则生，阴阳交则结，刚柔济则和，此则不必更拘生克矣。卫者护也，亦辅字之意，辅则首重夹胎，试看一瓜一果，必有一叶夹辅而生，未有于无叶处生瓜果者，故无夹胎总不结地，其胎名有三：

1、薄长为苡仁胎。

2、重叠为牡丹胎。

3、微短为梅花胎。

阳脉稍远，阴脉逼近，俱一体分出脉来，切不可少护卫，护卫者，非指外山也，只要护得龙身，不至被风吹水劫，自然隈暖，其气藏聚矣，若枝脚蕃衍，外拥十层，此是大龙行度，不易遇也，不论大干小枝，只要阴阳匹配，护卫周密，无孤寒之病为生，反此为死，既知生死，更要知寻踏要诀。

（以下讲寻踏要诀）要诀者，即卑受串插也。龙气厚薄于此辨之，凡龙，出额转肩，腰软摆尾，羽翼逼让，过得后龙，或客山作应顶应坐，谓之卑；以其有垂拱之势也，背圆丰厚，桡棹护身，裀褥四布，界水双抱，谓之受；以其有抱负之力也，圆丰则气厚，平饥则气薄，肩不转，背不清，气亦不贮蓄矣。凡大龙正结，大枝中藏，必有卑有受，至于小枝挂带枝结，即或无卑必然有受，故曰"有受无卑还结地，有卑无受总成处。"串插者，承上启下之过脉也，串则承其来，插则启将去，承来要清圆无滞，启去要通透无阻，如串有一分不清，圆则漏一分之气，插有一分不通，透则囤下一分之气，漏则后必有余结，囤则转腹斜行，知此串、插、卑、受四者，则三七二八自可了如指掌矣。

大凡寻龙，须认定活龙看法，则其串插自见，如龙自左转，则右边腰软左边强饱，如龙自右转，则左边腰软右边强饱，若龙自柔转其腰，亦渐渐软去，若龙自则冈其腰，有涌褶之势，就好像如人头侧下，则其腰必横折，腰间软肉多有褶纹，又好像星头向左，尾棹过于右，则龙左转，星头向右，尾摆过于左，则龙右转，星头右转知龙左去，星头右转知龙右出，好像人首转，肩自随，如鸟之舒翼，左翼逼右翼，让龙必右转，右翼逼左翼，让龙必左转，不拘直横，侧转必然之势也，其名有四：

1、方阔为狮子。　　2、额小阔为螃蟹。
3、头圆大名猴子。　4、脑圆小名螺彀顶。

此寻龙看卑、受、串、插之法也。干龙正结，串插自然一气贯通，看法有不宜拘滞处。一遇水大，忌冲龙，谓之水劫，一临风大，忌射龙，谓之贼风。行龙至此，必有当风抵水之护砂，更重转跌断，为过脉之处，若必按串插，未有不误，寻冲星而云，冲星者，冲风抵水之砂也，譬如扩身之将，一贼来害主，则顾主迎贼而冲杀之，此似背，而实不背者，不必以串插拘也。

凡分身枝结，每多偏闪，其串插大势，顾主边转本身，其龙闪侧偷过，须要看定相生，照脉寻去，到头结穴，亦必子不离母，故曰："面顾主背偷落。"此亦不必以串插拘也，诀曰："遇水休寻插，临风莫问串，仆奴怀已结，顾主局格偏。"其无串有插，有串无插者，皆为枝龙砂体也。故曰："来得好，不如去得好。"知此，则龙之肺腑了然矣。

　　至于过峡，要知启承生死，如覆掌而来，仰掌而去，此谓阴启阳承，又谓阴穿阳也。仰掌而来，覆掌而去，此谓阳启阴承，又谓阳穿阴也，有此龙的阴阳为生，无此龙的阴阳为死，俱仰俱覆之峡前，不必寻穴，看他前去再过峡，龙若变出阴阳，方能结地，倘运行之后，其峡一味。纯阴纯阳，则不劳着眼。峡之阴阳，须有迎、有送、有拱、有护，正脉隈藏，八风不动，乃为合式，惟长短阔狭，不必拘也，然亦有开帐穿关而去者，则以行度诸法绳之，龙脉至此，旺气发舒，两边分出，亦多有结，再看六气，六气者，正气顺流，吸聚转潜，边泊合气也。正气者，串插的的俱到，一一贯通也。顺流者，龙脉左来龙即左转，龙脉右来，龙即右转，脉必夹胎，护卫如瓜藤，叶间抽出嫩枝，顺则能拔得正龙之气，而气亦凝结矣。吸聚者，龙身盘旋，横开星面，肩腰翕然而结，或星头结顶出额，精神下顾，于阳面之上，敛起襟角落脉，下来再成星，而结转潜之气，是龙神转折之处，以折股为星顶开面，分枝有夹有护，落下成星体，而结边泊之气，星面开阔，夹胎远而从，星面上，阳落偏塌，低伏卸下，至入穴处，渐渐结阴，而起如浪之低伏，浪头涌起，其涌伏之状到头，顺拱则顺葬之，倒拱则倒葬之。合气者，数枝龙脉下来混在一处，不分高低，陡然平中穴起结穴，又有从起星辰前去，不如气从何来，而成钳突等穴者是也，苟不知此，惟执卑、受、串、插之法，只得正气一穴耳。

　　夫入首看气质生死，盖入首必先束气结咽，如人之有咽，为一身呼吸之门户，呼则气充，须要不壅不肿，吸则气蓄，亦要不漏不陷，宗此曰生，反此曰死，质者形也，观咽前星体，不拘九星五体，衬贴之异，只要玄武垂头，面背判然，棱弦分晓，骨内相称，水若左旋，龙必右转，龙若左转，水必右旋，使二气接续，如夫妇交合为生，苟或不然，则为死矣。

夫卜时看运时生死，运时者，蒋公所谓："旺衰有运，生死乘时"得时、得运之地，自然草木畅茂，土石坚固，裀褥肥厚，界河深蓄，此为运之生而见于外也。失时、失运之地，则草木凋枯，土石崩泄，裀褥倾颓，界河侵泛，此为运之死而亦见于外也，有运将退败，草木虽未全凋，枝虽已渐稀疏，裀褥虽未全倾，边裾已不完固，土石虽未全崩，肌肤已不附，运虽未绝，而神色已败，此乃由盛而衰，不宜用也，有运将潜转，浊秽之泉渐见清彻，崩破之山渐长莓苔，焦枯之土渐能滋润，运将复旺而神色更新，此乃由衰而盛，用之获吉也。此咱地也可用也。

4【问】：山岗平龙如何看？

【答】：也是一理也，高山如人之立，平冈如人之坐，平地如人之卧，但寻法有别，高山一望可知，平岗登其主顶观之，平地偏履周回。看之其出身，如果是一枝真龙下降，再望两边之水势，若来龙有生有成，五九变化，水城围绕，不劫不反，水外或有高山，荫砂夹送至前，收拾众水归堂，自然结穴矣，倘外无山城，若有众水归堂者，亦能结地，至于平地，大抵田角正者，即属龙脉，既得龙脉，再看夹送之隐显，或边显中隐，此为开胸开面，上田两角俱高，中田微低，即是盖胎、夹胎，中角从阔处收敛而来，又能开放出去，即为有阴、有阳、有主、有成，来处或角、或墩、或圆、或方，照应得真，便为有卑，界水抱送俱圆，便为有受，田角转折，相应承得来，递

116

得去，便为有串、有插，左拥右推，腰软摆尾，与山龙无二致也，倘龙脊常见水势四披波，此尚是直龙，至众水聚堂，田势兜收处，则结穴矣，再龙身既直，其钳、口、角、唇四势分明，或平铺去数十百里，或十里一墩，或五里一阜，此是少祖也，即在墩阜中寻去，倘无墩阜，在开合阔大处寻去，得此开合，便从界水分处，看其两边渐去渐明，中间一线不断，其为真龙脉，形无逃遁矣。

中卷　点穴

5 【问】：点穴之法何如？

【答】：有点穴至数扦，终不得者，每引廖公三扦之说以自解围，不知廖公三扦，当时尚未闻道也，曰："善寻龙者，峡内之奥妙，不可不究，善审峡者，穴内之情形，自宜预度。"岂可临穴彷徨，一无定见，则闻道后之说也，庸俗未明其理，反以先贤拖倒，殊可笑也。

　　点穴之法，先看胎息星，定子不离母，其龙之元辰，于此发见，如人本性，透露处结穴之所，必有胎应，起祖落脉为之初胎，峡里息脉为之中胎，父母媾脉为之末胎，末胎即是结穴之处，其胎相应，穴心结穴，应在末胎也，惟分枝余结，虽不能全得，正应亦可发福。

6 【问】：起祖落脉，峡里息脉，既闻命矣，父母媾脉何如？

【答】：如少祖下来，至将入首处，必起父母山，名曰折山，即此，是胎伏星也，诸书并载，但名多图杂耳。胎伏者，媾脉也，父母交媾，而后子生，不拘正侧，须得一阴一阳，两人相交接，呼吸之间，尽然界住，既交媾之后，看其顶面胸背间，有水痕水花，即受胎之证也，胎脉正出，穴必正结，胎脉侧出，穴必侧结，胎脉偏翻，穴亦偏翻，胎脉没脱，穴亦没脱，胎脉应泉，穴亦应泉，胎脉临水，穴亦临水，腰出腰穴，肢出脚穴，土是土，石是石，石下出土脉，而结石中土穴，土下出石脉，而结土中石穴。脉来阳穿阴，是阳求于阴，必结阴穴，亦有偶结窝钳等穴者，必略含一点少阴在内。脉来阴穿阳，是阴求于阳，必结阳穴，亦有偶结乳突等穴者，必微现一点少阳在中，上旨一定不易之应也。穴形虽有千变万化，总不离阴阳二字，在一凸起，凹伏之中，知此，虽隔山之穴情，即可以预知，故曰："点穴不知胎，菜苔采去栽。"

　　凡看龙脉，至入首结咽处立定，观其入脉，以绳证串插之理，看其星背，脉来正缓，身体端方，腰挺背仰，肩耸臂高，知其穴结正盖，回看胎息，果然正应，再立星顶，面上看之，穴晕自见矣。倘脉不止，跌断后复起一小星辰，此星之下，或头长胸宽，穴结斩关矣。倘颈促胸逼，穴结小星辰之百会矣。倘脉来强急，身端腰掬，背俯肩垂，双臂盖下，知穴已凝结，粘而不走矣。回看胎息，果应没脱，再上玄武顶，看其出脉，或阳或阴，阴脉则走珠走线，阳脉则敛角敛舌，须要阳根于阴，阴根于阳，阴阳互为其根，是太极生成之理，天地万物之机，不能离此者也。

　　结地之脉，先看定阴阳脉路，随脉步去，如脉隐晦，从去水一边肩脊步下，或随界水步下，横看其脉自见，直至星体阴唇之间，气止水交之处，凝精成晕，穴结粘矣。或脉脊象止，势尚未止，送脉之水，远远交于脉前，或有阴砂，交送上面，宛似污泥，气实凝结，土下晕即脱于星前后面，胎息脱应，此为穴之变体。入首之脉，如左插肩背，向左转尾，则势摆在右，胎息侧应，则知穴晕倚左，穴晕倚右，其法同前。倘入首之脉，正冲直硬，星背脊饥，两边皆厚，胎息双应，穴晕双倚，虹腰双下，则看边生边死，脉左出，穴晕倚左，脉右出，穴晕倚右，肩背左收右垂穴倚右脚，肩背右收左垂穴倚左脚，穴晕离星倚脱，其法与前脱落者同。若入首脉和正出、正受，星腰不挺不掬，星背不集会不仰，身体端坐，肩臂平收，穴结脐腹胎息中，应此为撞穴，子默记此，则点穴思过半矣。

7 【问】：倘穴晕与星体及肩背气势，后面之胎息星脉，前面之案证堂砂，都不相应，怎么办？

【答】：断无此理也，纵或不能全部应验，亦不离乎正侧反应，如正出穴正，侧出穴侧，偏翻出穴亦偏翻，没脱出穴亦没脱，此大同而小异也。惟正侧翻脱结穴，一体相似，是为正应。

如胎脉至中至正，穴在中正处求之，倘穴与胎元不应，从侧面求之，所谓侧不离正者，此为侧应也。如胎脉闪侧左，穴亦倚左；胎脉闪侧右，穴亦倚右；胎脉偏翻左转，穴亦左转；胎脉偏翻右转，穴亦右转；胎脉没脱得高，穴结盖粘高抛；胎脉没脱得深，穴结正粘深抛；胎脉没脱闪左，穴结左粘深抛；胎脉没脱闪右，穴结右粘深抛；胎脉腰穴腰抛，脚穴脚抛，随其大势而顺合之，是为顺应。如胎脉侧左，偏翻左转，没脱闪左，穴反倚右，所为右转左抛者也，胎脉闪侧右，穴反倚左，所谓左转右抛者也，没脱得深，穴反结盖粘高抛，没脱得高，穴反结正粘深抛，及左腰出，右腰受，右脚来，左脚止者，其大势皆逆而返合之，是为反应，脉自左来，气从右去，脉自右来，气从左去，脉起巅顶，穴伏足下，脉起足下，穴伏巅顶，亦为反应也，正侧顺三应，大势相似，稍有变易耳，反应者，如镜里看字，反复易之，点画不差方真，然反应者少，体认较难，宜仔细检点为要。

8【问】：骑龙穴，斩关穴如何区分？

【答】：骑龙，斩关，本无二理，骑龙穴，居龙脊，其砂来者止，去者回。斩关穴，亦居龙脊，斩关，在关峡中，有迎有送，亦有来止去回之势。

骑龙有贯耳星辰，斩关有扛峡守关星辰，其势无甚异也。然骑龙则在砂水会聚之中结正穴，倘或前去，俱是分枝作结，为我收局锁库，作罗城水口而已，纵或有结，不过天剩库官之类，真龙正气，倘不复转递而来，亦无阴承而去者，纵属余枝，或前去已远，真气别无他往，后面有两股砂送来，前面有两股砂迎转，宛似鸳鸯之套。

若穴晕在后，前两股包后两股在内，宜顺骑之。若穴晕在前，后两股包前两股在内，宜倒骑之。若脉来贮额，穴晕在侧，鸳鸯套，或边高边低，或边顺边逆，或坐高枕顺向低收逆。横骑倒骑，总要阴阳交顾，含孕太极于中贯耳，四正无偏。若后高前低，宜据中耳顺骑。若左高右代，左顺右逆，宜坐左向右。若右高左低，右顺左逆，宜坐右向左，顺得枕对，尖圆晕心，下穴方真。

若斩关无穴晕正脉，仍复递承前去，融结正穴，不过在关峡递承之处，借其阴阳呼吸而斩截之，又要借鸳鸯套，及迎送扛峡星辰为贯耳。骑斩体段，相去不远，只要裁剪得法，亦能发福。廖公所谓："去气虽多，来气亦不少者此也。"杨公谓："过气不葬者，以其逼促故也。"

骑龙斩关之分，看前去余枝，有三五七节，而后止者，为骑龙。倘穴前从起官星一节者，为斩关。惟斩关之脉，以前一节为官星，若主山耸秀，名曰催官，总要鸳鸯交合为主。然亦有后送美，而前迎不佳者，前迎佳，而后送不美者，须要外山护卫周密，坐下隈藏，则能发福矣。

9 【问】：廖公颈脊穴法，皆此类也，骑龙斩关，胎息始结，穴法何如？

【答】：他穴俱在父母胎伏之后，离开父母，自成胎孕，必须有应胎者也，骑龙斩关，在父母肚腹之中，名曰"父母胚中爱子结，未离褓褓经，自难孕育，则不必定要应胎"矣，《廖公拨砂经》书传三十六骑龙，八十一变星，三百六十穴形，文愈繁，则理愈乱，人谓点穴难，并不一定知道难在什么地方，点穴之难，非难于不知穴，难在不差一线。能辨龙穴在生死于分寸之间，有阴阳分上下各半，左右各半者，有阴多阳少，阴少阳多，两相争胜者，有阴含阳中，阳藏阴内，欲现欲隐，阴阳各半，则其气冲和，而穴已在阴阳隔界中矣，倘稍挨过阳一分，是阴借阳一呼，阳借阴一吸，则二气皆生矣。若上半阴多，下半阳少，是阴胜于阳，宜扶阳抑阴，阴性主急，其气上胜而下不足，穴当北阳就阴以吐葬之，开茔以通之，则阳气得升，为阳借阴一吸而生也。

若上半阳少，下半阴多，亦为阴胜于阳，则气下胜而上不足，穴当北阳就阴而吞葬之，开池以通之，则阴气得和，亦阳借阴一吸而生也。若上半阳多，下半阴少，为阳胜于阴，须扶阴抑阳。阳性主缓，上气缓而下气急，宜浮葬之，大土堆封之，接脉以连之，皆是扶阳之意，为阴借阳一呼而生也。若上半阴少，下半阳多，亦为阳胜于阴,然阳气在下,则近于散,宜聚阳就阴,以沉葬之,碑横坟脚,以垒筑封之,亦阴借阳一呼而生也。若阴含阳中,当葬其阴以垒扶阴,若阳藏在阴内,当葬其阳,而开以扶阳。凡真砂隐显,有厚薄,真水微茫,有明暗,故阳穴以阴为生,宜挨过厚与暗边一二分,阴穴以阳为生,宜挨过薄与明边一二分,此为弃死挨生之诀也。

10 【问】：点穴在分寸之间,其何能辨？

【答】：分寸者,非分寸之分也,如穴晕,八尺阔,以八尺分为十分,穴晕七尺阔,以七尺分为十分,在人目力心巧,临穴看砂水,宽紧挨弃之法,在于点穴,知此,则登山之时,一目了然矣。

11 【问】：土色如何辨？

【答】：土色者,似人之皮肤也,人之富贵,在于骨格精神,地之贵贱,在于龙穴砂水,岂以土色论哉！古人论土色,不过取其滋润,非以皂白论贵贱也,廖公葬何氏家,坞口下塘之龟形,在污泥田中,李氏葬西门桥下,基盘土星,且在顽石之上,并无寸土,从何辨色哉！只要认得龙真穴的,胎应气钟,穴即是在于水底,葬亦发福,若脉不贯气,气不凝贮,其土虽似锦肃,亦能生蚁招祸,全在气真,脉到,其土色佳者,固然吉,即是不见土色佳者,亦未尝不吉也,今人不得真传,全失穴信,一见好土,便为奇穴,不亦陋乎。

12 【问】：穴信是何物也？

【答】：即所谓应胎者也,穴必应胎,有胎应则为穴信,穴信即胎应之别名也。

13 【问】：书载有浮土、实土、蟹壳、幕盖、罗纹、土宿、太极、炉底之说,倘穴不尽然,亦可弗拘乎？

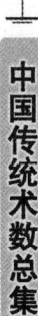

【答】：不必尽拘，但有戴盆望天基而葬者，穴在土皮之上，有架葬者，因石升起也，有求实土及气土而葬者，有天秘怪穴，当破石而深葬者，或有至丈余方得土者，或纯石取用客土者，其中有蟹壳、幕盖，则似是而实非也，凡圆脊饱乳之处，是地非地，皆有罗纹、太极，平岗硬块之处，有地无地，皆有土宿、蟹壳，脊夹尖额之下，多有人字，边圆边缺，边有边无，及一边偏倒，胎星主星之下，来脉成尖圆方曲，三台五脑者，其穴内土晕，多类若此，此认土晕之法也，至于金银炉底，乳突有之，窝钳内无也，然乳突大者，亦无窝钳，浅狭者，亦有之，然地之大要，全不在此。

定土之法，前看唇脐下之土，后看入气颈脊间之土，与穴内之土，大略相同，诸书之说，具在可取而证也。

下卷　立向作用

14【问】：立向之法如何？

【答】：立向在于天运，天运者，是接气之法，立向之用也。

凡阴来阳受之穴，尖出口圆，阳来阴受之穴，圆出口尖，二者皆宜葬口。不论来脉横斜曲直，须看定尖圆，将绳证之，以枕圆对尖，以枕尖对圆，枕对既准，再看两边砂水，那边先到，将下面之绳头，加过先到边一二分，此谓峦头中之迎财接禄，亦迎生之意，故曰："识得迎财接禄，百葬百发也。"上面之绳头，不可移动，枕定至尖至圆之所，其水从两边分去，看来脉缓急，得二五冲和之气者，此自然之坐向也，再以杨公天心十道之正理起卦，挨星之正法，或顺或逆，一一挨去，合得玄空大卦者，为得时得运之吉地，如有不合，则等待合适时间而用之，总要星体卦爻，内外相得，而成一理者，方为合法。倘明堂不正，砂水偏胜，用向自当有别，或青龙顺逼，而白虎高压，虽逆而低伏，此为虎生龙死，法宜让过青龙，迎着白虎，细看山趋水聚，应落顶对，而坐向之，则砂可用，而穴的水可收矣。或龙生虎死，其迎让之法，与前相同，倘穴的大势上紧下宽，作向宜顺下，上宽下紧，立向宜逆上，或本身卑微，而当面朝水过大，或主山低小，而面前客山太尊，宜舍尊大而用卑小，若远而不压者，则不拘讲究也。又有回龙顾祖，祖山高大者，亦不用多虑，儿不怕母高也。或群峰杂出，一峰特朝，立向宜用其特，而舍其杂。或众山斜向，一山正拱，宜弃其斜，而从其正。或众山侧向，一水特朝，宜朝峰。

此天地自然之理也，总须坐向相得，各无所忌，合得玄空大卦，与挨星之法，符合则用之，不符合则舍之，倘卦符合而地不符合者，以移冢移茔就之，知此则立向无余隐矣。

15【问】：何以古人有宁与人家扦十坟，不与人家立一向之语？

【答】：此为有感而发也，天星立向，挨法纷说，此是彼非，难以悉合，殊不知其中有至理存在也，立向不为难，难在世人之毫无定见，多跟着议论罢了。

16【问】：曾见有地师葬某地，下砌七级拜台为何也？

【答】：此即作用也，裁成辅相之功，亦有诀存在，所谓浅深之法也。其方法是高山宜量气脉，平地宜量界水。量气脉者，则按气脉之中，量界水者，则架界水之上，此一定不易者也。

如阴落之脉宜量脉线，脉线多少，大气亦多少厚，将绳横牵，对半折之，量有几尺几寸，则穴内之浅深亦如此。如漫阴开口，在窝钳压结棱弦，凝顾之处，将绳横牵，对半折之，量有几尺几寸，则穴内之浅深亦如此。

若穴结阳面，则有微起泡墩可验，照此推算，得气脉之中矣。如平地田龙，以穴前第一合水为主，先在合处立一标准，以绳牵至穴内，将绳头拖出，搭着标准，以尺从交搭处量下，看是几尺几寸，金井底比界水合处宜高七八寸为要，或脉沉伏，亦宜高四五寸。若开钳口结穴，以第二合水量之，其法同前。如平田之穴，高低无几，宜培土以葬之，是架界水之上也。如穴外作用，则截长，补短，增高，益断，蓄池，堆唇，作坝，兜金，皆是也。

只要认得真龙止处，砂不足则补之，砂有余则削之，砂劫太重则断之，明堂倾泄则凿池以蓄之，或作坝以围之，穴前低促则堆唇以培之，穴后高而前倾则作兜金以托之，穴前陡泄则作拜台以补之，或左青龙砂反走则接青龙嘴转来，其去者任其飞看作为曜，只要外山包裹得住，则吉矣。或右白虎砂反走，作用与左青龙砂同，若来水一边，其砂不必接回，因里面多有顺砂奔来，未免天门拥塞，故以此手拨开，正现其有力也，倘山山走进里面，必为他穴之缠龙，或左虚则栽树木蔽之，右虚亦栽树木塞之，倘石带刺则凿而去之，倘低小则加土封之，故曰："龙真穴的，不妨水走砂飞。"然又不可泥滞。如龙虎之肩膀不反，而下面反走，可以接回。若龙虎肩膀一反，则断即非真结矣。

砂有真面假面，真背假背之说。真面者，肩膀亦面一齐顺来也；假面者，肩膀反去，而面顺来也；真背者，肩膀一齐反去也；假背者，肩膀顺来，而面反去也。譬如开过之花，其花瓣背反向内，面反向外，若论护者为面，翻者为背，则未有不认面为背，认背为面者也，虽花瓣如此，然花蒂终护花心，其妙之肩膀一一回护，故下面之砂，不妨走去，亦可接回，凡窜砂明曜，俱于此分辨。书曰："水走砂飞今人嫌，砂不离乡显。"知此窍诀，乃可读此书也。

17【问】：先生在前一直讲论砂水，而今不言者何也？

【答】：俗学乃教人在风云中寻龙砂，虎砂也，凡得真传者，先捉定真龙真虎，则风云在其中矣。

18【问】：有好龙穴必有好砂水，何有砂飞水走之结乎？

【答】：天下之理，有正必有变，全在于此变，留得吉地到今，其肩膀顺来，外砂包裹得住，或小逆大顺，或内倾外聚者，皆变中之正也。

19【问】：风水有阴宅阳宅之分，阳宅又如何看？

【答】：阴阳二宅无二理，惟气局舒敛不同，气舒局大，砂水盘旋，真龙停泊，秀气钟焉，然漫无球檐葬口可指，只卜旺处而宅之，其立向坐山，用砂收水，与阴地之法同，只要得时得运，配合天地之灵气，其气自然冲和，人财自能旺相矣。

按：阴宅藏风聚气，阳宅开堂纳气，风水之精髓也。

20【问】：风水口诀如此，为何每个书所载的不一样，是不是先贤之秘也？

【答】：非也，主要是防备坏人也，我们常说："传书不传图，传图不传决。"漫言于拘是，非入杨公廖赖之室，而有卓识卓见者，未轻易对他说这话。昔无着禅师隐迹在明州，其经手扦名墓，皆世家巨族，个个可考，待圆寂时，藏地理真诀于宁波之柳亭庵延庆堂上目法师之宝塔里，嘉庆丙辰扫塔，其书始重见。惟有超然先生心法相承，而溪亦得授，知"生生不息之道，万物转化流行"之理，又示以龙脉在一止字，溪恍然于青囊之配合，其生生妙处，即《天元五歌》所谓："自上而下，山之止，自外入内，水之止"也。盖寻者寻其止处，即此一语，可包括地理之秘密乎，温公之欲读尽诸书也。

人子为父母卜兆，借手于地师，其任至大，其责至重，可掉以轻心吗？历观古贤，无不殚精竭虑，探幽阐微，神而明之，于是其人传其书，而其所扦之地亦传焉，近代名家，惟中阳子蒋大鸿深知此义，著《地理辨正》一书，复撰《平沙玉尺经辨伪》文一卷，其自序曰："我得无极子之传于游方之外。"（即指幕讲也）今书流行中外，不解者以为伪造，挟拿其平日所学的三合双山，黄泉八煞，小玄空，大三元之说，惑世诬民，更有混充三元亦曰蒋法者。约略记之，其失有十：

（1）以山龙法混论水龙，仍以高低起伏渡水穿田，认水龙者一失也。

（2）以田垄大路环绕，误认为吐唇立穴者二失也。

（3）以田源水至堂，误认为真水止气者三失也。

（4）以高阜土墩认为平阳一突，或扦倚穴或跨阜立穴，掩蔽阳光以至败绝者四失也。

（5）贪葬倚水穴，以水中浮坪认为中五黄局全，不顾水转水反者五失也。

（6）不知真窍，坐水向水葬者六失也。

（7）力小而图大，忽近而图远者七失也。

（8）弃生就死，不顾山情水意者八失也。

（9）不知原湿者九失也。

（10）不知作法之浅深者十失也。

此以上形峦之失也，至于理气，亦有十失：

（1）或用三元大卦，并以九宫对待，凡在一元见正神即葬，而不知挨星者，一失也。

（2）或用三元大卦，而以倒倒颠用事者，二失也。

（3）或用三元大卦，而以后天为体，先天为用者，三失也。

（4）或用三元大卦，而不知城门一诀，以至立穴无凭者，四失也。

（5）或用二十四山分三卦，顺子一局，逆子一局，古板法用午一字丁一字者，五失也。

（6）或识得三元真大卦，而于真挨星辨之不清者，六失也。

（7）或识得真挨星，而于真大卦之不精者，七失也。

（8）或识得真大卦真挨星，而不知反吟伏吟者，八失也。

（9）或识得反吟伏吟，而不知生中藏煞，煞里藏生者，九失也。

（10）或不知推五运定六气，谨岁时运天星者，十失也。

【另注】

地理之书，始于黄石公，盛于杨公，延伸于幕讲师，继斯道而能发明者，莫如《地理辨正》一书，其言曰：我之得传有诀无书。又曰：事贵心传，未可言罄。此古人并非鼓惑后学，昔无着大士之改名目讲禅师正是此意也，总之辨别地理书之真伪"理"字，辨龙之真伪"止"字，识理气之正宗"易"字，能于此三字，细玩而精求之，即谓为无极子之传可耳。

21【问】：地理约言在书峦头、理气之龙、穴、砂、水都是怎样讲？

【答】：峦头则讲：

龙

龙法难言，盖、帐、台、屏四字先，无问枝与干，俱要成剥换，过峡要遮拦，护从莫孤单，正、侧、逆、顺、回，五势顺详辨，个字成形玄又玄，从兹入首得真传。

穴

穴法难言，只在阴阳动静间，股翼分明暗，两片三叉辨，定穴枕尖圆，十字莫教偏，正奇隐怪拙，都在圈中见，一点灵光合自然，造化生生气象完。

砂

砂法难言，只要遮拦四誉满全球，拱向情留恋，毋使相凌借，龙虎与前山，聚会一堂见，合观成妙精神健，务今无风穴不寒，水火抽添鍊汞铅。

水

水法难言，要看雌雄相会连，内气从何辨，水上分明见，来去要之玄，横过角头弯，澄凝清静非贫贱，水口重关气聚焉，得水何难富贵全。

龙

龙法天星八卦九宫要辨明，子癸连午丁，卯乙同酉辛，地曜与天星，富贵此中寻，衰死气脉休相近，离坎交时细辨清，何必拘泥净阳阴。

穴

穴法天星只要龙神与洛亲，八卦九宫定，三吉联珠寻首尾，阴阳切莫犯孤星，贯耳腰腧绳牵定，扶放挨加妙入神，顷刻能回万象春。

砂

砂法天星但把龙神论五行，表与位相称，位与龙相应，生旺最要真，三阳六秀亲，五行合吉真龙性，道在其中细讨论，透彻能参天地心。

水

水法天星须向龙神局内寻，局变无穷，三吉联珠定，来去要知根，鬼没与神存，天根月窟雌雄分，消息神功一掌轮，不负当年师授恩。

21【问】：地理名师杨公回答徒弟曾子风水精髓在书都是怎样讲？

【答】：道尽地理精髓，传承神秘文化，《杨曾问答》则讲：
(1) 曾子问：何以分清大明堂中明堂小明堂？

　　杨师答：大明堂乃是指青龙白虎两砂之外，宽广明堂是也。中明堂乃是指青龙白虎两砂之内为中明堂也。若龙虎相称曲抱，主祥和吉利也。小明堂乃是指虾须球髯合襟水内为小明堂也。若虾须球髯合襟周全，小明堂完美之地，主龙气地灵极为旺盛。

(2) 曾子问：何谓虾须蟹眼？

　　杨师答：蟹眼乃真穴之节泡，真穴必形如蟹眼，是为气足也。虾须乃蟹眼傍之微茫护穴水。明者名其曰虾须水，向内抱穴。此微茫虾须之水，必精峦头，方明其义。蟹眼真穴必得虾须界割，方得龙止气蓄之功也。

(3) 曾子问：何谓蝉翼牛角？

　　杨师答：蝉翼乃真穴旁虾须水边护穴之硬砂也。此硬砂须明眸方能识之，以其形似蝉翼牛角，曲内护穴，故名之。

(4) 曾子问：何谓分合八字？

　　杨师答：此亦真穴之证物也。若真穴，必有分合八字水，有分合八字水之处，必是真龙所结真穴，故分合八字，乃以"分合"二字之形势以言其分合八字水是也。所谓真穴必上有分，下有合，分合之内，便是穴口。然八字水与合襟水，本有一二三道分水，及一二三道合襟水，此又不可不知也。

(5) 曾子问：何谓球檐葬口？

　　杨师答：球髯到檐外，檐即在葬口前端，如人之嘴唇是也。葬口即真穴也。真穴必生球檐葬口，天造地设，丝毫无差！

(6) 曾子问：何谓化生脑太极晕？

　　　　杨师答：化生脑乃指到葬口之后，第一分水大小八字内，其形如人之天庭印堂处。太极晕乃指葬口之心。明者点穴，便能得其葬口之心，葬对太极晕。晕内有罗纹土缩，似两仪，似指罗之纹者极贵矣！

(7) 曾子问：盖、粘、倚、撞、浮、遇、散、伤八穴何说？

　　　　杨师答：盖穴儿孙顶笠分流水。上乘于金，金能融结，下相于水，水有交合，左右是木，木能应见中央穴土，土能冲和。倚穴，宿客移舟挨岸畔。浮穴，芍叶花开菩萨面。遇穴，七岁孩儿担重伞。粘穴，太公放针作钓钩。撞穴，将军射箭凑城头。散穴，冬雪散叶无等谋。伤穴，三岁孩儿斩了头。凡看地先看融结，后看应见，四正分明。

(8) 曾子问：何谓乘金、相水、穴土、印木？

　　　　杨公复答：四者言穴中。证应之玄机也。乘金者，亦生气之异名。即穴顶之圆球也。相水者，言蟹眼虾须之水。转于左右也。穴土者，即穴中之义。为穴中之土。不偏左右。即葬口也。印木者，即左右两边蝉翼之砂。夹在虾须之水。出界穴心。

　　　　又复答：乘金者，乃穴后坐有圆泡。相水者，乃穴中左右，有分合之水。穴土者，即穴中之土，异于别土。印木者，即十字斗口，此穴前有微砂是也。

(9) 曾子问：何者为阴？何者为阳？

　　　　杨师答：阴阳两字乃地理之权衡，形气之造化。形以聚气，气以成形，形气既分，造化可考。阳气形凹，阴气形凸，阴变阳是窝腌铿钳，阳变阴是肥突满乳，阳龙来则阴受穴，阴龙来则阳受穴。

(10) 曾子问：何谓阴来阳受？阳来阴受？

　　　　杨师答：脉来有脊，入穴处有窝，谓之阴来阳受。脉来微平，入穴有突，谓之阳来阴受。

(11) 曾子问：何谓风水四真？

　　杨师答：真龙、真砂、真穴、真水此四者也，上应先天卦理，下合后天八卦方位，可为真风水也。

(12) 曾子问：何谓点穴三法？

　　杨师答：高不斗煞、低不犯冷、闪不离脉此三法也。

阴阳二宅录验

《宅断》原序

此篇原名"阴阳二宅录验",无锡章仲山甫所著,其家视为至宝,从不轻示人,同治癸酉年夏天,沈竹礽先生偕胡伯安至无锡以重金向章仲山后人借阅,费一日一夜之功夫手录以归,因其名不雅驯改称宅断,以便记忆。地理之道分"峦头、理气",人人尽知,然峦头不真理气无用,所谓皮之不存,毛将焉附者也。

章氏理气虽佳,可惜没有考证名山大川,所记录的均系勾搭小地,固在增注时将其琐屑者一一删去,于阴宅存五十图(应有五十四图,有些图是一宅二运的),阳宅存十七图。时沈竹礽先生寓居上虞,从游的子弟多宁波绍兴二郡,宅断所取也以此处为多,后学者易于印证也。不采著名陵墓者,以形势虽佳,而当时卜葬之元运无从稽考,故从略云。

【按】

全书计载阴阳二宅共七十一例,系玄空风水无常派代表无锡章仲山所著,钱塘沈竹礽偕胡伯安至无锡以重金向章仲山后人借阅后详注,最后由王后学王则先补阐。全书辞微而旨远,言简而

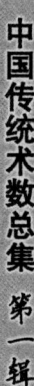

意赅，发古人未发之奇阐，前贤不传之秘，诚非诸书之所能及，为玄空风水的珍宝，学习玄空风水必修读本。原文载于《沈氏玄空学》。

阳宅秘断计十七条

陶姓宅　丑山未向　五运造

图一：

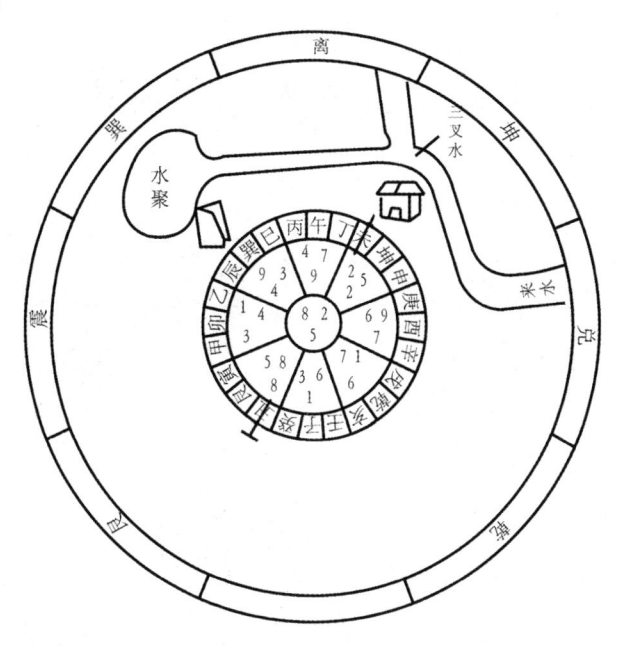

向上有破屋并水，开巽方门，前有三叉水口，兑方有水至巽方门前聚消。

此屋住后，财丁颇好，旺星到向也，至六、七两运，病人常见女鬼，因向上有参差之楼故也！

王则先谨按：向上残楼参差，阳和掩蔽，宅中色气乃祸福之主宰，黑暗阴寒谓之死气，故旺运一过，二本阴卦，五为五鬼，自有病人常见女鬼之应！

【按】

五运丑山未向为旺山旺向，主丁财两旺向方见三叉水，为水里龙神见水，主发财。

为何六七两运屋内病人看见女鬼？

一、向首坤方三叉水成退死之气；

二、坤方有破屋；

三、综合以上两点，主风水失运，且向上星曜为阴卦，坤为老阴之卦，故主女鬼；若果再进一步分析，这女鬼是归女装扮才对。

某宅　子午兼癸丁　五运造

图二：

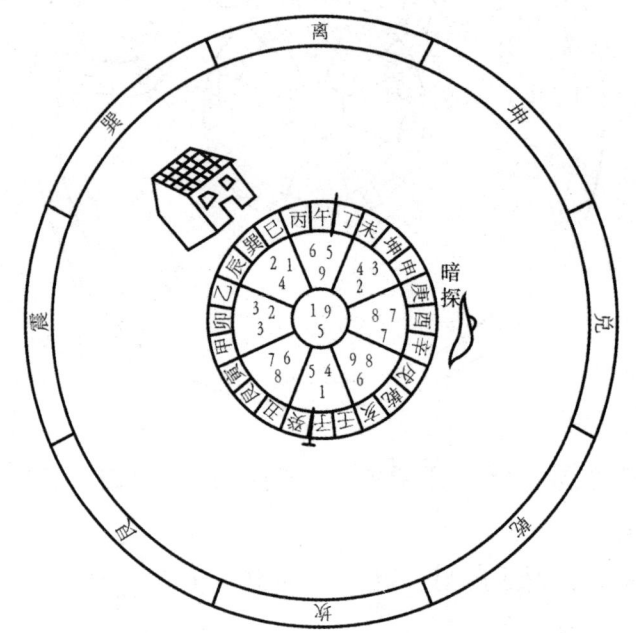

此宅兑方有暗探，七运见鬼，八运已消，可见暗探必主出鬼，

不必拘定二黑为鬼也。

此屋住后出寡妇，中年以上人丁克死，因坤土克坎水故也，此从屋向断，不从门向断也。

王则先谨按：此屋起造非不合运，但巽方星辰犯不遭土克之咎，所谓迭损中年者，必是方有邻屋窒塞掩蔽阳和，受克乃烈，否则辟为门路，通一四之气，亦未尝不主书香也！

【按】

七运见鬼，因为七运的水里龙神上山，故知此宅于七运属于失运，且兑方为七赤星兑卦，见暗探山，更主鬼邪。

文中指此宅出寡妇，因坤土克坎水之原因，而断法是从屋向断，不从门向断也！笔者认为文中所指，应以"此从屋向断，从门位断"为准。

又此宅为到山到向，应主丁财两旺，又何以男丁短寿？

原来门口开巽方，星辰犯土克水，而坎水为男，故主不利男丁。除此之外，巽方必有房屋，加强二黑的力量，以至土更强，水愈受克。

若果巽方没有房屋，巽门得一四之气，紫白诀云："四一同宫，准发科名之显。"主此宅多文人也！

此宅八运不会再损人丁，但家人容易作贼。

某宅　壬丙兼亥巳　五运造

图三：

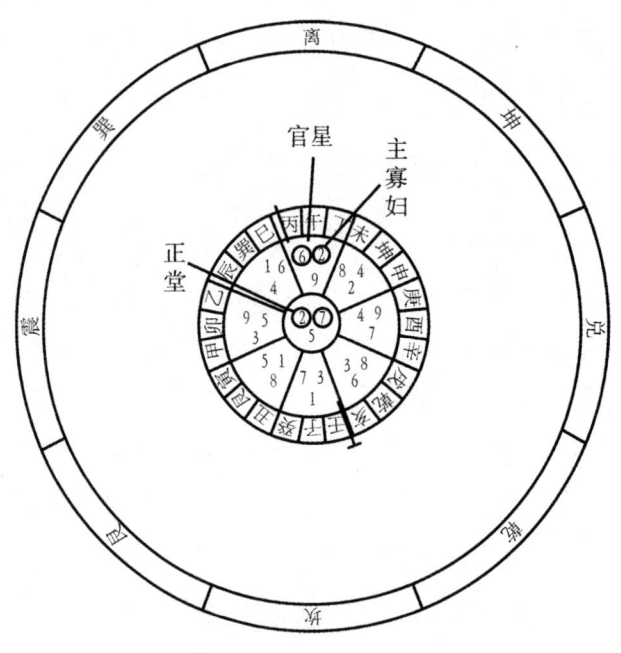

此局用变卦故七二入中。按到山之一为壬，壬挨二巨。到向之九为丙，丙挨七破。故山向飞星不用一九而用二七。此用替卦之法也！

此屋住后，寡妇当家，如夫人主政。因二为寡宿，七五人中宫，七为少女，故主如夫人主家政是也！

王则先谨按：二黑到向主寡妇，与六白同到则主寡而得旌，六为官星故也，有水更验。二宅同断，是局从向首中宫合阐取验，凡断衰向或旺向被凶形冲射者，均宜取法，于是并阐中宫也！

【按】

此宅为兼线而用替卦。

屋中主事的人非正室而是妾侍，因为中宫星辰为坤卦及兑卦，兑为妾、坤为正室，兑金水泄坤土，故主妾当权。

中寡而得旌谓守寡之妇人得表扬而立牌坊。

为何要从中宫星辰来取验。原来只要向得衰星或旺向被凶煞冲射，便要配合中宫断定此宅所发生的事情。

某宅　辛乙兼戌辰　五运造

图四：

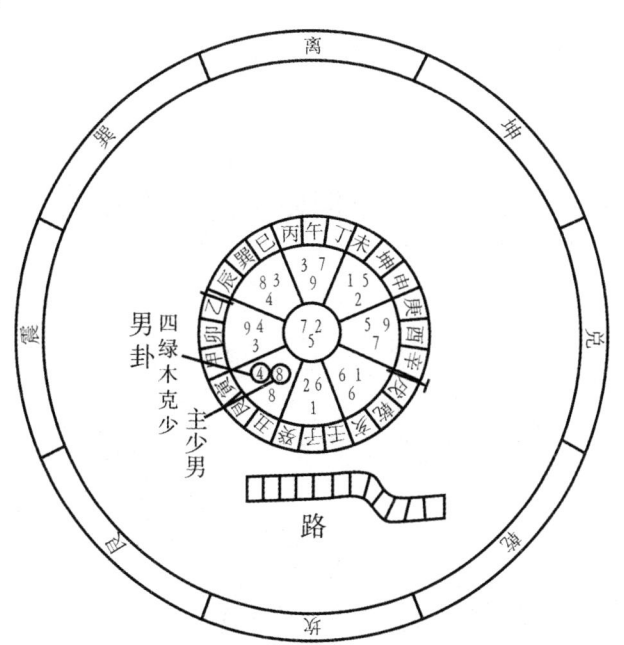

此局用变卦故二七入中。按向上挨星为三，三即乙，乙挨巨。故飞星不用三而用二入中。亦用替卦法也！

此屋住后多女少男，连产八九女，只生一男。坎方有路，如夫人生者聪明，正配生者愚鲁，因一六到坎故也。生女者气衰也，即阳卦六生女故也！

王则先谨按：此局不当替而用替，气自衰矣。气衰本主生女，阳卦且然，今山向中宫阴卦密布，显系多女之象，连产八九女者，山上向上各逢九到故也。只生一男者，运星三到向，震为长男故也。九五临山，火炎土燥，故所产愚鲁，秘旨云："火见土而出愚钝顽夫"，虽当元亦应，况衰向乎！

【按】

路口在艮方，艮方为蛊卦，星得两颗八白，一颗四绿，紫白诀云："八会四而小口殒生"，其意是不利儿子。

因为八为艮，于卦主少男。山管人丁，坐方的星曜为五黄七赤紫，正应火见土而出愚钝顽夫，故知正室所添之子女，多是愚笨之类。

某宅　子山午向兼癸丁　六运造

图五：

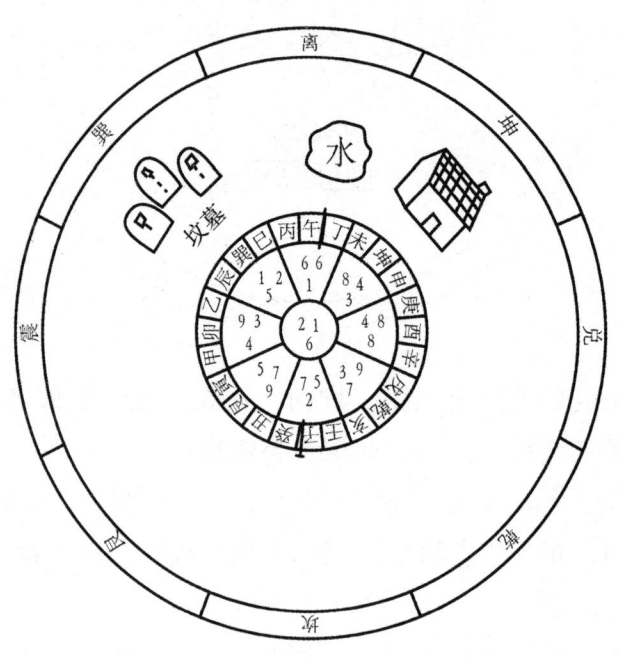

此屋运气大旺，丁气亦佳，因旺星到向，向上有水也。

然辰巽方是一二，墙外有坟。左边当出一书腐。

未坤方有屋。门临于四八之位。右边亦出一书腐。因一为魁星，四为文昌，皆被土压故也。若无坟屋，不过出读书人耳！

王则先谨按：观此可悟一四所在，无论山向飞星，均不宜受形质上之逼压。犯则变文秀为书腐。冲射更凶。二宅同忌。

【按】

巽方山星一白为文魁之星，主文秀。可惜在这方位有坟墓，坟墓在五行属土，令向星二黑土及运星五黄土之力量加强，至使一白水星陷于受制之方，因此，依理气及峦头之配合，此宅会出书腐。

坤方有屋，房屋于五行属土，而向星四绿木星为文昌，本来四绿木克八白土，不至出书腐，但坤方本是五行属土之方，而八白位于此方，土力增加，在五行相克反败原理有云："木能克土，土坚木折"。故知四绿文昌星已处于被制之方。

再者，一白四绿等文星，最忌受形质上的逼压，犯之，使本主文才之星变为迂腐的蠢才。综合而论，此宅会住两个迂腐的读书人。

某宅　子山午向　六运造

图六：

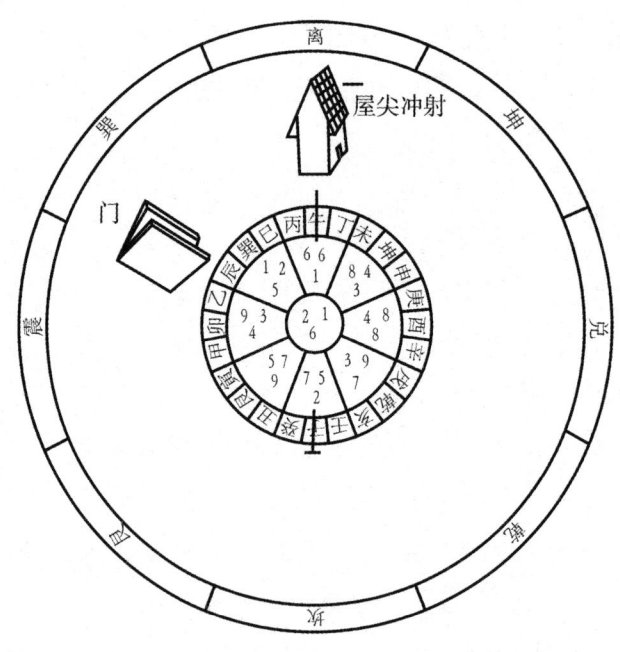

此宅对宫有屋尖冲射，中子当家，因坎入中宫，坎为中男也。然屡被官府暗算。以虽属旺向，因有邻屋冲射，向上是六，六为官星故也。

王则先谨按：屋尖冲射，官星高耸，故屡被官府暗算。向上旺神飞到对宫高屋，犯上山，亦主耗财。六为长，长不得力，故主中子当家，取坎入中宫之验！

某宅　子午兼壬丙　六运造

图七：

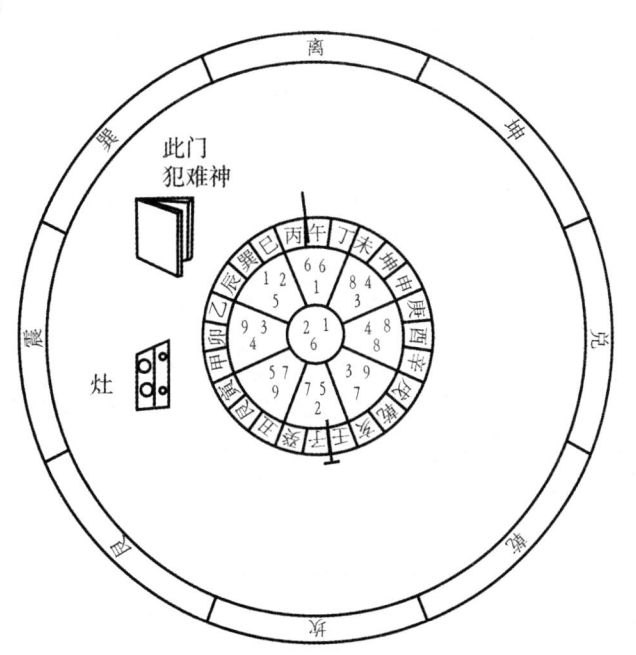

此宅向得六白，双乾到向，乾为阳首，坐子向午，为地画八卦之坎宅，阳六为坎宅生气。金生水也。且合紫微八武同到之妙。便门开震，巽方进内屋，巽方二黑为孤阴，为坎宅之难神（参按），坎宅水也，水被土克，故为难神。再见一白同在巽宫，土克水也，一为魁星，主出读书人，今受土克，故读书将成，而病生水亏之证，恐夭天年。

此宅内户门宜开离艮兑三方，合成六七八三般卦，因离得六白旺气也，艮得七赤生气也，兑得八白生气也。次走坤路亦妥，四绿门，四为文昌。切忌走巽门路，巽方是二，主病符，且克坎宅。

灶（厨房的灶位）为一家之主，此宅灶宜在震方，火门宜向酉，木生火，火生土也。又宜在兑方，火门向震，火生土，木生火也。又宜在坤方，火门向坎，木生火，火生土也。但巽方是宅之病符，坎方是宅之五黄，均宜避。如火门向艮，是火克兑金，主口舌，有肺病血证。如离方名火烧天，主出逆子。书此可通诸宅之法！

王则先谨按：立灶之法，以向上飞星作主，火门朝对为重其方位。可不问衰旺生死，旺方可避则姑避之，最宜坐木向土或坐土向木，取木生火，火生土为吉。火门向一白，取水火既济亦吉。但飞星之二黑五黄方均为坐朝所忌，因巨属病符，廉主瘟癀故也。

九紫方火气太盛，虑患回禄，亦为坐朝所忌。余如向乾六兑七，犯火金相克，主有口舌肺病血证之咎，亦非所宜。且乾为天，火烧天门主出逆子，九六同宫更验，宅内门方以向上飞星取三般或三白为不二法门，二黑为坎宅难神，当运不忌，余虽无一白同临，亦非所宜，因二为病符故也！

【按】

文中所指的难神，难者有为难之意。此宅为子山午向，坐子者，子属于坎卦，而子的五行属水，见二黑星，二黑属土，克子水。而最大问题，此宅为坎宅，土可克水，故成坎宅的难神。

这篇实例有一重点，各位可有留意？

常云："阳宅三要门房灶"，灶位的安置方位及配合紫白九星的运用，这篇讲解得十分详尽。习玄空者可以用作参考用。

会稽任宅　子午兼壬丙　七运造

图八：

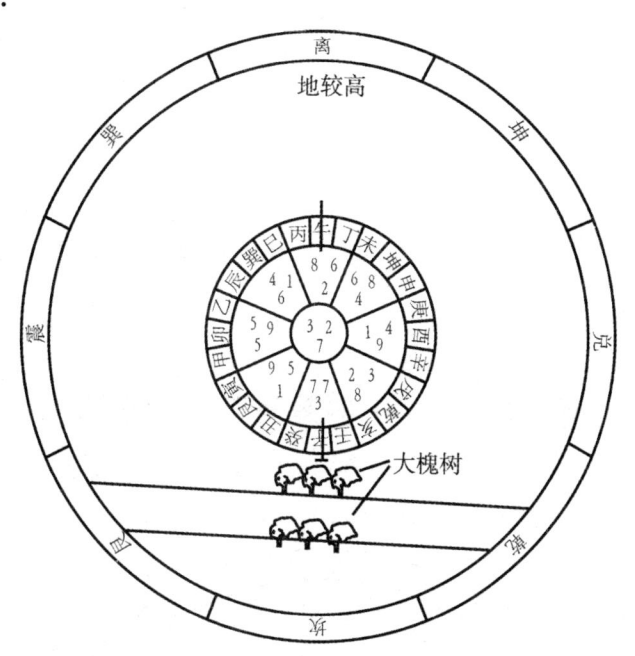

此宅前面地高，后有大河，乾坎艮方均现水光，后在大槐照水一片绿色，屋内多阴暗，住此屋者财丁两旺，因双七到后，后有大河故也。然屋内有身穿绿衣之女鬼，至申时出现。因双七到坎，七为兑为少女也，二黑到乾，二为坤母，五黄到艮为廉贞，即九离为中女，五黄又为五鬼，此三方皆有大河水放光，合坐下之七，即阴神满地成群，故主出女鬼。于申时出现者，以坎为阴卦，申乃阴时也。穿绿者，因槐映水作绿色也。且屋阴暗，故鬼栖焉！八运初，钱韫岩于未方为开一门，至今鬼不现矣。因未方得八白旺星，艮方变为二黑，五鬼已化，故无鬼也。此乃一贵当权，众邪并服之谓耳。

王则先谨按：易不言鬼，凡鬼均与卦气有关，然必与环境形态相凑合，其验乃神。但屋得旺向或门开旺方，其形气亦能潜移，此一贵当权之义。是宅八运初，钱韫岩为就未方开门，鬼不复现，即旺门之力也。

【按】

此宅丁财两旺，因坐后见水，主旺财，而高大槐树可作山星的依靠，故旺丁。

至于如何判断此宅有鬼，原文已解释得非常详尽。

乾坎艮三方见水，除坎方外，乾艮之水皆为衰死之水，而山星坤卦及离卦均为阴卦，再加上坐方的双七，正应验了"阴神满地成群"之不利。

会稽章宅　子午兼癸丁　七运造

图九：

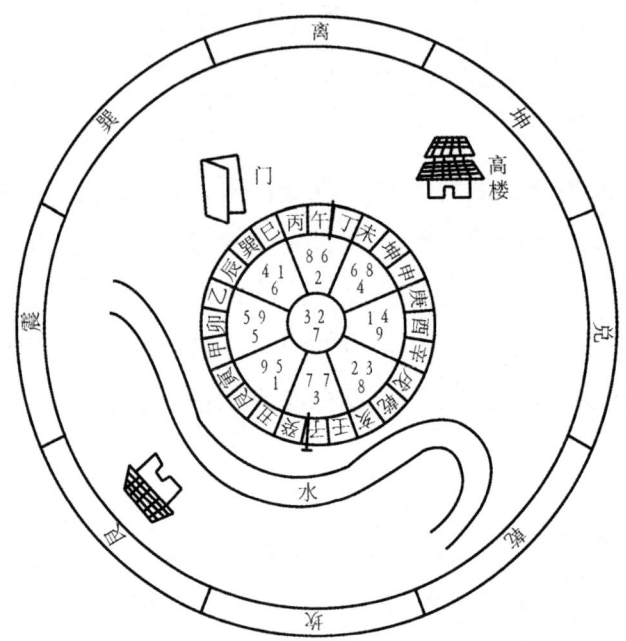

此屋运星到后，定主财丁两旺，双七临坎，至八运财大退，以

坤方无水旦有高楼压塞，名为上山故也。

又有官讼不休，以六到坤，六为官星也。

此屋若两家合住，书云："一到分房宅气移，一门换作两门推。"左边所住之人居一五之位是衰方，八运上山定主萧索；右边所住之人是八位，虽系上山，地盘尚旺，较左边之财大有高下，然总不吉耳。门开一四之方，书香是好，兑方所住之人一四同宫，定主采芹（人高级学府）。屋后之河，乾方有跛足之象，且居于乾之三，三为震为足，住乾方屋者，必出一跛足。

左边所住丑方之人，必出一瞽女，因丑方九五同宫，且有门屋塞压，九为离为目，五为土，目中有土，故主瞽。书云："离位伤残而目瞎"也！

左屋之灶建于震方，震九位火门向午，午即六，定主父子不睦，书所云："火烧天"也！然无骂父之儿者，形局无张牙之状耳！

王则先谨按：天元五歌阳厢篇云："一到分房宅气移，一门恒作两门推。有时内路作外路，人室私门是握机。"注曰：分房者，是数家合居一屋之分房也，看法以一家私门为主，诸家往来之路为用，是言九星定于起造之际，不因分房而随之变易，第分房以后，各得一隅，其吉凶以私门乘气，故曰握机。内路引气故转可作外路论耳，后人不察，率以分房后之私门作主，不论所处地位，仅系宅之一部或厢房，余屋各自立极飞布九星，谁知中宫误定，满盘都错。要之宅运以起造定特立星辰，须实际上自辟蹊径也。

本篇详注，住左住右，左居一五之位，右处八白之方，即房分而宅运仍旧之明证也。或谓住左边者私门向西，七运山上飞星，西方是一，向上飞星西方是四，门对一四同宫，主出聪明正途之人；住右边者，私门向东，七运山上飞星东方是五，五即土也，向上飞星东方是九，九为火为文明，门对九五，火炎土燥，顽钝之征，文明被土所压，主出一书腐。此从门向论也。

今沈公注云，兑方所住之人定主采芹，乃就地盘立论，然震方处九五之位，不出书腐者，亦未始非门对一四之补救也。门向地盘融冶饶减之理，观此便不难索解矣！

【按】

这论断非常精彩，将玄空风水之部分精髓，发挥得淋漓尽致。

坤方为生气所到，不见水反见高楼压塞，为财星上山之格，主财弱。而六白星为退气，高楼之出现，加强它的力量，六白为乾卦，属于官星，官星失运，故主官非。

一所房屋里，居住不同房间，风水的影响亦有不同，如左边居住的人在艮方，得一五衰气，右边居住的人在乾方，乾方天星为八白，八运则为旺气，故文中指出地盘尚旺。

乾方的河有"跷足"之象，又乾方见三碧星，地盘乾金砍木，三碧主脚，正是峦头与理气的配合，居于乾方的房间，必有人的脚部分出现问题。

艮方有屋塞压，星犯五黄九紫，九紫为离卦，卦象主眼，而五黄星在玄空五行属土，主遮闭，故知居住艮方房间者，有人会是瞎子。病因有可能是白内障。

灶在震方，原局有九紫星，灶口向离，离方得六白星，玄空秘旨云："火烧天而张牙相斗，家生骂父之儿。"幸好震离两方，环境没有像"张牙"形状的物体，故不应验这句歌赋。

胡宅　甲山庚向　七运造

图十：

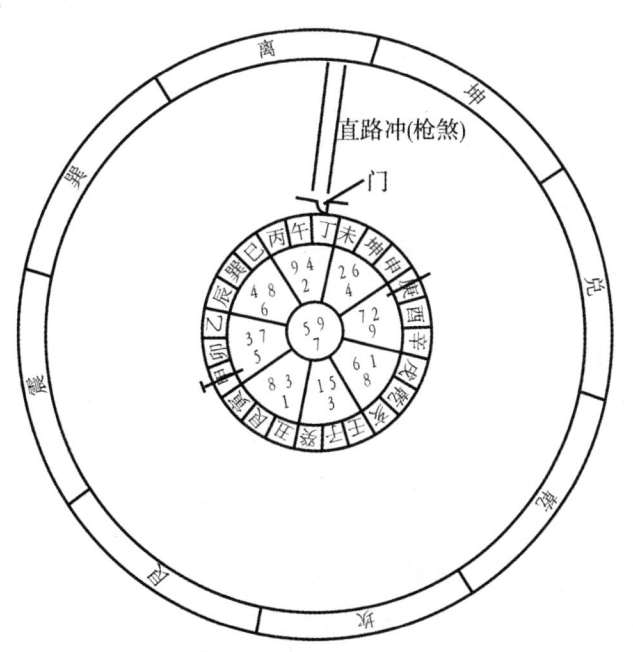

此屋丁方有一条直路而进，山颠水倒，本主不吉，且离方门前有直路冲进，又是二四同宫，定主姑媳不睦，书云："风行地而硬直难当，定有欺姑之妇。"姑受欺不至气结而死者，以门上有九到，火能生土故也！

王则先谨按：玄空五行之吉凶，必与实地形峦相凑合，其验乃神，风行地上，气也（理气），硬直难当，形也，形气交会，自有悍妇欺姑之应。是屋门开二四之方，苟无路气直冲，甚验亦微，然是屋本犯山颠水倒，若就震方得辟便门，亦足以资补救，今不是之图，而辟离门，纵无凌长犯上之应，亦全无生气入门，衰可知矣！

【按】

　　文中所指的离方有路直冲,犯"风行地而硬直难当,定有欺姑之妇。""风行地上",是理气,巽为风、坤为地、二黑为坤、四绿为巽,合成"风行地上。""硬直难当"是峦头,是指一条直路相冲,亦即是俗称的枪煞。此宅宜开震门者,因为震门当运。但此宅实开离门,得不到生旺之气,故文中指其全无生气。

某宅　申寅兼坤艮　七运造

图十一:

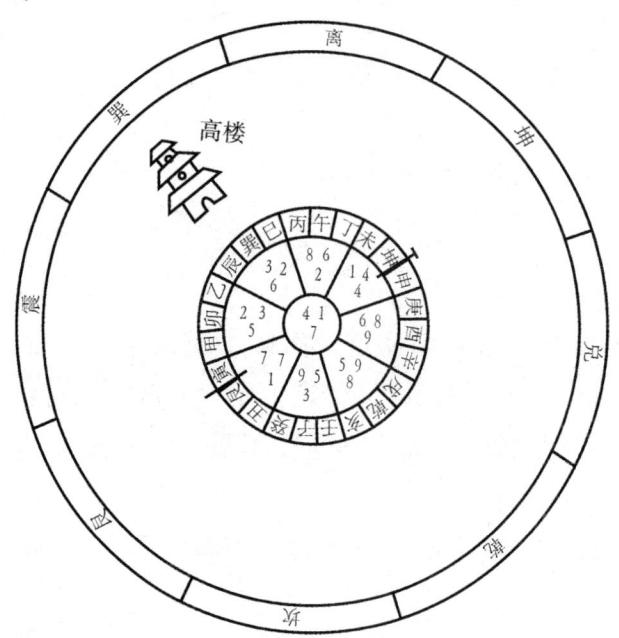

　　此屋住后财气颇佳,然巽方有高楼冲射,必有一老寡妇争田涉讼,因六为官星,二为寡宿为田土故也。

　　又有少女喜伴中男,因向上双七,七为少女,坎一到向,坎为中男故也!

【按】

文中指有少女喜伴中男，因为向上双七逢一白。作者可能是记漏了一些资料，向上应该有一些山形水势的影响，才有此应。

张村丁宅　子午兼癸丁　七运造

图十二：

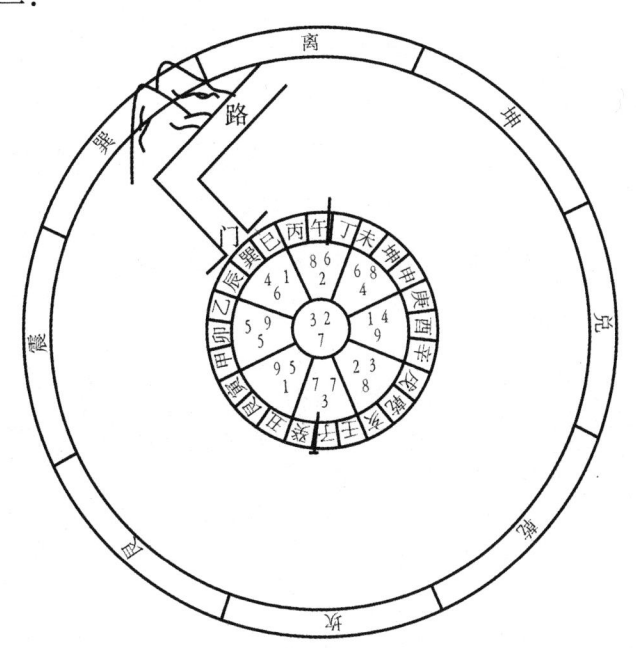

此屋门开巽方，前有直路阔大，从午方引入。

此屋向星上山，后无水，本主不吉。门开巽方，本一四同宫，主发科名，因路气直冲，为水木漂流之象，四为长女，故主妇人贪淫。路从午方引入直进到门，主外人进来，来者必一光头和尚，因向上之六在于离方，头被火烧，故主光头，人于四一之门与妇人交接也，且巽为僧，故主来者为和尚。然此门前必有抱肩砂，否则无此病也！

王则先谨按：一四同宫，得令主功名，失令主淫乱，然与形态丑恶之砂水相值乃验；犹发科名之必须挨到秀峰秀水方位，同一例也，二宅皆然。

【按】

宅开巽门，得文昌星曜，本吉，惜门外直路相冲（犯枪煞），一为水、四为木，成为木随水飘，飞星赋云："当知四荡一淫"，此象为淫色之征。宅为午向，午为火，离火见六白星，六白主头部，成火烧头之象，人物主和，（和尚头发全无也），巽门之巽主僧侣，且巽又主长女，故此宅之妇人与和尚相会。文中特别补注，说这间住宅的巽方必犯抱肩砂，否则不会发生这等淫事。

许宅　子午兼癸丁　七运造

图十三：

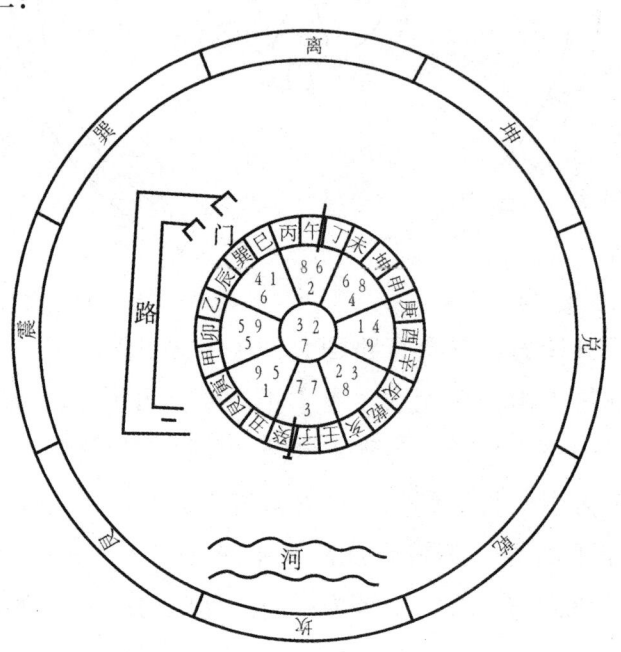

屋向有河，巽方开门，路从艮至震至巽引入门中。

此屋住后，则丁两旺，因旺星到后，后有河水故也。门开巽方，乃一四同宫，准发科名，且向上是六，巽方运盘亦是六，六为首，且六与四合十，又一与六同宫，当为案首，故孟仲两人均考案首而入泮（考入高级学院）。

道光七年丁亥，二人中，一白到巽，二房考一等案首。

道光十五年乙未，三碧入中，二黑太岁到巽，长房考起补禀，皆巽门之力也。进气艮震两方之路，均犯九五同宫，故出瞽目之人。

王则先谨按：进气方两犯九五，遂主出瞽，可见阳宅以门为骨，以路为筋，吉门恶路，故有酸酱入酪之喻。

湖塘下陈宅　亥山巳向　八运造

图十四：

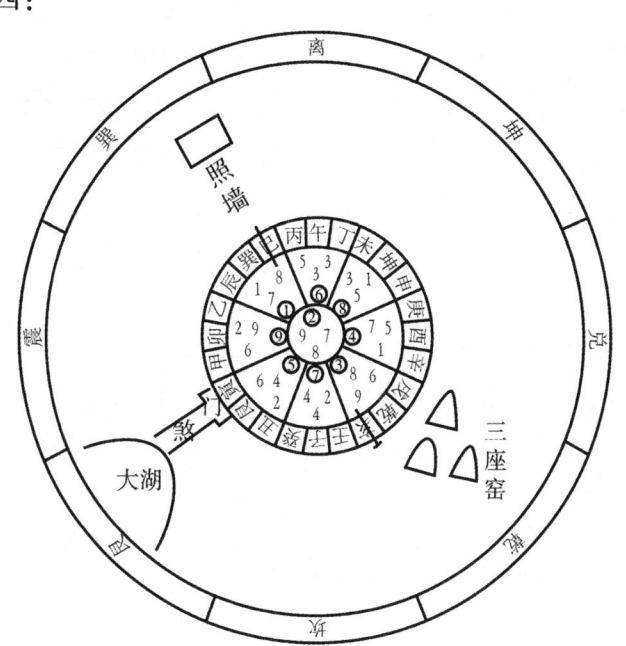

屋后有窑（烧制陶器的工场）三座，在戌乾亥方，巳方照墙，

寅方开大门，门前有大湖放光，又有路直冲寅向。

此屋住后，家主即吐血而亡，因乾方六九同宫，犯火克金，又有三窑火光透焰，真火又来克金，离色赤，乾为主，故家主吐血而亡也。

寅方门二四同宫，二为姑，四为媳，又有直路冲门，门前大水为五黄，故主姑媳不睦而致讼，以六到艮宫，六为官事也。

次子病后而哑，以巽为风为声，寅门四二五同宫，土塞声上，故主失音。中宫七二九同宫，书云："阴神满地成群，红粉场中快乐。"故主姑媳不洁也。此宅若开门向丑，八白旺星到门，主二十年吉利，断无诸患，所谓一贵当权耳。

王则先谨按：开门之法，固取旺方。而于二十四山随时而在之阴阳不可不辨。如前会稽任宅八运初，钱韫岩于未方为开一门，鬼不复现，夫坤宫固为任宅八运之旺方，然不开坤申，而独取未者，何也？盖八运八人中，五到坤，天元龙四维五属阳，坤申阳也，逢阳顺行，八白不能到门，所谓旺而不旺；未阴也，可用五人中逆行，则旺星到门，艮方变为二黑矣。是宅艮方运盘为二，二即未坤申，此三字惟未属阴，未与丑为地元一气，故当开丑门丑向，则二人中逢阴逆飞，八白旺星亦到门矣，此不旺而旺也。

【按】

此章将峦头配合理气，丝毫不差。

如戌乾亥方星曜得"九六八"三星，九为紫火，六为白金，星犯火克金，这还不算大问题，但这方见窑，窑是制造陶器的地方，火光熊熊，加强了九紫火的力量，以至六白被旺火烧溶，六白玄空五行属金，于卦为家主，故此宅住后，家主即吐血而亡。

吐血原因，六主肺，九主血，死因因为肺病吐血而亡。

东溪周宅　酉卯山廉辛乙　八运造

图十五：

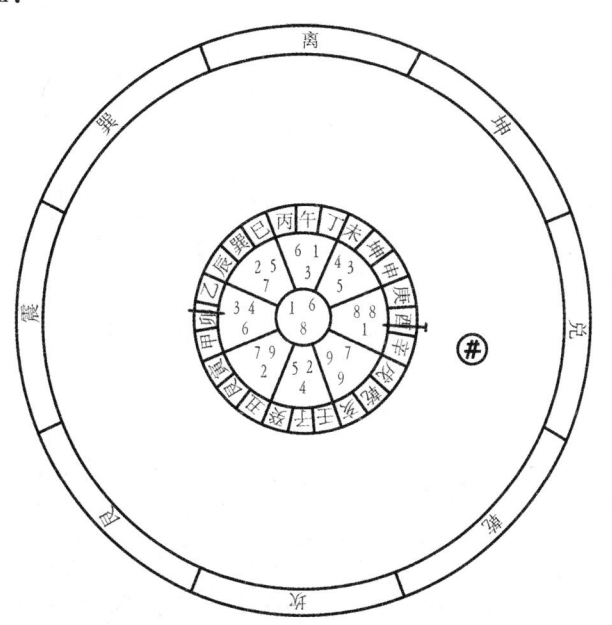

此宅坐后辛方有井，作书房，于道光乙未、丙申两年，先生打死两学生，均头上受伤而死。

此屋旺星到山，本主不吉，向上运星之六入中，已泄中宫之土，乾六为首，为师长，巽四为木，为教令，向上三四六同宫，故首上加木。中宫八六一同宫，故少男头上有血。

辛方之井双八到，八为少男，井在运盘之坎，坎为血，必待乙未丙申年应者，乙未三碧人中，中宫首上加木也。五黄到井，五为大煞，书云："五黄到处不留情。"一白到向，一为坎为血，向上是六，头已出血，故主打死。打死之月，必是二月。（四入中，中宫头上重加木也。）六白到井，头上见血，二黑到向，太岁临向也。所伤之人必肖虎者，丙申年四绿到井，二黑入中，太岁临中宫，四到井上，木克土也。然必是二月。一入中宫，头上见血，伤者必肖牛也。

　　王则先谨按：此乃令星下水，丁星落在井中之咎，乙未年逢戊己大煞临井，丙申年向上之四亦移到井，故凶祸迭现，所伤之人必主肖虎与牛者，以双八到坐，八即"丑艮寅"，丑为牛，寅为虎故也。此以卦象推祸兆，而以坐山双星断年命也！

【按】

　　这一章的理气非常精彩。以九星的卦理变化再配合流年流月飞星，断章之法，令人叹为观止。这章对于一般初涉"玄空"的朋友，宜多翻看几次，才能明白个中道理。

某宅　未山丑向　八运造

图十六：

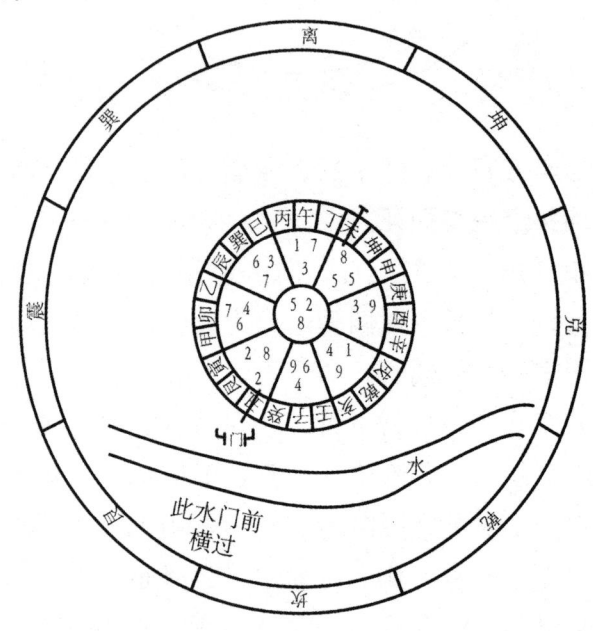

乾坎二方有水放光至丑方门前横过。

　　此宅住后，丁财颇佳，因旺星到坐到向，向上有水故也。

惟嫌乾坎两宫之水，皆四六九同宫，乾方本无六到，而地盘是六，故亦四六也。书曰："巽宫水路缠乾，主有悬染之厄。"故主屋内有一女人身穿红衣黑背心坐而吊死，此因乾方地盘是六，六金也，金重故不能悬起，坐而吊死也。穿红衣黑背心者，因九一同宫，九为离，色红，离中虚，落于坎位，坎色黑且中满，填补离中虚，故穿红衣黑背心也。若六在上（天星），四在下（地盘），即主悬吊矣！

王则先谨按：巽为索，乾为首，索系于首，缢之象也。

故巽宫水路缠乾，失元主有悬梁之厄，应在女子者，乾金克巽木，四九为阴卦故也。然有水或路，其克乃力，否则亦不验。

是篇合乾坎两宫解释卦象，惟妙惟肖，为断法精到之作。或云水路缠乾，兼形局断，如阳宅乾方有曲水缠绕，亦主此厄，然亦须太岁（太岁遇吉愈吉，遇凶愈凶。）或年月星辰加临，其祸斯应。

【按】

这一章断法精细，全依卦象变化配合，虽然缺乏流年流月飞星参考，亦能令人对此实例回味无穷，实属理气法之高层之列。

宁波府基　癸丁廉丑未　八运造

图十七：

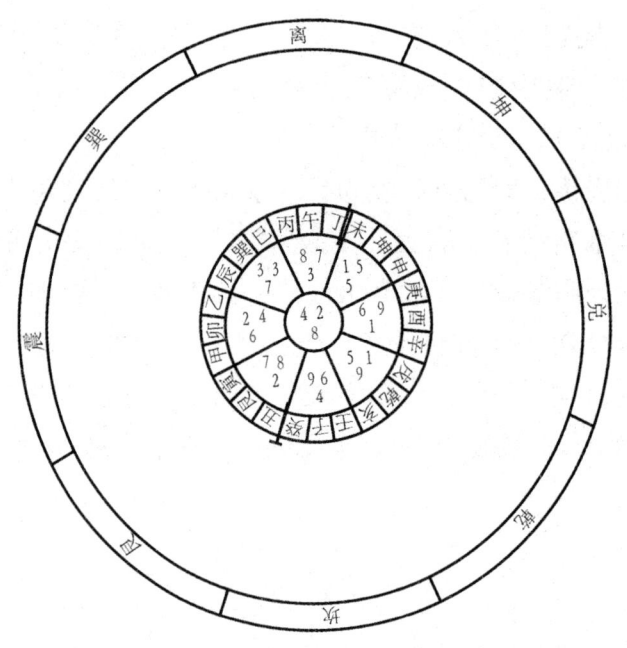

此图向上挨星为三，三即乙，乙挨巨门飞星，不用三而用二入中者，用替卦法也。

府基兼未，应用变卦，丁即乙，乙即巨门，乙阴逆行，二入中，七到向，八白运修造，用变卦，七到向，向上犯"三七叠临，主劫盗"。故夷人来劫财也。

未坤申方双五廉贞与一白同宫，一，水贼也，廉贞，火也，庚酉辛方离火独焰，一六又在同宫，一为水贼，六为兵刃，故主海盗从西门而入，尽烧屋宇。戌乾亥方上加离，离上加廉贞，壬子癸方，六九同度，辰巽巳方，三七叠临，丑艮寅方，亦二七同度，二为火星，七为兵刃，震方亦是风火同宫，故主满城皆火贼也。

王则先谨按：官廨为民牧发号施令之所，辖境盛衰所系，得失休咎，动关治理，非私人宅墓之仅系一家祸福者，所堪似其万一，其堂局宜取雄壮整严，气象万千，而修造尤当合乎天心正运，向首一星，宜得生旺贵秀之气，和平悠远之神，切忌厉气煞神到向，盖其承接之气所关过钜，故论宅以此为最严。

是局八运用替，退神管向，令星落于艮宫，贵不当权，筑室方新，而星气已衰，为阳宅所切忌。矧以府基之重，而可不得旺星者乎！且全盘星辰，其吉凶以向首所纳之气为转移，煞神厉气宁有，一定要在乘时合运，自然罄无不宜。震为天禄，庚号武爵，用得其时，震庚会局主"文臣而兼武将之权"。于三七乎何尤，一六、二七、九六、廉贞亦何莫不然，所以造成烽火满城之局者，不当替而用替，向居衰败之位故也。观此可悟修造不合天心之可畏矣。

以上断语，阴阳二宅皆须心灵目巧，形气兼观，若拘拘呆法者，不足语于玄空之道也。但求地必先积德，不善之家，须慎用之。钱塘沈竹礽识。

【按】

这章说明，官府的风水影响全城，不只影响自己一家。

此宅用替卦，即是"子癸并甲申，贪狼一路行"等一诀来挨排飞星。

这住宅除了向首失运外，更犯"出卦向"，犯出卦向为大凶之论（丁向为离卦，未向为坤卦）。宅运新案论出卦向便是如此：

"出卦向，多为进退维谷，不能有为之贱局，住此者，有夫妇失吹，主从不洽，兄弟不和等不幸事情陆续发生。斯文人住此，多患神经病，自己一人之主张，常自颠倒错乱，人己意见之分歧，冲突之引起，更无论矣。"

阴宅秘断计五十四条

常州张姓祖墓　癸山丁向　一运扦

图十八：

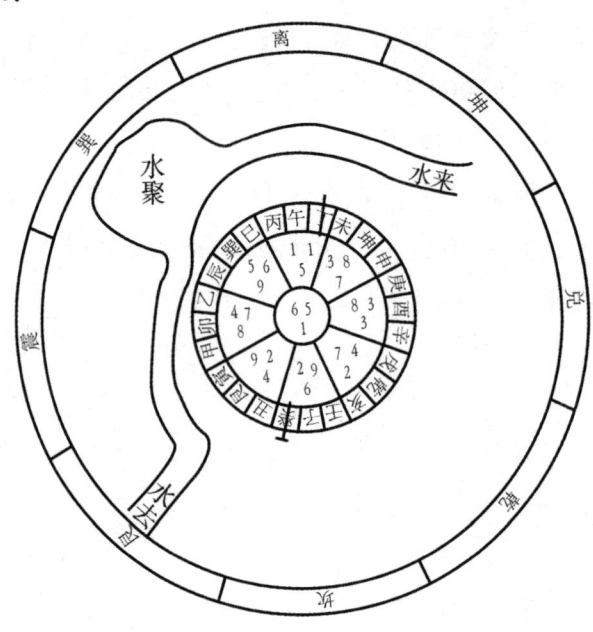

此局坤水屈曲而来转巽方会聚，至艮而消。

章仲山曰："此坟葬后，长房应发秀，次房丁秀大盛，财亦旺。盖得辅星成五吉也。"问之，主人曰："前富百万，今仅半百矣！"

沈注：此一六八俱到向上，又见水光，真合五星之妙，长房发秀而财不旺者，盖六为乾，乾属长，六又为官星，故发秀，又为金生向上坎水，谓之生出，故财不旺。次房丁秀大盛而财亦旺者，盖双一到向，坎为中男，故二房更发也。

王则先谨按：是地坤方地盘二，天盘七，二七同道也。巽方地盘四，天盘九，四九为友也。天地盘暗合生成，泽自远矣。双星临向，三白水俱到向上，又在巽方会聚，配合城门，财自旺矣。然以乾金生坎水之故，长房仅主发秀而财不旺，此可悟公位，不单从八国水神断，而有时与向首生克有关，当互相饶减也。

【按】

这一章论祖墓发何房，沿用九星卦理，是玄空风水精华部份内容。又沈注此图一六八俱到向上，此宅向丁，两旁为巽坤方，星得一六八三吉。而五星者，指旺气、生气、进气加三吉也，因为三吉必有一吉归入生、旺、进气之中，故只有五星。坤方来水合城门一诀，主财旺。

杨姓祖墓　亥山巳向　一运扦

图十九：

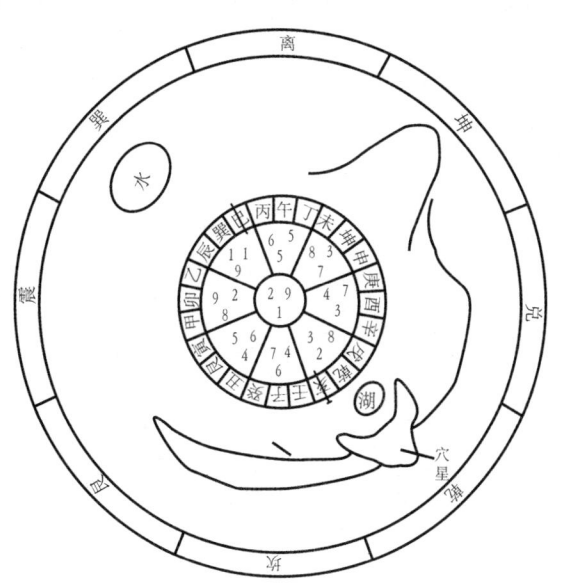

此局大龙从坤来转庚酉辛直至丑艮寅而去，脉从乾方腰落开

窝结穴，乾方有湖，巽方有水呈秀。

章仲山曰：此坟葬后，自明迄今，科甲连绵，富数十万，人丁亦盛，盖天盘地盘合一四同宫，天卦地卦亦合一四同宫之妙也。

沈注：此坟葬于明弘治，当一白正运，局势宏敞，水光圆朗，龙真穴的，地盘是四，而向上天盘到地盘是一，地卦是四，而山上天盘之一又到，更得向首坐下人中之卦皆合十，所以自明迄今，富贵未艾也。

王则先谨按：是局向首一九共遇，合天心十道，中宫得一九，合"坎离水火中天过，龙墀移帝座"之局，双一临巽，水来呈秀，龙真穴的，宜乎财丁贵三者并茂，然是地百四十年例当人囚，乃云自明迄今富贵未艾者，何也，意者乾方有湖，交八运殆囚不住耶。

【按】

此宅为坎宫七星打劫之局，当囚于八运，其囚不住者，向上挨星之八在于坐方之湖，逢囚之运见水，皆囚不住也！

柳塘桥张姓祖墓　申山寅向　一运扦

图二十：

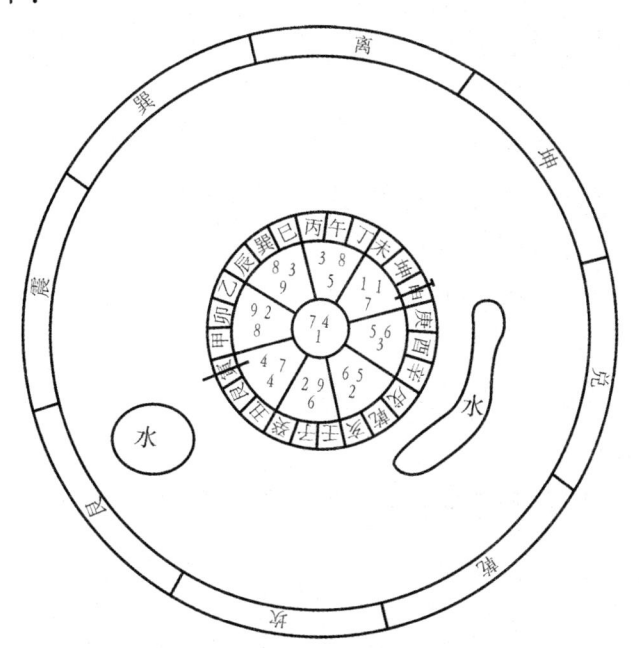

此局艮方有大水放光，乾兑二方亦有清水映照。

章仲山曰："初年立寅向不利，至五六运大旺财丁，交七运后，丁稀、财退。盖运不得令，星亦不得令，兼有男女淫乱之丑。"

沈注：一白扦此地，向上水光反主凶险不利，五六运人乾兑二宫之水，是以大旺财丁。交七运，向星人中（指向上飞星之七言），星不得令也，一白七到向，运不得令也，向首四七，主女淫，客星一白到向，主男淫。观此可知，旁气一通，亦主四十年财丁，学者以此局为法可也。

王则先谨按：向星人中，主丁稀财退，向上之水作凶煞论，慎勿误为当元旺水，可知人中不偏重运星，向星亦所切忌，与旁气有别。

【按】

章仲山曰："此例初立寅向不利。"查原因寅向的向星为七赤，于一运为"煞"气，见水为"煞"水。而一运之一白为当元之星，玄空五行属水，最忌见七赤煞水。

七运，此宅艮方见水，原主财旺，何以反作凶论？试研究之：

一、艮方为八白生气，宜宽阔，见水反作凶论。

二、吉星入囚。

三、兑方为七赤星排到，作正神论，宜空旷平坦，若此方见水作正神下水，大凶之论。

综合以上各点，此宅七运凶多吉少。

无锡石塘湾孙姓祖墓　子山午向　二运扦

图廿一：

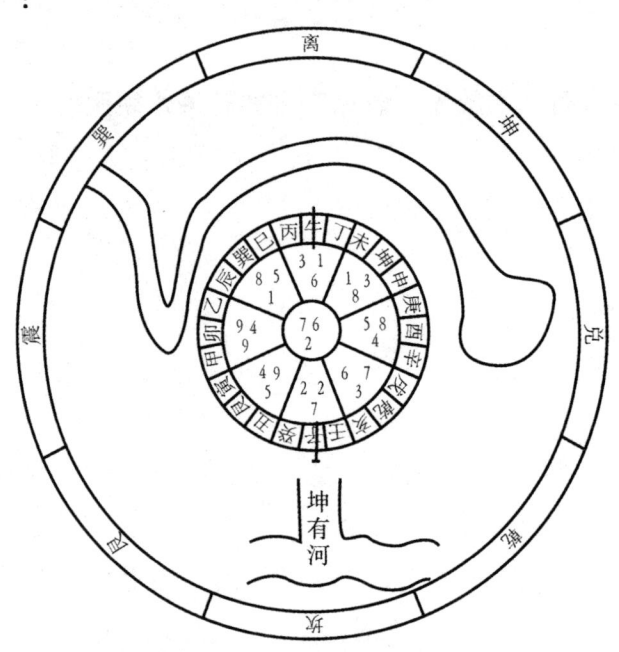

此局庚酉辛河水大宕，由坤离巽震复从辰方消去。坎方有大河，并有一直浜当背冲于穴后。

章仲山曰："此坟扦后，已合元运，理当速发。坎方之水取其特也，但形峦不美，一失元运，即财丁两退。"主人曰："我祖葬此坟时，卖糖度日，葬后本身发有十余万，下至数世犹有五六万，惟丁则大减。"

沈注：葬后大发财丁者，因两盘旺星到后，坎方有水特大，旬曰"倒潮"其发最速。天玉经云："吉神先入家豪富"，其余诸水皆收不起，故仅一水得元，然坎方水虽特大，而当背冲来，究属不美，故一交六运即大败也。

王则先谨按：坎宫为当元令星所在，有水特大，所谓"冲起乐宫无价宝"是也；然犯龙神下水，故主丁气大减。其余震、巽、离、坤、兑等水皆收不起，无甚裨益，交六运大败，入囚故也。

【按】

此宅二黑特旺，因坎方水里龙神见水，而此水为大河冲来，其势甚强，故特旺。

三运坤向见旺水、四运震方见旺水，五运巽方见旺水，但水势总不如坎方之强，虽云财旺，始终不及二运般兴旺。

六运时，水里龙神六白星及七赤星皆不见水，财运自然衰败。

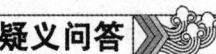

上虞鲤鱼山钱姓祖墓　辛乙兼酉卯　二运扦

图廿二：

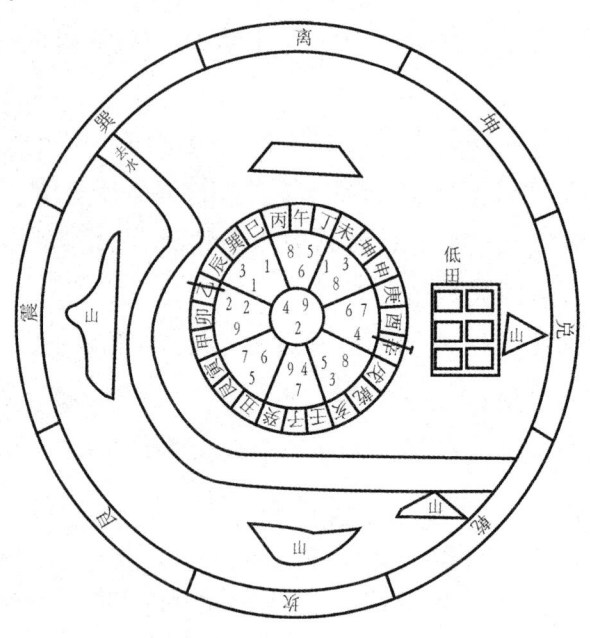

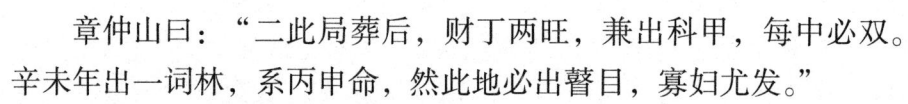

　　章仲山曰："二此局葬后，财丁两旺，兼出科甲，每中必双。辛未年出一词林，系丙申命，然此地必出瞽目，寡妇尤发。"

　　沈注：财丁两旺，双二到向，水外有山也。（山上飞星二到向，目下水，本不吉，以水外有山，仍系上山，故佳）五六运内，科甲每中必双者，因兑乾二方飞星是五六，此二方又有山峰，故五六两运主中双。巽方消水处，双一到也，此即"城门一诀法"（巽方定位是四，双一到，为一四同宫，城门即水口也。）

　　丙申命，辛未入翰林者，中宫是九二，向上亦是九二，九即丙，二即申，况辛未年九入中，二到山，所谓"太岁临山"，山上是七，七即辛，太岁是二，二即未，二七同宫，即辛未也。向上两二太岁吊照，是年九入中，七到向，亦即辛未也。中宫运盘是二七，运七入中，亦辛未也。有此四辛未，故入词林也。

出瞽目寡妇者，向上是二九，二为寡宿又为土，九为目，土入于目，为地火明夷，故出瞽目。寡妇尤发者，因向上有水也，七运小房必有绝嗣者，因七上山故也（向上飞星到山是七，为上山，七兑为少房，故绝嗣，上山之凶如此，若有水则无害矣。）。九运向星入中，必退财损丁，兼有火灾，凡三四到向，定主火灾。书云："七九合度，患火惟均"；又云："火若克金兼化木，数惊回禄之灾"即此之谓也（九运运盘，九入中，七到向，向上七九同度，九七为火克金，在乙向为化木，故主火灾，退财损丁，向星入中曰入囚，类如此。）。然科甲终不断，因城门地画八卦是四，双一同到巽，得四一同宫之妙也。

王则先谨按：此局乃离宫打劫，以向上飞星到山之字入中为囚，故交七运，小房绝嗣，囚实为之。然其地龙真穴的，城门方位又暗合一四同宫之妙，故缝太岁吊动，虽囚而仍有科甲之应。待交九运，地运告终，客星七到向，先后天火数同聚震宫，宜乎退财、损丁、兼遭火患也。

【按】

以九星来断生肖之法，是以九星来配天干地支，现列出以供研习本文时作参考。

九紫 八白 七赤 六白 五黄 四绿 三碧 二黑 一白 九星
丙丁 庚辛 戊己 甲乙 　　 壬癸 　　 　　 　　 天干
午 丑寅 酉 戌 辰巳 卯 未申 子 地支

此宅为"坐空朝满"之局。

七运小房必有绝嗣，因为艮方山里龙神下水、主损丁，而艮方主小房，故绝嗣者属小房。

上虞某姓祖墓　坐乙向辛　二运扦

图廿三：

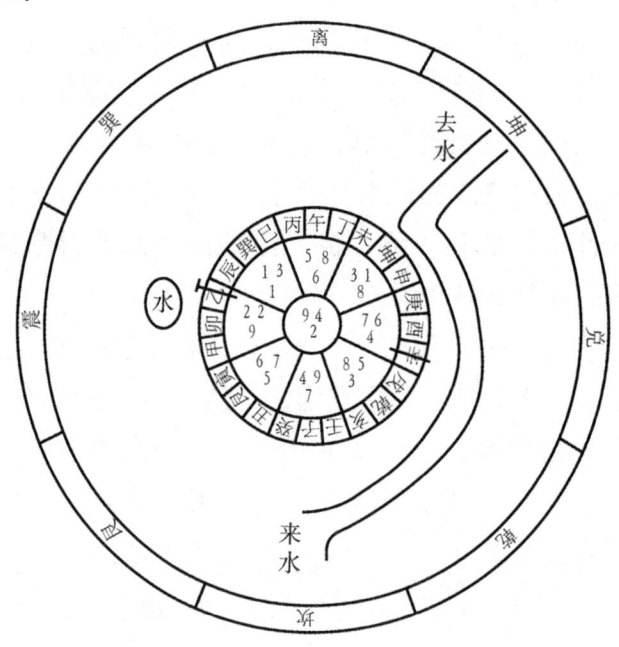

章仲山曰："坎方水来，直至坤方消出，向上有水，甲申旬中，丙戌流年葬，二黑运主事，双二到山，本犯水神上山，主损财丁，幸后无主峰，又喜有水潴聚，以凶化吉，葬后平平顺利，嗣后巳酉丑三肖之局，巳命人发富，酉命人发秀，交三碧运宫，九紫命局，一九共遇，木火通明，长房起家，女掌男权，定主火灾之忧，一见便生此灾，是四九为友之病。

一白到山，长房添丁，次房出酉命人，便发财源。交四绿运，运星入囚，防口舌，官灾，兼伤妇女人口，家道衰落。

交五黄运，一白天蓬到坎，长房有人泮者，次房平平，寡宿迭见。交六白运，大败，后无吉运矣。

王则先谨按：巳酉二肖发者，从向上之地盘断也，乙山辛向人元龙也，顺子，父母阴阳相同，故主巳酉二肖发。丑虽三合，阴阳殊途，故不与也。

女掌男权者，中宫坐山俱为阴卦故也。行震运，三碧旺星人中，长房添丁。己酉年，一白人中，三碧旺星到向，次房赤添丁。凡添丁均与旺星加临有关，然人衰运。逢旺星到山，临向，或值中宫，转有损耗凶祸之咎。二宅皆验。此盖"虚不受补"之理。

交四运，地运告终，家道衰落，伤妇女者，巽为阴卦故也。向首六七同宫，四运六又临向，官星重重，故兼主官灾，口舌。五黄运坎、巽两宫，咸合成一四同宫，故有人泮之应。六运大败，后无吉运者，向星人中，星不得令故也。然是局独取坐后有"潴聚旺水"，否则葬后便不免颠沛，又安望其顺利哉！

【按】

此例王则先的按说宅旺巳酉二生肖人发，而丑不发，查三元大卦，丑为地元卦，酉为天元卦，巳为人元卦，天人二元，阴阳相同，故发巳酉两个生肖（巳生肖为蛇，酉生肖为鸡）。而丑生肖（丑生肖为牛）为地元卦，阳阴例必与天人二元相反，故不甚旺。

文中又指宅为"乙山辛向，人元龙也，顺子"，此说指向方人元卦为顺飞，故称顺子。

孙姓祖墓　壬山丙向　二运扦

图廿四：

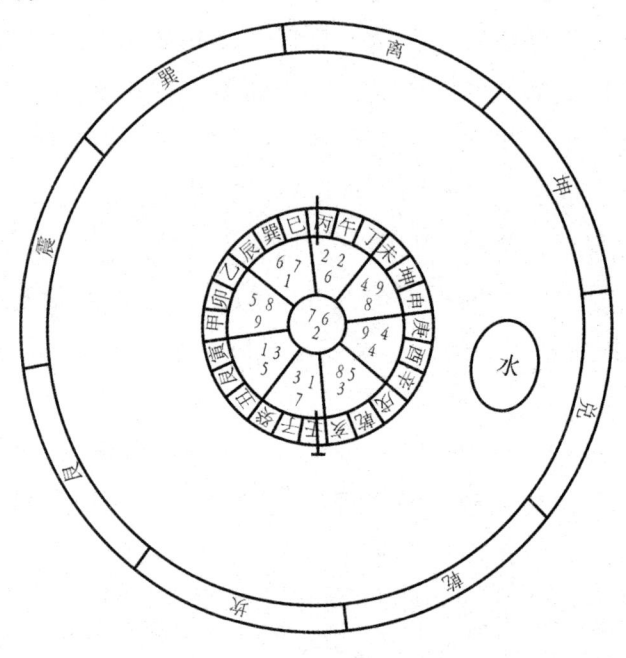

此局向上无水，兑方有水放光。

章仲山曰："此局初年财气不大，后主因奸破财。"

沈注：双二到向，因向上无水故财气不大。兑方两四、一九，名四九为友，双四，即双巽，巽木克中宫二土，又克向上两二土，兑方水大放光，四九阴神也，故一失运，即主因奸破财。

王则先谨按：是局向上无水，八国惟兑方有大水放光，已呈喧宾夺主之象，兑为阴神所集，故以奸断，巽木又克向首、中宫坤土，故复主因奸破财。此玄空活泼泼地之断法，着眼在八国问力量特巨。方位与向首、中宫生克并阐。非于此道三折肱者，不易推也。然是地交四运，财气当利，所谓"一水得元"尚未入囚故也。

【按】

此宅后人"因奸破财",必是发生于五运,查原因如下:

一、兑方的水为退气之水,即是失运水。

二、兑方九星为四、四、九,全是阴卦,经云:"阴卦满地成群,红粉场中空快乐。"这是淫象。

三、向首于五运,星为二二六,又元运之星为九紫星到,九火克六金,阳卦失气,阴卦衰气旺盛,故主色难。

章姓祖墓　壬山丙向　二运扦

图廿五:

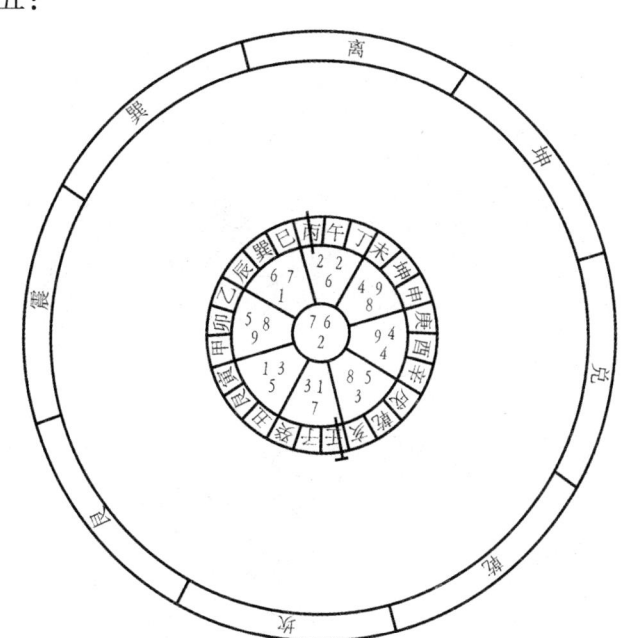

章仲山曰:"此局葬后,财丁两旺。然主家主不寿,世出寡妇,及被僧尼耗财。"

沈注:财丁两旺者,因旺星到向也,然双二加于运盘之六,土重埋金，六为乾，故主家主不寿。世出寡妇者，二为寡宿故也，失运时多被僧尼剥削耗财，因二为尼姑之类也。

王则先谨按：土本生金，而土重则转致埋金，可见过犹不及，五行亦以中和为贵。坤为老阴，寡宿主之，双二同宫，失元主世出寡妇。相生且然，相克宁复待言，故阴精丛集，辄为二宅忌神。

【按】

此宅于失运时，除了容易出寡妇外，向首变二为病符，主后人多病，尤不利女性。

施姓祖墓　酉山卯向　二运扦

图廿六：

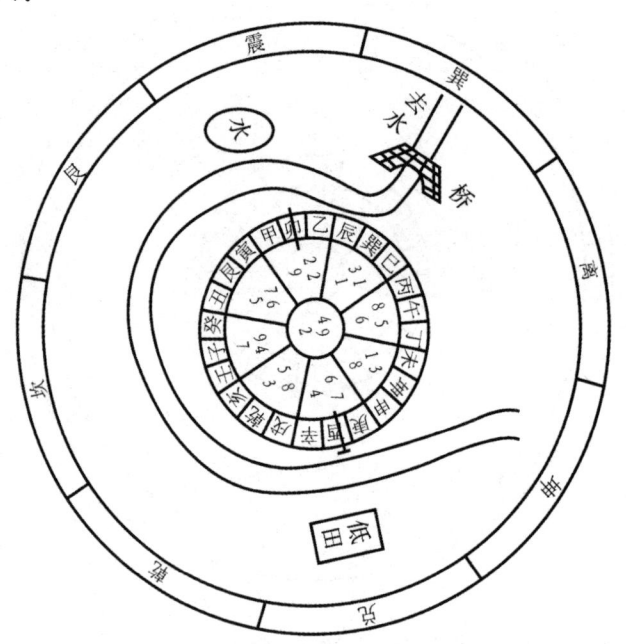

此局坟后低田，兑水远来，从乾、坎、艮至震方开宕，巽方有桥，水从桥下出。

章仲山曰："此坟葬后，大发财丁兼出秀，且人泮（考入高级学院）必双，然主世出寡妇，瞽目。"

沈注：大发财丁者，双二到向，向上有水也。人泮必双者，城门在巽，双一到也。一四同宫，本主科甲，因龙力不强，但出秀才，此美中不足耳！世出寡妇、瞽目，以向上双二到九故也。

【按】

文中所指巽方为一四同宫，依挨星图所见，只见一白而不见四绿，何以云"一四同宫"，原来巽方便是地盘四绿（元旦盘），与局中向、天星相凑，便成一四同宫了。

此坟特利肖蛇及肖龙的人，尤以壬辰年生者大利，癸巳年生者次之，余肖龙肖蛇者再次。

裴姓祖墓　未山丑向　二运扦

图廿七：

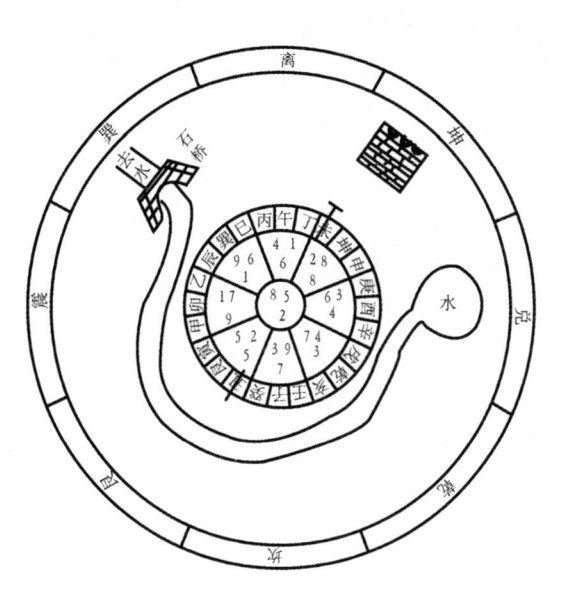

此局坤方有城楼，兑方有河开洋，由乾、坎、艮至巽方石桥下

消去。

　　章仲山曰："葬后长子因奸伤足，次子先充兵丁，而后致富。"悉之。

　　沈注：此局旺星到山到向，本无不利，长子因奸伤足者，因辰方有石桥高擎，向上飞星之六到巽，六为长子，山上之九又到，九为中女，老父中女，配非正偶，故主奸淫。

　　乾方有水，运盘之三到乾，山上之七又到乾，为兑金折震足之象，次子充兵丁而致富者，兑方开洋，以联珠法推之，向上之三到兑，为进神水，山上之六亦到兑，六为武人，所以先充兵丁，而后致富也。（兑为少女，故应少房，三到兑为进神水者，与兑七为合十也！）

　　王则先谨按：此由巽乾两方合阐而断，长子因奸伤足，巽有石桥，乾有曲水，故以活法合推取验。然兑方三六四同宫，充兵致富者，何以不属长男而为次子，岂因巽方石桥高擎之故，长已受煞，故递推及次耶？或曰二临山向，故主二房。若谓地元龙主次子发，此鄙俚之谈，究未敢轻信。

【按】

　　此宅兑方于二运，河水作进神水（生气水），而生气之星属震卦，本主长男发福，但因巽方石桥高擎而伤长男，故知长房不能发福。至于利少房者，是从兑方地盘而论。

锦棚桥陆姓祖墓　酉山卯向　二运扦

图廿八：

此地乾、坤、艮、巽四维有水放光；水外皆有秀峰如文笔。

章仲山曰："此坟扦后，大发财丁，兼出名儒，交五运末，损丁八九人。"主人曰："何知之详？"答曰："此由艮方之水填实故也！"

沈注：乾坤艮巽方有水，为四库齐开，又为四水朝阳，本三元不替之局，况水外四方皆有山，且秀如文笔，其力尤大。而又双二到向，旺星照穴，所以大发财源兼出名儒。惜五运艮方填实，所以断五运末，伤丁八九人者，以五运后十年已通六气，艮方六到填实处，名曰："水里龙神上山"，安得不损人丁乎！坤二为文书，双二临于向首，故出名儒也！

王则先谨按：是局艮方之水，到五运末为未来之气，生气涵泳，岂可斫丧。二为文书，本主巨儒，今因艮水填实之故，即破四库之局，复犯上山之咎，向上双二变为寡宿，龙力既强，损丁自多，故断八九人耳！

【按】

沈注当中所指，乾坤艮巽有水，为四库齐开，所谓四库，便是辰、戌、丑、未。巽卦藏辰，坤卦藏未，乾卦藏戌，艮卦藏丑，故这四卦位见水，即是四库见水也！

五运末，伤丁八九人，除原文解释外，另有一个原因，现登录研究：

一、山里龙神五到乾方，五属土，被天盘飞星三木克制。

二、乾方于卦属金，亦泄五土的土气。

无名氏祖墓　丑山未向　二运扦

图廿九：

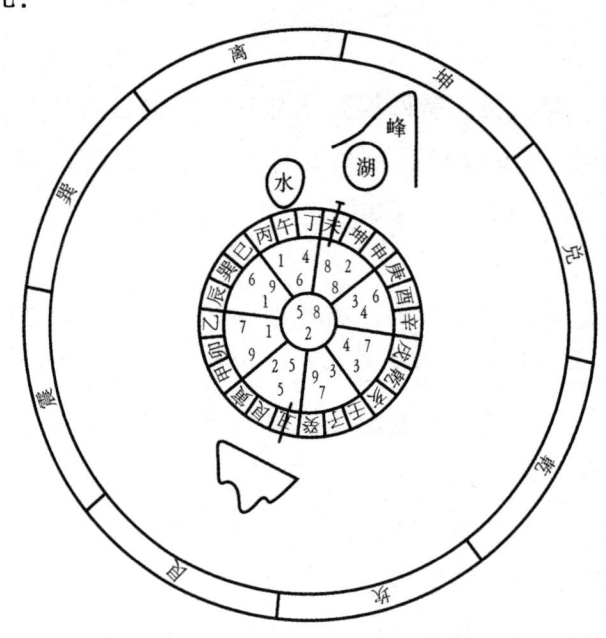

此地左右两山环抱，坤峰高远秀丽可爱，坤未方有大湖，离方水圆如镜近在穴旁。

章仲山曰："此清贵之地，庚子、丙子生人，应发科甲。茶山即庚子生，有丙子生人，少年登科不寿。"

沈注：两山环抱，朝山秀拔，左离水，前大湖，此局齐整极矣！故主清贵。庚子丙子生人发科甲者，从离方之水断之也，离水圆亮如镜，近在穴旁，即是"城门一诀"。盖"天玉"（天玉经）以水之照穴有情处为城门，况又四一同宫，安得不发科甲。庚子、丙子生人者，山上飞星之一到离，一中有子故也！然庚子分金为正，丙子已偏，故少年登科而夭。观此，可悟定生肖之诀。（离上城门挨星是六、为戌、阴人中、逆飞二到离，为旺。此即城门一吉也。又离上挨星是六、飞星是一、六为金、一为水、故为庚子。若九一为丙子，挨在巽位，视离方城门为偏也！）

王则先谨按：阴宅之发贵与否，当察峰峦之秀态，城门之合法，犹须视龙力强弱为饶减，苟以城门发贵者，即以城门对宫之分金为推考生肖之绳则，是局庚子、丙子即其例也！

【按】

离方见水，正应"一四同宫，准发科名之显"，"木入坎宫，凤池身贵"。故后人发科甲。

又离方见水"合城门诀"，经云：城门一诀最为良，立宅安坟大吉昌"，故知后人成就非凡。

鲍姓祖墓　辛山乙向　三运扦

图三十：

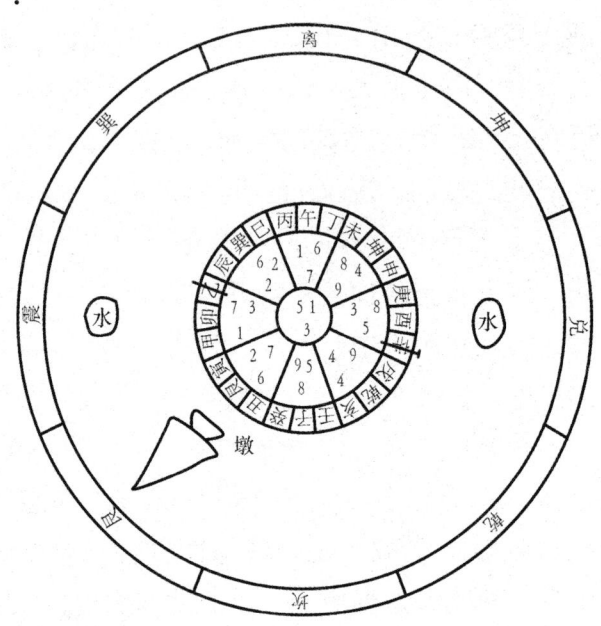

此地兑卯二方有水，艮方高墩，墩（土堆）外有一峰高耸，卯方向上之水映照，坐后兑方之水暗拱。

章仲山曰："此坟随葬随发，财旺而丁不旺，一交七运，二房官讼不止，且房房损女丁，盖兑为少女，为口舌也！"

沈注：随葬随发者，旺星到向，且有水也。丁不旺者，山上旺星临水故也！七运伤女丁者，艮方是七，不但无水，反见高墩高峰，名曰："上山"，故主伤女丁也。二房官讼不止者，二临艮位，故主二房。六临艮位，故主官讼。七兑为口舌，为少女，甲子年太岁是七，七入中，则官讼坐中央矣。一到艮方，金生水出，故主官讼破财也。丁卯年太岁是四，四入中，七到艮，七赤重逢七赤，故主口舌，伤女丁也。

王则先谨按：交七运，向首犯山上龙神下水，亦为伤女丁之征。

【按】

从王则先所注，此宅向首犯山上龙神下水，此例龙神即是七赤星，七赤星在玄空五行属金，于卦为兑，于人物主少女，由此可知，此宅伤女性。

此例指出，一交七运，二房官讼不止。七运运星一白到艮，艮方水里龙神上山，又逢二黑星，二为巨门，主官讼。应于二房者，运星一白到艮，一白主二房也。而沈注却指因为二临艮位，故主二房不利，这是笔者不同意的。

钱塘鲁斯占祖墓　丙山壬向　三运扞

图三十一：

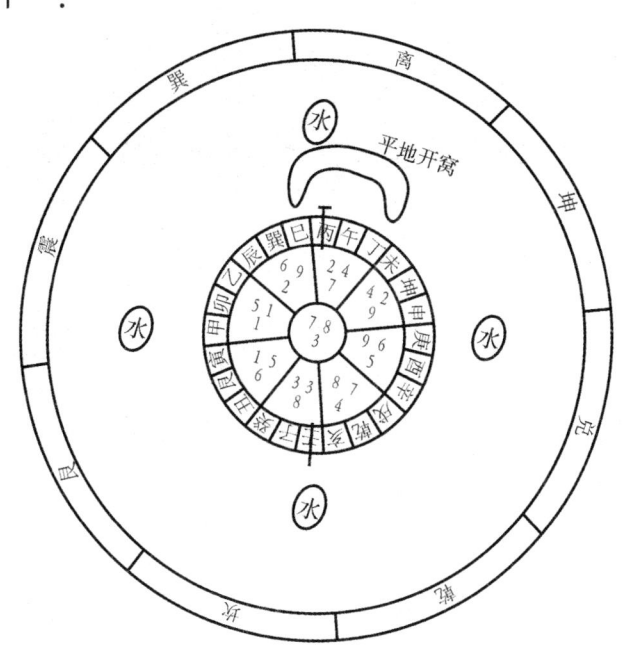

此穴平地开窝，甲庚壬丙四方均有水亮。

主人先曰："此地出神童。"章仲山曰："地局甲、庚、壬、丙之方水开宕有光，天卦辰戌丑未四支加临于甲庚壬丙四干上，言出神童，非诳言也。"（运盘山上挨星是七，为庚，向上挨星是八，为丑，山上飞星二到山为未，三到向为甲，九到庚为丙，七入中为庚，向上飞星三到向为甲，四到山为辰，六到庚为戌，一到甲为壬，故曰："辰戌丑未四支加临于甲庚壬丙四干之上"也！）

沈注：《宝照》（都天宝照经）云："甲庚壬丙最为荣，下后儿孙出神童。"又云："穴要窝钳，脉到宫。"此地平洋开窝，又得甲、庚、壬、丙水亮，合《宝照》之法，况天卦向得旺向，又丑、甲俱到，山上庚、未、辰俱到，震方壬、甲到，兑方戌、丙、庚俱到，一气清沌，出神童何疑乎！

【按】

沈注所指，此宅天卦向得旺向，又丑、甲俱到。丑者、八也，甲者、三也，三运、三为旺星，双三到向为旺向。

庚、未、辰到山上者，庚即七，未即二，辰即四。

震方壬、甲到。壬者，一也，甲者，地盘地元龙。

兑方戌、丙、庚俱到。戌者，六也，丙者，九也，庚者，地盘也。

某姓祖墓　巳山亥向　三运扞

图三十二：

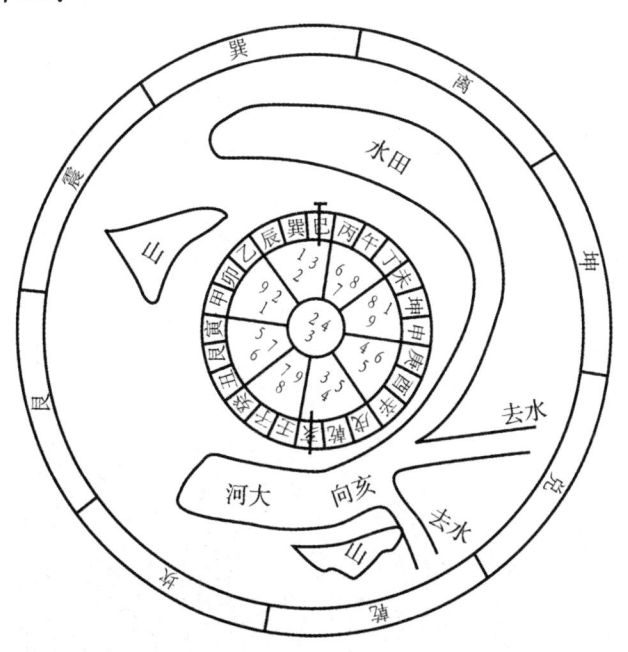

此地甲卯来龙，转巽巳入首后，明堂田水从兑方到向，壬子癸方有大河来穴前开宕，从戌乾消出。下砂环抱有情，唇下有缺，卯方一峰秀拔，朝山土屏开面。

章仲山曰："此局上山下水，葬后大房平平，二房少丁，因震方有山，二房居于震位故也。"（山上飞星三到向，曰"下水"。向上飞星三到山，曰"上山"。三为震，故属长房，一为坎，为中男，挨震，九为离，为中男，飞震有山无水，故二房少丁。）

王则先谨按：此局星辰颠倒，葬后大房犹能平平者，以水神虽犯上山，而后无主峰，且遇田水故也。然山上之一，不免下水，震方中男，又遭老母之克，俱为二房少丁之征。

【按】

　　王则先按中所说，中男遭老母之克，其中一个原因，便是震方见一、二、九。九紫生二土，二土克一水，一为坎为中男，二土为老母，此宅显出老母克二房之应。

前墓于六运照原向改葬　明图于后

图三十三：

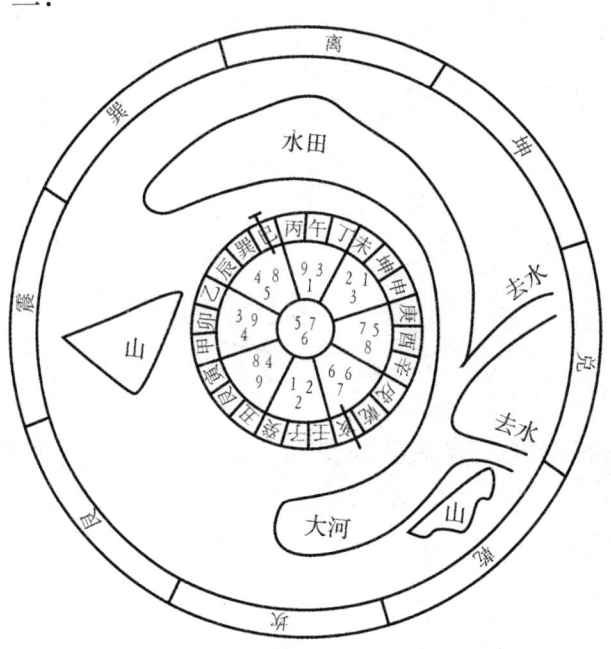

　　沈注：葬后大旺财丁，因两盘旺星双六到向故也。但向上运星是七，旺星是六，七为口舌，六为官事，故主多讼，唇下有缺，故出无猎之人。交七运，财丁两退，因向星入囚故也。惟功名反能开科，秀才、生贡不一其人。此因艮方是四、七运运星飞艮是一，坤方是一，七运飞坤是四，两处得四一同宫，故发科名也。至八运则平平矣。

王则先谨按：六运巳亥（坐巳向亥），虽两盘旺星到向，究犯全盘伏吟，不宜轻举。是地幸穴前开窝（空旷地向下斜）。其气乃空，故得以凶化吉。然地运甚短，一交八运即行入囚，盖向上飞星到山之字为八故也！

【按】

原文指此宅"唇下有缺"，这唇下有缺一语，是指此墓前的毡唇有缺，属于峦头学。而缺唇的人应属少房。

又此宅本八运入囚，但巽方的"田"若见水，作囚不住论矣。

经姓祖墓　巳山亥向　三运扦

图三十四：

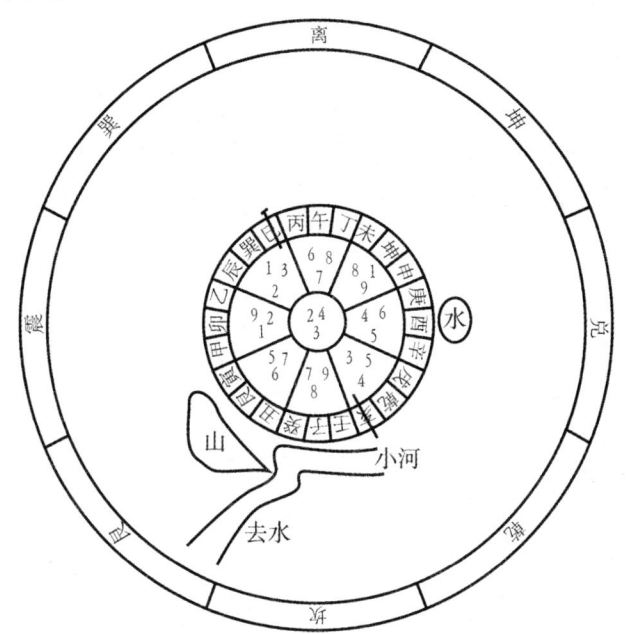

龙从巽巳方入首，白虎砂搛抱有情有力，走龙略宕。兑有水放光，坎方有小河横过，艮方有小山塞水口。

章仲山曰："此局三运葬后大房不利，余房平平。"

沈注：大房不利者，因震卦上山下水故也；震为长男。五六两运，二房发财丁者，取兑方之水故也。兑方本六，应主长房，今发二房者，以此时长房已绝也。至七运，多官讼者，艮方七六同宫，又有山故也。故至七八两运财大减，至九运又当起色，因坎方是九，又有水映照也。

王则先谨按：是局四运向星入囚，地运告终，惟廉贞居于向首，至大至尊，非他星堪比，又得横过水映照，故交五运，得收财丁两发之效，而免向星入中之病。六运旁水得令，兑方之六又逢客星八白加临，土来生金，故龙真穴的。囚后亦主中兴，然入囚以后发而不全，则体用又不可偏废也。或云："五临向首，有水当作囚不住论。"

【按】

此例指大房不利，除文中所解释外，还有一个原因，便是亥向的山里龙神为三碧星，三碧下水。而于地盘来看，下水之方为乾方，乾亦主长房，故推知长房不利。

前墓于四运建碑修理　明图于后

图三十五：

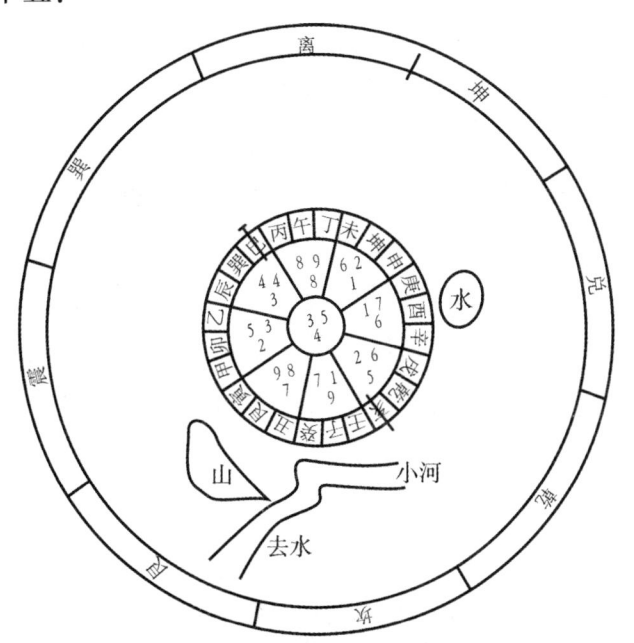

沈云：此地于四运照原向建碑后，二房于六运大发财丁，长房大败。此因向上飞星之四到山，四即巽，巽为长，且六白又飞乾，犯伏吟，故主败。

二房于六运发财丁者，因山上飞星二到向，与六白同宫，故主发。七运财气亦好，因兑方有水。七运多官讼，因兑方六七同宫。六为官事，七为口舌也。二房独发者，因兑方之水是七，七为少也，八运平平者，艮主有山故也。此地本山颠水倒，主不吉，而能发者，因龙真穴的，四运建碑之后，龙得旺龙，又向上飞星到山到向，四六合十故也。

王则先谨按：秘笈中载有"玄空五行真诀"一歌，其略云"向得令星吉水照，丁财并茂日兴隆，脱运之星名煞曜，未交之宿不堪用，反吟伏吟须得令，一脱元时祸及躬。"问尝以谓，八国问犯反伏吟，在所难免，而要以山向两宫，犯伏吟者，为所当忌，盖虽星运得令，空实合法，而公位究不免偏枯故也。

是墓于四运建碑后，巽四、乾六，俱犯伏吟，主长房大败，即其证也。未交之宿不堪用于向首者，其故由于运到星凶，迨交旺运，厥星即随之入中，若运星入囚然。凡星辰入中，如黄杨厄闰，有凶无吉，故脱运之星固不宜再居于向首，而未交之宿亦以先见为忌。此与旁水得令，貌似神非，吉凶不同断也。

然则沈公云：二房于六运大发财丁者，何也？以囚不住故也。缘向星五黄入中为皇极居临正位，至大至尊，何凶之有。向首坚金遇土，明水相对，又得逢囚不囚，自然运到便兴。七临兑宫虽犯伏吟，有水不忌，当运反吉，所谓反吟伏吟须得令者，此之谓耳！

【按】

此例所说，犯反伏吟者，以"坐方"及"向方"为最严重。当运则不忌，甫一失运则祸如立竿见影般出现，又此宅于"七运"时仍大利财帛，因为兑方水里龙神见水。

嵇中堂祖墓　子山兼壬丙　三运扦

图三十六：

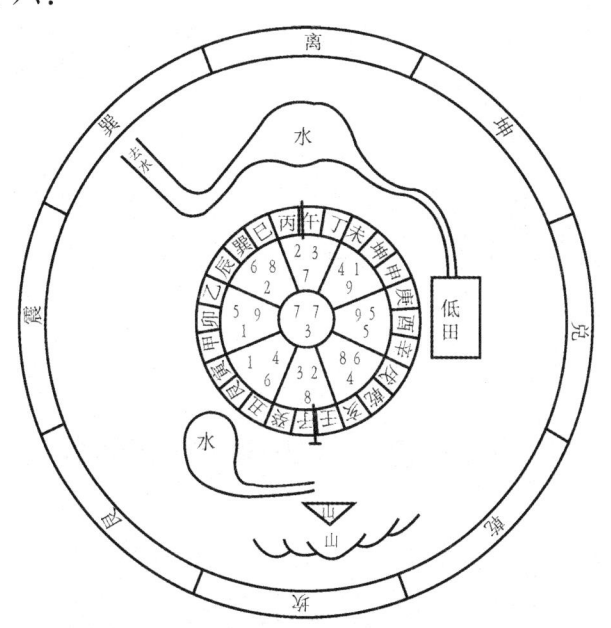

乾亥来龙转坎入首，艮方有荡，坤方有水，曲至离方大开洋，至巽方消出。兑方低田，结穴亦低田。

章仲山曰："卯山卯向卯源水，合江西全局，初扦时必不能发，六运大发富贵。"

沈注：此局向上旺星到向，山上用变卦，七入中顺行，旺星到山，三即卯，所谓"卯山卯向卯源水"者，离方开大洋故也。况运与向合十为最吉，又艮坤方为一四，俱有水光照穴，安得不大发富贵耶！初扦时不发，必至六运大发者，盖江西卦为地元，地元兼收贪狼，不当正运，傍他涵蓄，力不专，故迟也。六运客星贪狼到向，水能生木，自然富贵骤兴。非若他宫一卦乘时，催官暂发者之比矣。

王则先谨按：是局背山，面水，龙向水各得三碧旺神，故云："卯山卯向卯源水"，合江西卦全局，盖江西卦起于东，论卦属震，其数即为三也，明此，则《天玉经》所谓"乾山乾向水朝乾，午山午向午来堂，坤山坤向水坤流"三局，从可知矣！父母为卦之中气，运与向全盘合十，受气自迂缓而悠远，且局势宏大者，发亦较迟，故必待向首一星得生旺之扶助，客星贪狼加临，水来生木，然后富贵勃兴。此非勾搭小地，一卦乘时，催官暂发者所可等量齐观耳。

【按】

文中沈注说此墓初迁时不发，必至六运才大发者，盖江西卦为地元，此地元是指文曲四绿星。而指六运旺者，因为贪狼到向。（六运运星，贪狼一白坎到向方）。而河图之理，"一六共宗"，一为六之照神，故作吉论。

严探花祖墓　辰山戌向　三运扦

图三十七：

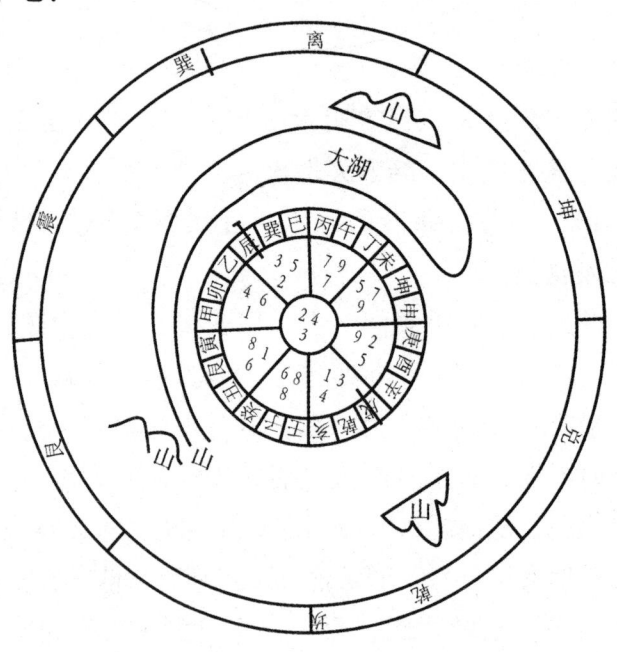

地由艮方高山双峰落脉，出唇十余丈，左右砂紧紧环抱，卯方水贴近，巽离坤三方大湖，湖外有山，乾方有峰，秀美挺拢，惟峰尖稍歪。

主人曰："葬此坟时，地师云：'可惜状元峰不正，他年必中探花郎'。"章仲山曰："此地师之托词耳，其实探花不关峰之歪，由挨星一四同宫稍涉偏歪之故。"主人问："挨星何以偏斜？"章仲山笑而不答。

沈注：一四挨星偏斜，以运星之四到向，又以山上之一到向，不能以向上之一到向故也。

王则先谨按：三运辰戌固旺，而此局偏坐向有水，向上有山，理气与形局相背驰，初年未必即利，且地运最短。然他年必中探花郎者，以其地龙真穴的，朝山挺秀，向上又得一四同宫，故运纵短，卒能依然发贵耳！

【按】

此宅为"旺星到山到向"，惜峦头山颠水倒，墓为"坐水朝山"格，反将到山到向旺星变成"变格的上山下水（山里龙神见水，水里龙神见山。）"，主初年丁财两败。

各位研究这一个实例，则知理气与峦头配合的重要性。

唐姓祖墓　甲山庚向　四运扞

图三十八：

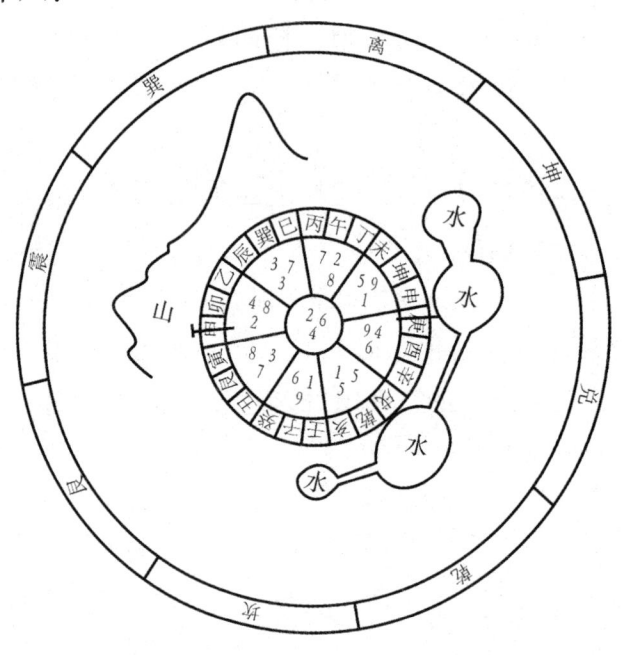

巽方大龙从震艮而去，寅甲方落脉结穴。左右两砂环抱，内堂壬水聚蓄如镜，亥方停贮，戌乾方开洋，辛酉狭细，庚申方又开洋，仍从坤申转至庚酉辛方又开洋，再转至未坤申方出大河，又开洋如镜放光。

章仲山曰："此地齐整极矣！又于开洋处合得天卦旺神，岂有不大发财富乎！有言"内堂壬水主发科甲，则不到百万不止"者，不知功名以坐山定，以城门定。此地富有余而贵次之，科甲之说乃胡猜也。此地水流屈曲归库，又得开洋放光之妙，且水到水，山到山，故主大富。惜乎地运太短，一交六运，向星入中，退财伤丁。至九一两运，又当起色，盖九一两方有水故也。

王则先谨按：是地从寅甲方落脉结穴，所谓"龙行出卦无官贵"，运星廉贞挨乾，若水在戌方停贮，则开元一气，亦犹城门，今停贮在亥，戌乾方开洋，其气未免不纯，又向上飞星之一到乾，暗合生成，亦为城门变格，今乾方之一系山星，而非水神，坐山，城门两无足述，故章仲山以"科甲之说为胡猜"云。

【按】

此地以四运及五运大利财运事业，六、七、八等运则衰退，水里龙神，六白、七赤、八白皆不见水。九运开始，连续四十年大旺。

唐姓祖墓　申山寅向　四运扦

图三十九：

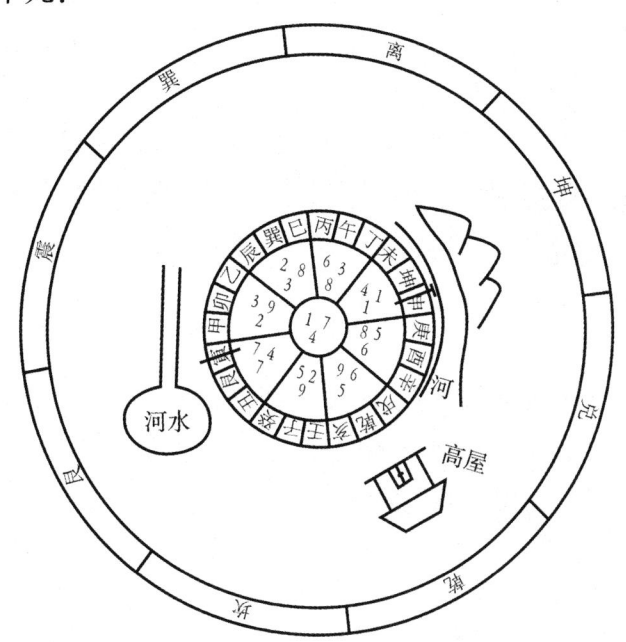

龙从离方来，由坤入首。坤兑方有河，乾方有高屋，艮方有大河水光照面，从震方消去。

章仲山曰："此俗所谓'寅葬卯发'地,六十年财丁两旺之局也。二交下元,主伤少年,兼多血证,财亦大退矣!"主人曰:"所言不谬,但地有三房,公位若何?"章仲山曰:"长房财丁均少,葬时已然,至今不过如是,次小两房大减色矣!"主人问故。章仲山曰:"此理难言,可显见者,西北方有高屋也。"

沈注:寅葬卯发者,旺山旺向,且向上有大河放光照面,故主速发也。

一交七运伤丁退财兼患血证者,因向星入囚,且中宫是七一同宫,七运运星到向,亦是一,向上一盘是七,亦七一同宫,七为少(少房),一为血,向上大水即变为血,故主伤丁退财兼患血证也。长房不发者,因乾方本位是六,飞星到乾亦是六,已犯伏吟,又高屋逼压。故长房不能发也。不败者,何也?因向上旺星是四,山上旺星亦是四,四即巽,巽主长,故长房亦不为败也。

向上所临是七,出水方所临是九,七为少,九为仲,故主次少两房发,七运入囚,故两房败矣!

王则先谨按:四绿旺星到山到向,巽属长,主长房吉。六犯伏吟兼被屋压,乾亦属长,主长房凶,吉凶相抵,故长房不发亦不败,此可悟公位吉凶,当从八国飞星互相加减之理。

【按】

此例七运主少房血证,查原因文中已解释得很详尽,但漏了一点,便是七运的"山里龙神下水",而方位在艮,艮主少房,兑七亦主少房,故为损小房之格局。

冯姓祖墓　未山丑向　四运扦

图四十：

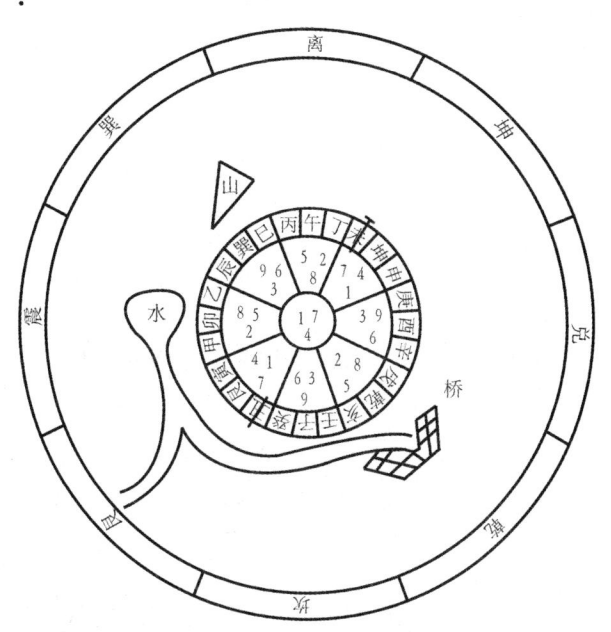

此地乾方有桥，水从桥口来，横过壬子癸，至丑艮寅三叉而出。甲卯乙有大河，亦至丑艮寅方合三叉消出。巽方有一高峰。

章仲山曰："此坟葬后，初年不利。五运大发财丁。六运官讼不休，大败。七运不可救矣。"

沈注：初年不利者，因旺星到后故也。五运大发财丁者，因震方大河，五到震也。六运大败，官讼不休者，因巽方是六，闭塞不通，且官星高耸，故主官祸。至七运人囚，故不可救药矣！

王则先谨按：三般卦，卦气镕贯通，逢凶化吉，福禄永贞，虽犯上山下水并反伏吟，均所不忌。是局形气相背太甚，龙神下水，适在三叉聚消，滂薄开阳之处，故虽合三般，初年亦主不利，若仅系细流映对，无甚碍也。于此可悟用三般卦，而欲求初年顺利者，当以无明水照面之形局为最合，然此三般非经四位起父母之三般，慎勿误解。

【按】

此墓于六运大败有两个原因：

一、巽方为向星六白所到，见山为"水里龙神上山"，主破财。

二、坎方为山星六白所到，见水为"山里龙神下水"，主损丁。

综合以上两点而论，便是变格的"上山下水"了。

施姓祖墓　酉山卯向　四运扦

图四十一：

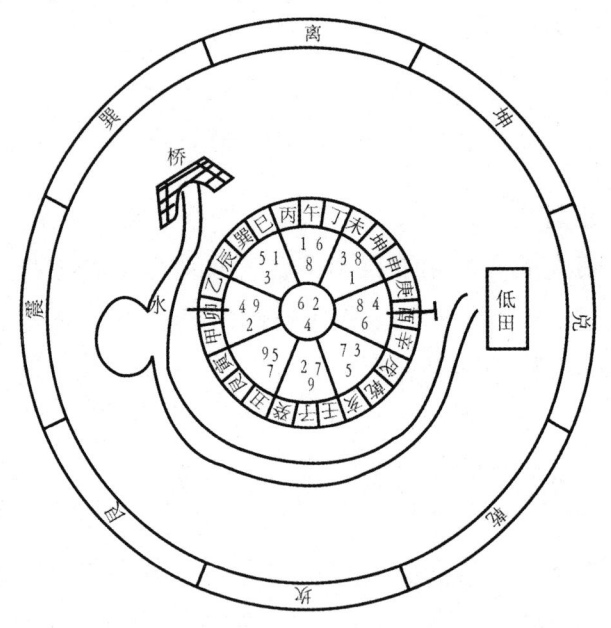

此地坟后低田，兑方远水从兑至乾、坎、艮、震，至巽巳桥下消出，坟前有池。甲卯方有水放光。

章仲山曰："此地山颠水倒，主不吉。因龙为旺龙，又中宫坐山均合十，故发财丁，惟寡妇代不能免，五七运好，六运平，水出巽主发秀"。

沈注：旺龙者，酉山运星是六，地盘是七，名比和，故旺。

向星到后，有低田，远水，又得中宫四六合十，山上四六合十，故葬后大发财丁也。

向上运星是二，中宫亦是二，二坤为寡宿，故代出寡妇三四人。惟此地旁气甚通，发必久远。旺星到艮是五，乾方亦是五，均有水，故五运佳，六运平平者，六到午无水故也。坎方是七，而有水，故七运又佳。

巽方一到，地盘是四，一四同宫，故秀才不断，惜有桥相冲，不然出科甲无疑矣。

王则先谨按：此局本犯水神上山，今坟后为低田远水，则水神仍得其所，此龙空气不空作法也。可见理气之效用端在与形峦相配合。然坟前有池，究犯下水，且阴神丛集于向首，亦为识者所忌。

【按】

从此例者，便知道"水"法的重要性。此宅八方中有六方见水，主有六个运的财源不错，可惜有六个运的"山里龙神下水"，是不利人丁的显示，故此宅后人多为寡妇（多男丁早亡）。

邹状元祖墓　卯山酉向　九运扦

图四十二：

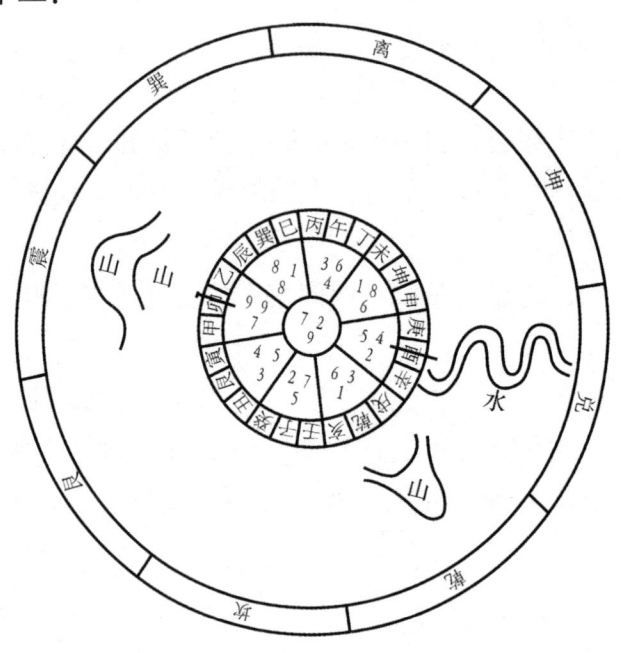

此地卯方高山尖顶落脉，缩细，又耸尖顶，仍落脉生石钳，钳前生土墩，紧靠墩葬，严如圈椅，上降软砂数层，作内襯，乾峰远出十余里，堂气宽大，兑方河水十余里，屈曲来朝。

章仲山曰："独取乾峰发贵，向上之水，坐下之山，形局虽甚美，恐财丁不大旺，此不得时之故也。"

沈注：有此美地，使得运得局，定当大发，惜不得其时！但取乾峰发贵而已。可见单讲峦头者，如不得时，吉地大减力量。乾方一六同宗，又三碧木亦主名，故三运内发鼎甲也。

王则先谨按：秀峰主贵，发在何运，例须从山上飞星断，然有时亦可就向上飞星推也。是局独取乾峰发贵，向星三碧到乾，本主功名，而三运客星四飞乾，与运盘合成四一，实力催贵之征。故交三运，便发鼎甲。或照四运排，虽取向水屈曲来朝，而无奈向星入中，星不得令，向上之水反当作凶煞论矣。

【按】

此宅九运为"双星到向"，旺丁不旺财。

向首见水，向星四绿为衰气，见水作凶论，且酉向的酉为兑卦，于玄空大卦属下元气，宜通不宜见水，现挨星失运兼见水，故作财帛破耗之论。

此地峦头甚美，若宅立"甲山庚向"，想必丁财两旺。因为向方见水，为水里龙神得立，而山星得比和，故丁财两吉。不过，总要向方的水后有山，才能够作此论。

许姓祖墓　丁山癸向　九运扦

图四十三：

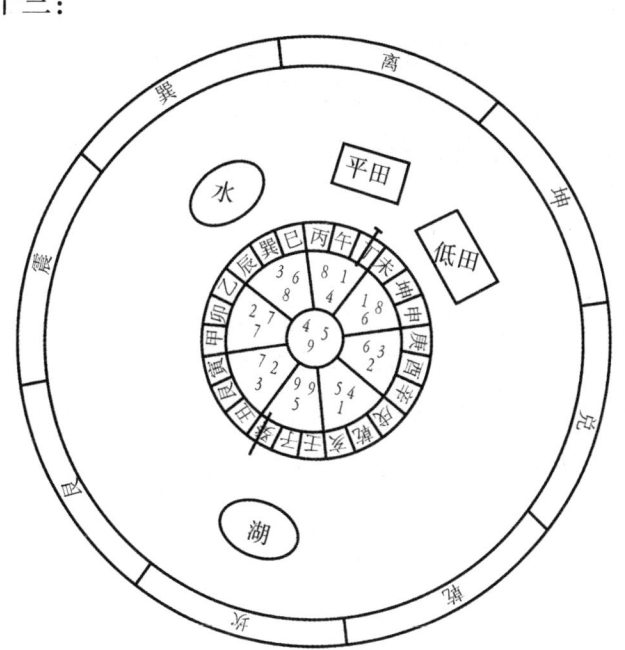

此地平洋午龙入首，左低田，右河滨，前大湖。

章仲山曰：败丁败财，因向上湖水受煞也。

沈注：前邹姓之坟，因旺星不到向，大减力量，此局旺星到向，乃云败丁、败财者，何也？盖九运最难取裁，向上无水，固属不美。向水太旺，火光越盛，亦不宜。况兑方三碧木生火，震方七赤火比和，火会聚助向首，火愈炽矣，此可为但知旺星者戒也。

九紫运，往往双到向，不能到山，太抵山上一盘，取二黑八白龙入首。向上之水，取田源、渠沟、或狭河、小港亦可。一白方不通气，固属不可，一白方水大，亦嫌水克火。总之，不宜见大水为是耳。

王则先谨按：一九两运，无到山到向之局，立向较难，然坎一居上元之首，统领诸卦，临方到向，馨无不宜。而离九处下元之末，本元之气不复可通，一六八（三吉一白六白八白三颗星）中，仅取贪狼一吉，余均衰死，加以火性燥烈，形气之饶减制化，往往顾此失彼，故立向以九运为最难。是墓双星聚向，面临大湖，火过旺矣！龙神下水，水外无山，丁不保矣！且入中弥速，一运便因，凶可知矣！或以谓向上有此大水，当作囚不住论，孰知双星会合于向者，以向上飞星到山之字入中为囚，苟坐后有此大湖，犹可疑为囚不住耳！

【按】

此宅癸向见大湖，水有加强星辰的力量，双九到向，便即是双火星到向，作火星炽烈论。此墓向方若是小湖，湖后有山，就算双九到向，于九运仍作吉论，是丁财两旺之格局也！

钱姓祖墓　丁山癸向　四运扦

图四十四：

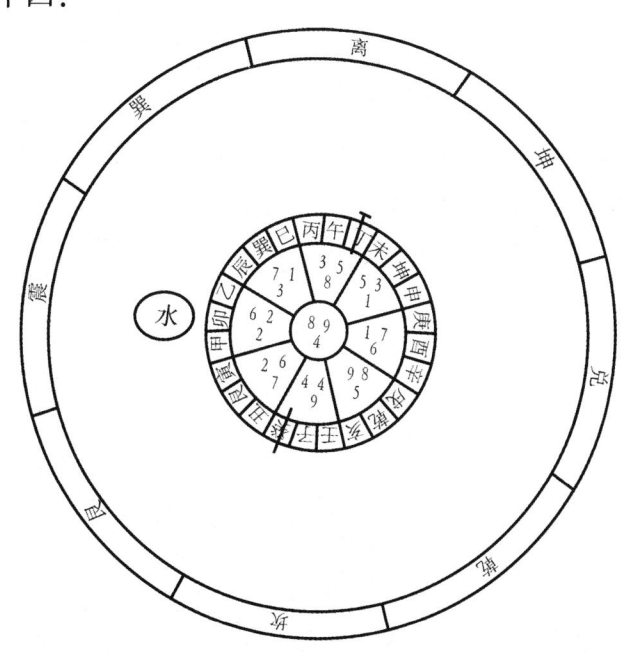

此地甲卯乙方有水放光。

章仲山曰："此坟葬后渐渐起色，至六运出医生，大兴家业，七八运平，九运主败，且家门不洁。"

沈注：葬后起色者，甲卯乙方有水故也，六运出医生起家者，因山上飞星六到震，震方有水，故大发两盘，二黑到震，故主医生发家也。

七八运平者，向上飞星七到兑，八到乾，两宫无水故也。

九运向星入囚，故主败，向上四九为友（四九为阴神），九运运星五黄到向，故主家门不洁。

王则先谨按：山上飞星六到震，交六运竟以医道兴家，此由平洋立穴，四面坦然，八国间独有震水贴身，一卦清纯，权力特胜，足以左右全局故也。又得二六同宫，土金相生之力，玄空秘旨云："富兼陶朱，断是坚金遇土，故兴家业。"此山星断运之活法也。

【按】

此宅六运大利，原因是六运的震方，甲为地元卦，星辰逆飞，旺气见水。

谈姓祖墓　壬山丙向　四运扦

图四十五：

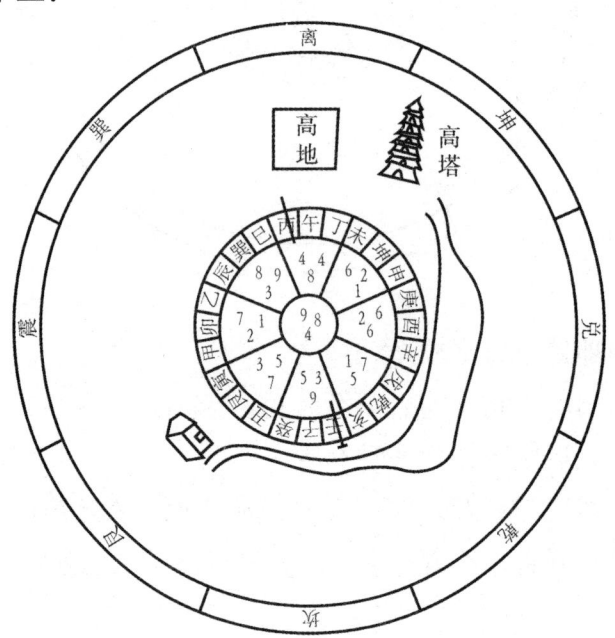

此地未方有塔，坤申小水，兑乾略大而聚，至坎、至艮而消。离方有高地，艮方有屋。

章仲山曰："此地四房齐发，无一偏枯，惟长房丁气稍薄。"

主人曰："丁气不薄，特多损少年。"

沈注：四房齐发者："孟、仲、叔、季"卦理各得也。惟未方之塔，山上飞星是六到，六为乾，属长；艮方之屋，山上飞星是三到，三为震，亦属长，（山上飞星四到向，曰'下水'，四为巽，亦属长）故应长房长子的家族。

损少年者，艮方地盘是七，七为少女，有屋故损少年也！

王则先谨按：四房齐发者，水里排龙挨得七六五四之水，故云"孟、仲、叔、季"卦理各得也。

【按】

此宅房房皆发者，上、中、下元的水里星辰皆见水，故发财。至于不利长房及少年的原因，文中有详尽解释。

郑姓祖墓　乙山辛向　四运扦

图四十六：

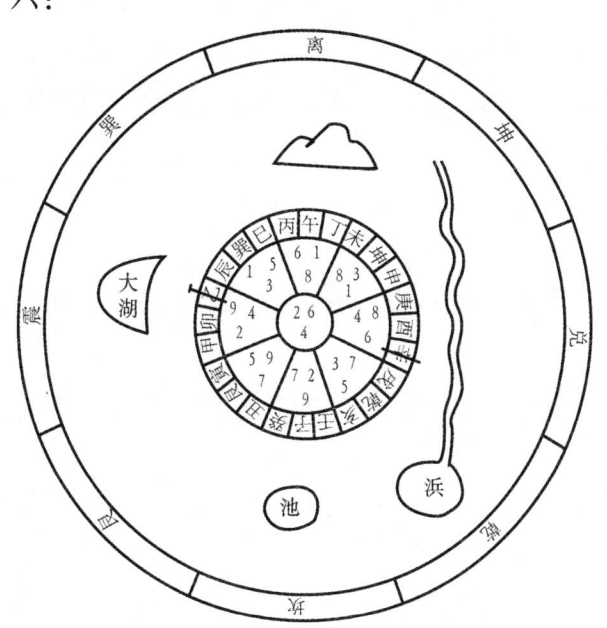

此地卯方大墩，乾方芦荡。水从兑坤屈曲而消，亥方有浜，坎

坎方有池，离方有远山。

　　章仲山曰："此坟葬后损丁出寡，交五运财气大利，六白即退，现行兑运，丁口可虞。"主人曰："甲子、乙丑连伤三男二女。"章仲山曰："以后还恐有损，当于乾方栽竹掩之。"

　　沈注：此局以四人中，六到向，向不得时，作衰向论。

　　二上山，主出寡，四人中，主损丁。惟乾方之芦荡水有五到，故一交五运，财气大利，所谓"他处有水光切近者，较向尤重也。"

　　一交六白即败者，六金克巽木，再以客星八到向，安得不退财。行兑运，乾方之五已久者为死，是以损丁。

　　甲子太岁七入中，乙丑太岁六入中，克中宫巽木，伤三男二女宜矣。章仲山云："栽竹者，盖欲蔽七五之煞气也！"

　　王则先谨按：交五运，财气大利，系从天盘断运。缘廉贞饶有戊己运化之力故也。六运入囚，既克中宫巽木，又犯全盘伏吟。

　　行兑运，乾方本属旺水，无奈地运既终，衰气来袭，有三七五凶星同聚一宫，化旺为煞。

　　宜乎甲子、乙丑、七、六入中，连伤数丁，且坎方有池，七运丁星下水亦可显见。

【按】

　　甲子年七入中，三到坎，与山向两星合成斗牛煞、交剑煞，故凶至损丁。

　　乙丑年六入中，二到坎，与水里龙神成伏吟，而二为病符，亦主伤病。

青城桥徐姓墓　乙山辛向　四运扦

图四十七：

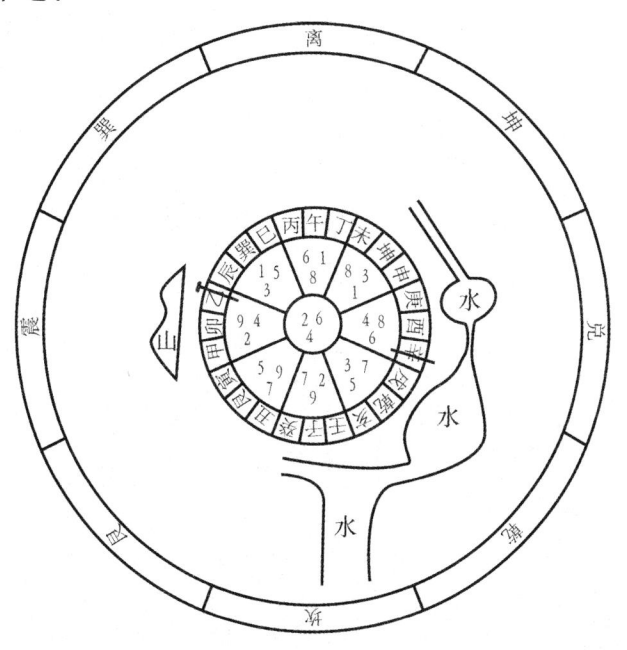

此地辰山转甲入首，巽巳界水。兑方内明堂有水，戌乾亥大水，子癸大河直长冲腰，外堂兑乾两方大水。

章仲山曰："此坟扦后财丁两少，且长房多出孤寡，悉验。"

沈注：此局犯上山下水，自然少丁财，巽气失令，长房自然多孤寡。别处赝本（伪做的作品），有作五运排者，如果五运到山到向，财旺而丁亦旺。何谬云："山临五黄主丁少"也！

且坎方直河冲腰，四运中是二坤，为寡宿，亦为长房。四运木克土，尤为确当。或云："世世不断寡妇，有补救法否？"曰："乙山辛向，三、五、七运当旺，一交旺运可于原向建碑，自然丁财两旺，且免孤寡之患矣。"此本为嘉庆十八年，章仲山所手定，固真本也。

王则先谨按："山管人丁水管财"，源为玄空秘断唯一简诀，同一地也，同一向也，在四运犯上山下水，五运则到山到向，"珠宝"、"火坑"，因运变易，则随时而在之阴阳尚已。

【按】

　　所谓"珠宝、火坑"，是说线位的吉利。
　　珠宝线——山向两星逆飞，线位成旺星到山到向之局。
　　火坑线——山向两星顺飞，线位成为山里龙神下水，水里龙神上山，线位成为上山下水之局。

黄姓祖墓　癸山丁向　四运扦

图四十八：

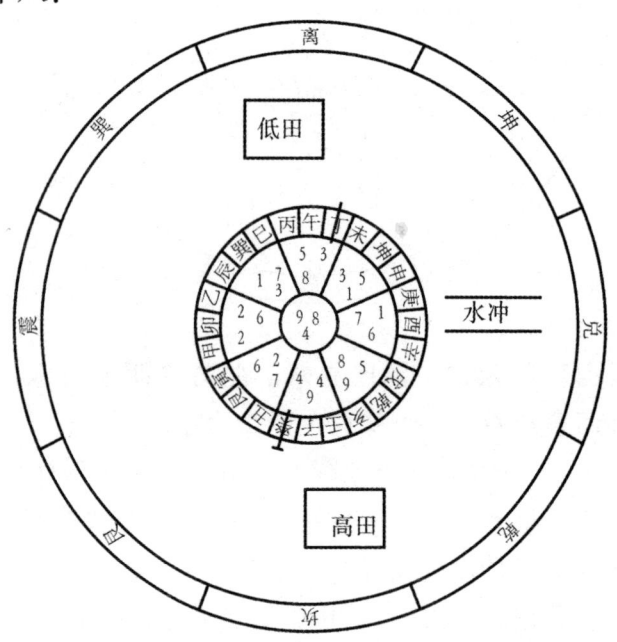

此地坎方高田落脉，面前低田，兑方有直水来。

章仲山曰："扦后十余年，财丁不利，长房尤甚，且犯血证，一交七运，有服毒身死之人。"

沈注：此局四绿上山，长房不利。

兑方七一同到，直水冲腰，血证不免，且兑方运星六白，水上一白，山上七赤，七运九到兑，并将山上四绿带来，水生火，火克金。金为石，即服砒霜之类。

书云："我克彼，而竟遭其辱，因财帛以伤身。"四九（四绿木生九紫火）克六金，是以服毒身死也！

王则先谨按：秘旨云："相形生而有相凌之害，后天之金水交并。"是墓兑方六七一同宫，而实际峦又犯直水冲腰之忌，形气恶化，已如机张审刮，一遇客星凌铄，自有服毒身死之应。

赵姓祖墓　壬山丙向　四运扦

图四十九：

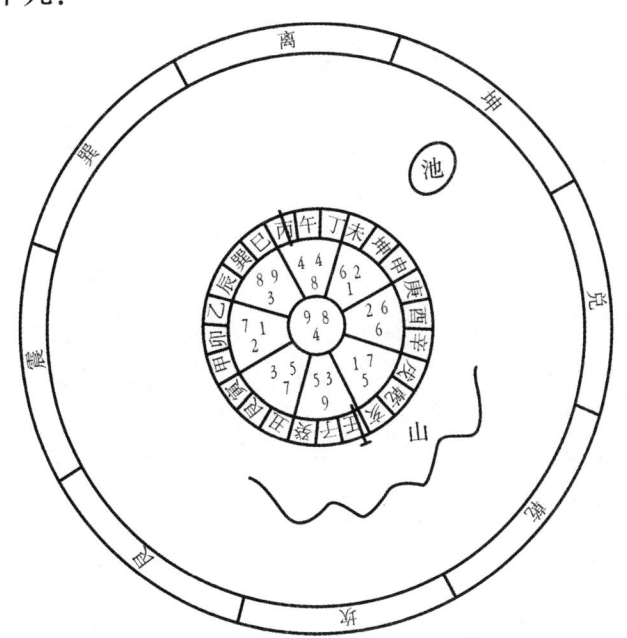

此地龙从乾转坎入首，左右两砂环抱有情，龙气穴前不见水，惟坤上有池，圆亮放光。

章仲山曰："扦后出老寡妇，交八运应有书腐小儿。"

沈注：此坟向上无明水，虽有旺星，不过平平，况坤有有池，天卦二克地卦一，坤为寡宿，为老母，故出老寡也。

八运运星人中，本不利，四为文曲，八为少男，以文曲木克八白。

王则先谨按：是墓八国独坤方有水放光，故推断以坤方着眼，取其特也，然坤方天盘上下交克，故主老寡之应。不然，二六相生，名为"坚金遇土"。坤水一卦清纯，当以富断，明此可悟，论衰旺生克，当冶飞星运盘于一炉，而尤当着眼于特也。

【按】

此宅坤方见水作衰水论。二运财运必甚差。又沈注一则，说文曲木克八白土，出书腐小儿，意指八运运星排入中宫，而局中中宫运星四绿克八白星，八主少男，故问题应于少男。

蔡姓祖墓　庚山甲向　五运扦

图五十：

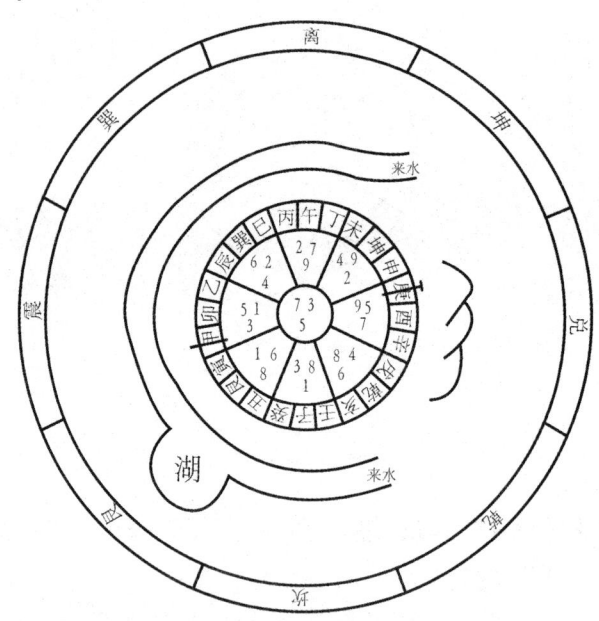

此地戌乾来龙，转庚入首。未、午、巽、卯四方皆有水，消于艮方五里湖而出，坎方亦有水，亦消于五里湖。

章仲山曰："此一白龙配六白水，财贵两全之地，然初扦不利，退财损丁。交六运，则渐旺。"主人曰："财丁不知其详，惟蔡培于戊辰、己巳连捷，发贵无疑矣！"

沈注：此地上山下水，如何云："财贵两全。"盖独取五里湖为城门。（运盘挨星八到艮，人中逆飞，五到艮，是为城门一吉。）艮方山上飞星是一到，为一白龙。向上飞星是六到，为六白水，所以主财贵也。

七运客星七人中，一到艮，戊辰年年星三碧人中，四到乾，六到艮，一到向，是一白重逢一白，六白重逢六白，己巳年，太岁二人中，四到山，一到巽，九到向，故主连捷也！（按山向为四九为友，巽方为四一同宫。）

前墓六运附葬　明图于后

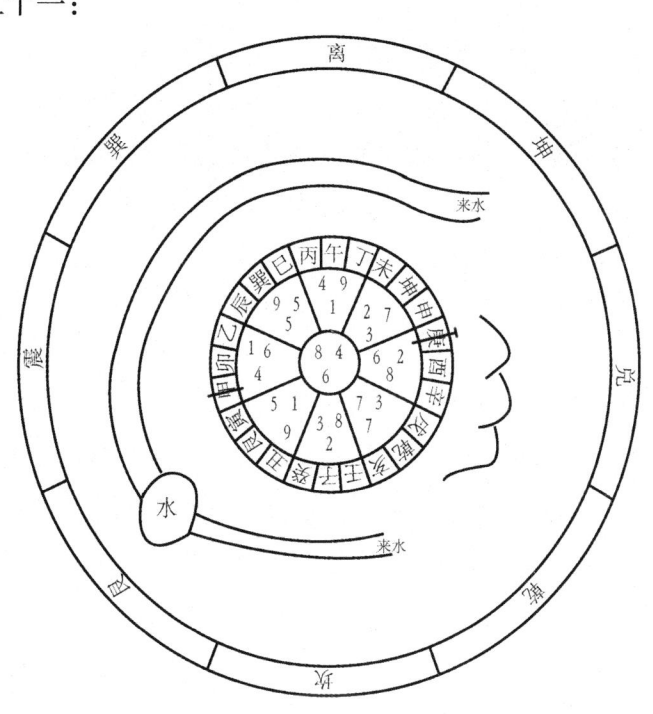

图五十一：

此宅是上一例的延续，前例一墓立于失运之时，今例一墓立于当运之时，正是合"珠宝线"。这等线位最喜背山面水，这例便是如此。

　　玄空飞星的珠宝线，便是"旺山旺向"。旺山旺向又称到山到向。

　　章仲山曰："六运附葬后大发财丁，兼出科甲。"

　　沈注：葬后大发财丁者，所谓旺山旺向也。六白龙配一白水者，因龙从戌乾来，戌乾乃地盘之六，坐山乃旺星之六，皆为六白龙。

　　五里湖放光是一，即为一白水，故云"六白龙配一白水，主科甲也。"行兑运一白挨到五里湖，奎星加于水口，戊辰、己巳连捷者，戊辰年，年星三人中，四到乾，太岁加于来龙，六到艮，一到震，奎星加于向上，艮震两方会成一六同宫；八月，月白（紫白飞星）七人中，一到艮，为湖，是奎星又加于水口，故中。所中之人必壬戌或甲午命，因龙从戌乾来，戌为犬，乾为马也。

　　己巳年，坐太岁是四，吊照中宫之四，年星二人中，四到山，所谓太岁临山，三月，月白九人中，一到乾，奎星又加于来龙，故连捷也。

　　王则先谨按：是地龙真穴的，艮方湖水圆亮，以星气论，四运扦卜为一白龙配六白水，六运附葬，为六白龙配一白水，均主财贵无疑，不过，初扦犯上山下水，定主不利，附葬合到山到向，自然一帆风顺而已。

【按】

　　此宅是上一例的延续，前例一墓立于失运之时，今例一墓立于当运之时，正是合"珠宝线"。这等线位最喜背山面水，这例便是如此。

　　玄空飞星的珠宝线，便是"旺山旺向"。旺山旺向又称到山到向。

某姓墓　乙山辛向　五运扦

图五十二：

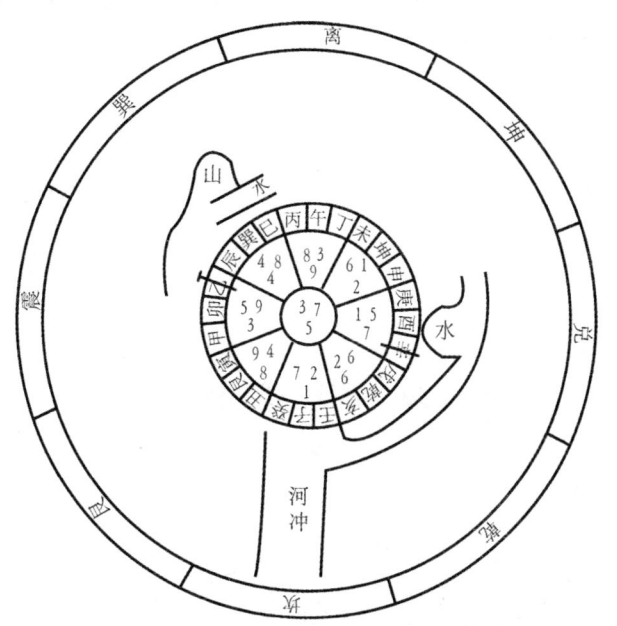

巽龙转甲入首，巽巳方界水，兑位有内堂水，子癸方有大河冲腰，戌乾大水，外堂乾兑两宫大水。

章仲山曰："此坟葬后，财气渐旺，因乾兑两宫有水，山临五黄，主丁少，且坎方有河冲腰，主出寡妇，坤为母故也。"主人曰："寡妇世世不绝。"

沈注：此局葬后财渐旺者，得向上旺星，又有大水，故主财也。

山上旺星是五，本主多丁，今云丁少者，因山上运盘是三，旺星是五，木克土也。中宫亦犯此病，故主丁少。

坎方直河冲腰，坎上是一为中男，向星飞到是二，土克水也，二为坤，为寡宿，犯直河冲动，定出寡妇。若无直河，虽二一同宫，无此害也。然此地一交七运，向星入中，必主败矣！

五运少丁者，除了山星五黄被克外，坎方被大河直冲，坎方星辰为一、二、七，一与二逢，正是欠水被土克，坎水为中男。

王则先谨按：山临五黄，主丁少一语，余运则然，若五运无此乘时得令之星到山，则转主丁衰祚薄，盖此五乃五运之五，非五黄之五，亟须辨清，不可拘执也！

【按】

此例于五运少丁者，除了山星五黄被克外，坎方被大河直冲，坎方星辰为一、二、七，一与二逢，正是坎水被土克，坎水为中男，则主损丁。

徐姓祖墓　卯山酉向　五运扦

图五十三：

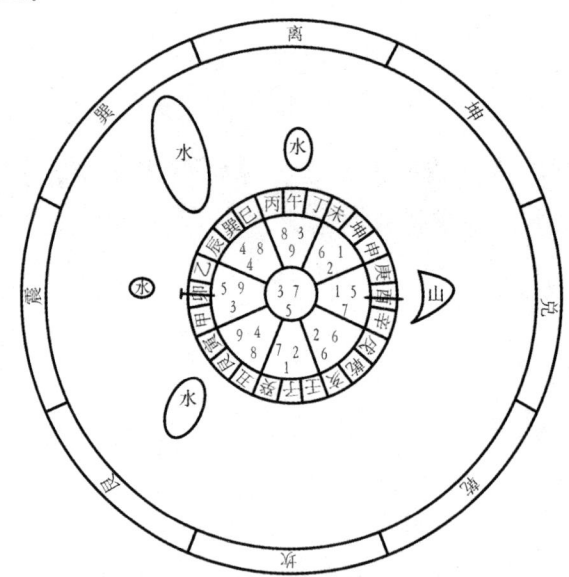

此地离方有水，巽方水特大，艮方又有大水，卯方有小池，兑方有山高而逼。

章仲山曰："此地扦后，大主淫乱。"主人曰："先生须看得真。"章仲山曰："非此无可断。"主人默然。

沈注：此局葬后主淫乱者，因兑方有山高而逼，旺气不通，五为九离也，离为中女，主妇人掌权，乾为王，为夫，六到乾位，已犯伏吟。故家主不管闲事。

主淫乱者，卯方池水是五九，艮方大水是四九，书云："阴人（人字应是神字才对）满地成群，红粉场中快乐。"巽为长女，离为中女，均生欲火，故主淫乱也！

王则先谨按：是局可为但知旺山旺向，而不谙形峦者戒。经有之曰："阴阳相见两为难，一山一水何足言。"玄空大卦山上排龙要当元得令之星，排到实地高山，水里排龙要当元得令之星，排到三叉水口。形气两合，方为阴阳相见。若排山而偏值水，排水而却遇山，形气两背，是为阴阳相乘，虽系旺山旺向，仍犯上山下水，其颠倒错乱不问可知矣！

【按】

此宅五运大凶，查原因如下：

一、线位虽是旺山旺向，但局为"坐水朝山"，这为旺山旺向所大忌，主破财损丁。

二、离、艮两方见水为上元水，时值中元，上元水作衰死之水看。

三、震、巽两方见水为下元水，非到七运，不能发福。

伊姓祖墓　癸山丁向　五运扦

图五十四：

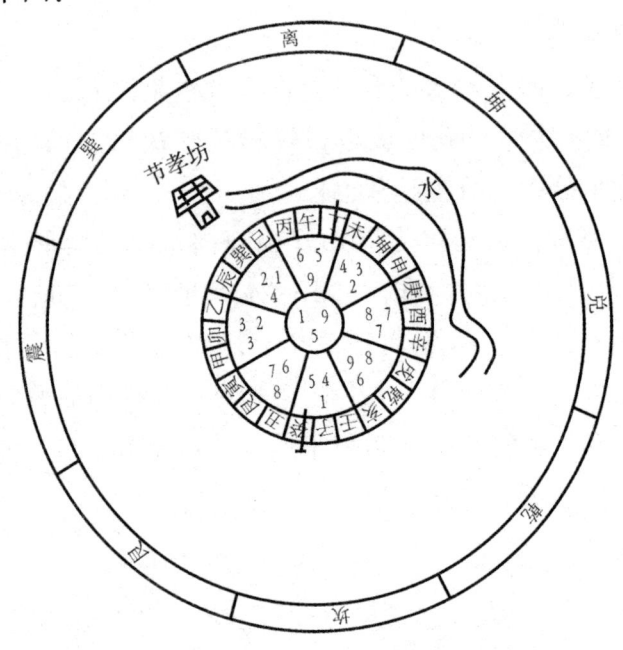

此地巽方溪水来，从离横过，至庚酉辛屈曲消出，巽方有节孝坊。

章仲山曰："此地葬后，大发财丁，惟无读书人，六运平，七运又大发，然多口舌官讼。"

沈注：大发财丁者，因旺星到山到向，向上又有水故也。

巽方本一四同宫又有节孝坊高起，主发科名，因地卦二克天卦一，故不出读书人。

六运平平，艮方无水故也。

七运大发，因水屈曲出兑方也，七运多官讼者，七为兑，为口舌，又运盘到巽是六，六为官事，巽方节孝坊高起故也。

此坟东首有穴相连，山向局运均同葬，后亦大发，惟哑二女一子，因伊姓坟塞于兑方，兑为口，为少女，故主二女哑。一子哑者，八到兑，八为艮，为少男，故一子哑。此"毫厘千里落空亡"之谓也！

【按】

此地巽方本一四同宫（四为地盘），惜见地卦（山星）克天卦（向星），故主不出读书人，若果于这方建筑圆形建筑物，以金泄土气生水，文人必出矣！

华姓祖墓　癸山丁向　五运扞

图五十五：

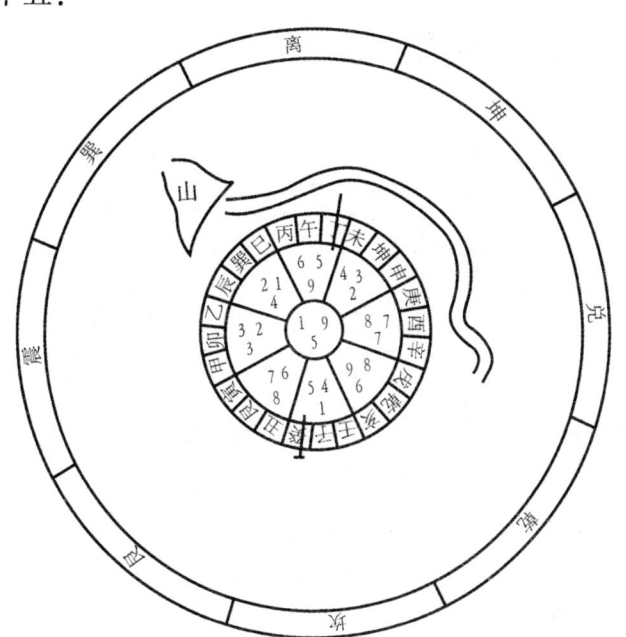

此地巽方来水，至兑方屈曲而去，又巽方水外有尖秀之峰。
章仲山曰："此局葬后大发财丁科甲，七运大发刑名官。"
沈注：发财丁者，旺星到山到向，向上又有水也。

主科甲者，巽方四一同宫，又得水外尖峰之妙，虽二黑同到，不能害也。书云："一四同宫，准发科名之显。"

六运平平，因艮方飞星是六，艮方无水故也。

七运大发刑名官，位至三品，因双七临于兑，而水又屈曲而去，此即配水法耳！

【按】

此宅一四同宫在巽方，主发科名，而观三十五例，巽方一四同宫，却不发科名，为何会有如斯差别？

原来本例巽方见尖秀的山峰，文昌星（四绿）见尖秀山峰，此山便名文笔，主利文章出名。

某姓祖墓　癸山丁向　五运扦

图五十六：

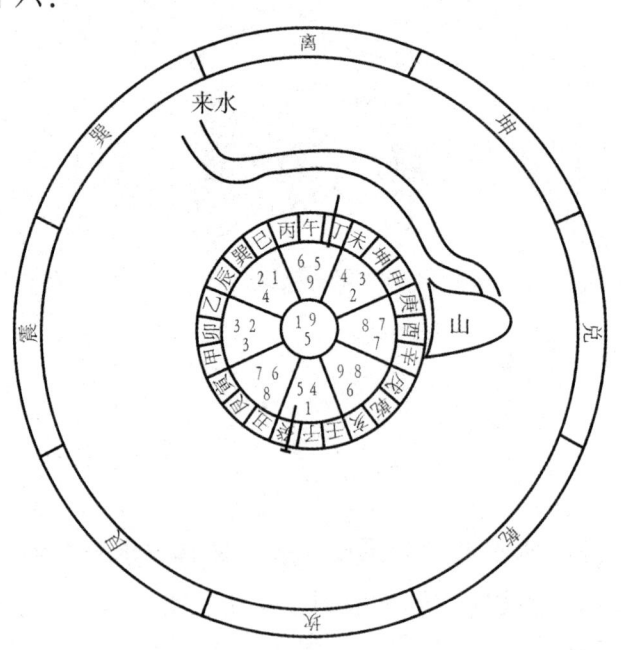

此地水从巽方来至兑方消出，兑方有尖峰。

章仲山曰："此坟葬后，主发财丁，惟两女、一女皆哑。"

沈注：两女一子哑者，因兑方有尖峰，兑为口舌，双七临兑，兑为少女，故主二女哑也；一子哑者，因八到兑，艮为少男，故主一子哑也，发财丁者，旺山旺向，向上有水故也。

王则先谨按：以上同运癸丁数局，兑方塞者均哑，有水者均利，可见伏吟以通塞为宜忌，理气仗形峦为印象，明此，则八国间犯伏吟者，得知所取裁矣！

且巽方同为一四同宫，与水土相克，伊姓以节孝坊高起之故，竟不出读书之人，而华姓得水外尖秀之峰，则准发科名，位至三品，相去奚止径庭。于此，更可见形峦秀美，足以左右五行，调剂生克，八国星辰，不过司招摄之化机而已。

【按】

此宅五黄仍旺财，此运一过，踏入六运，财源大败，因为巽、离、坤方见水，为衰死之水得力，而兑方有山而水消出，吉水力号已甚弱了。

周姓祖墓　壬山丙向　五运扞

图五十七：

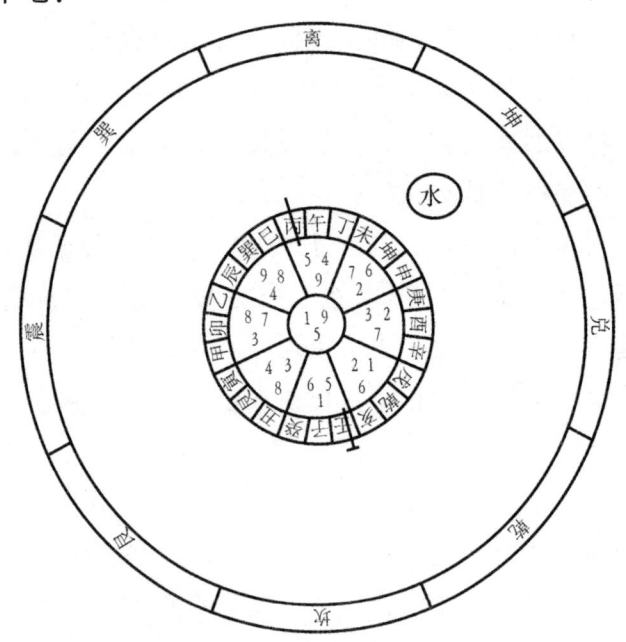

此地坤方有水放光。

章仲山曰："此地初葬不利，交六运山水俱得旺星，大发丁财。"

八运长房败。

沈注：初葬不利者，上山下水故也。

交六运，丁财两旺者，以坤方有水放光，坤方是六，山上飞星又是六，故主六运旺也。

一交八运，长房不添丁，财亦败矣！尔时，长房尚有一子，至道光七年（丁亥）二黑人中，六白太岁到向，金克木，故长房之子出痘而亡。

王则先谨按：交八运，坤方之六去已久者，为死。六属长，故主长房不添丁，而败财。且八运五黄飞坤，犯火克金，亦属不利。

【按】

王王则先指此宅八运，五黄飞坤，犯火克金，乾六为金，为长房，故不利长房，其中所指的五黄飞坤，是从八运的星盘看，看图便明白。

余姚徐姓祖墓　　丑山未向　　五运扞

图五十八：

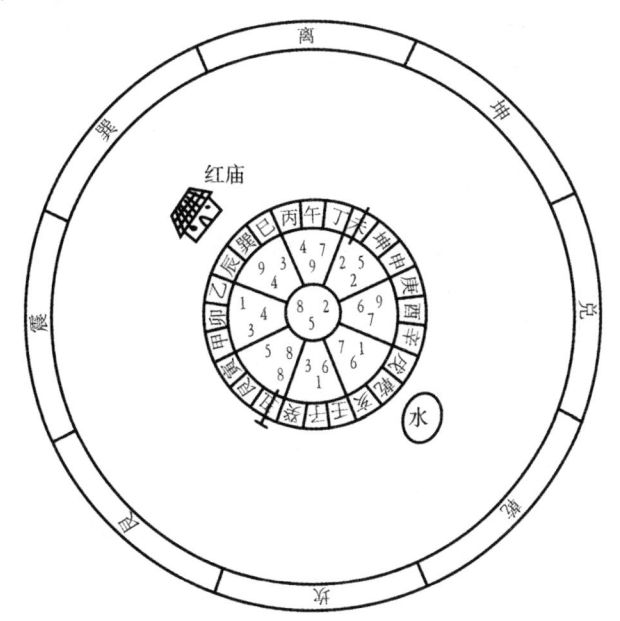

此地乾方有水，巽方有一红庙。

钱蕴岩曰："此坟葬后，富贵两发。六运中乡榜五人，出一神童，年十五，中进士。十九岁吐血死亡。现六八运，长房淫乱。今布斗名已无，财气甚大。"

沈注：此局大发财丁者，旺山旺向，且中宫是五，向上是五，山上义是五，山向合十，与中宫亦合十故也。

发科甲者，乾方开宕之水一六同宫，巽方又四九为友也。中五人者，山上旺星是五故也。吐血而亡者，红庙高耸也。

八运无功名者，八白上山，艮方无一四也；八运长房淫乱者，巽为木为长女，故应长房，巽九有九，九为欲火，且有三为长男，为贼星，以欲火之女与贼星之男同居，能免无淫乱耶。

财气旺者，合十，合十五故也。

王则先谨按：六运中乡榜者，以天盘断也，因八国无水，独乾宫有一卦纯清之水放光，故应在六运，又向上飞星之一亦到乾。一六共宗乃"趋车朝阙"之义，为催官水，故主发贵。八运长房淫乱者，巽方四九为友，交八运兑七飞巽，阴神成群，加以红庙高耸，阴神得力，焉得不主淫乱，或且有人面桃花之应。

【按】

经云："神前庙后，为孤煞之地。"这坟近有红庙，已属不吉利。且其对理气的影响亦颇大，从此例观之，便会明白。

陈余六祖墓　乙山辛向　六运扦

图五十九：

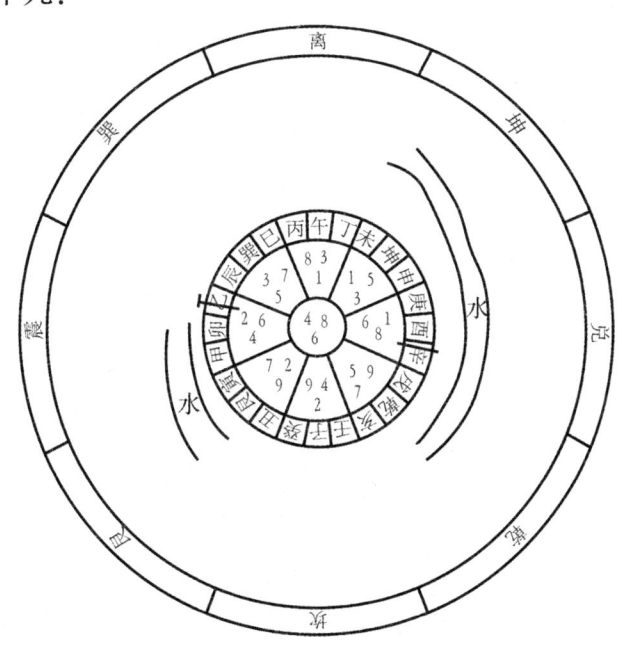

戌乾亥有浜水，至庚酉辛阔大，坤申消出，艮方另插一浜，直射穴后。

章仲山曰："此等山向，凶多吉少。"主人曰："葬后，六百余亩田一败如灰，寡居五六人。"章仲山曰："上山下水，其祸安得不如此。"

沈注：此局艮方一浜射入，到艮之星是二七，二为寡宿，七为少女，且山上六白为男，男已落水，故主伤男出寡也。来水，去水并克向首，盖向上是一，来水是九，为水克火。向上是一，去水是五，五为廉贞，作火论，亦水克火。飞星又上山下水，故葬后一败如灰也。然此地必无气，如有气之地，虽财丁两败而功名可许，因乾兑两方有水，一为魁星，九为文明，虽克无碍也。

【按】

　　这宅为"上山下水"之格，主破财损丁。但可以出文人，全因乾、兑两方的星辰与水配合。

　　由此文观，便知旺财旺丁与出文人在风水上是两回事。

郑姓祖墓　癸山丁向　六运扦

图六十：

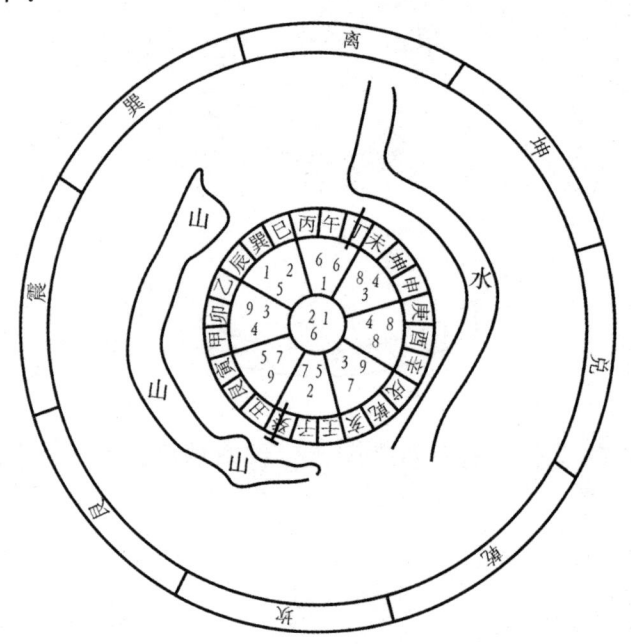

　　此地由癸丑艮高山出脉，乾上涧水声响，从兑坤流至离方，艮方拖出一条山岗，卯方低，至巽方高起。

　　章仲山曰："此地初葬时有旺星照穴，离方有水，尚属平顺。一交下元甲子，损丁作贼，且犯血证。盖损丁者，廉贞并临，作贼者，破军失陷故也。"

　　沈注：此局初葬顺利者，旺星到向，午方有水也。七赤气不通，又有拖出一条穿砂，故交下元甲子主作贼，坐山上亦是七到，作贼者，定是少男。坐山上二五交加，又五七同宫，乾上七九同宫，七为口，离火色红，故主吐血。况火克金乎。然此地交八九两运，应顺利。因乾兑两宫有水也。但盗祸终不能免，因艮方有穿砂，形不美故也。

沈注：七赤气不通，是指艮方"向盘"见山，是为"水里龙神上山"的格局。

王则先谨按：穿砂与探头同作贼论，失元主本家应运而出贼，得令亦虑盗贼之觊觎，正不必破军失陷，三碧、五黄亦所同忌，观此则峦美恶当知所慎矣。"二五迭临"于坎巽，损丁之征。乾方七九同宫，名曰："火照泽天"，故兼患血证也！

【按】

文中沈注七赤气不通，是指艮方"向盘"见山，是为"水里龙神上山"的格局。

而八、九运虽有运，但盗祸不免，这是峦头方面犯"穿砂"所引至。

周姓祖墓　壬丙兼亥巳　六运扦

图六十一：

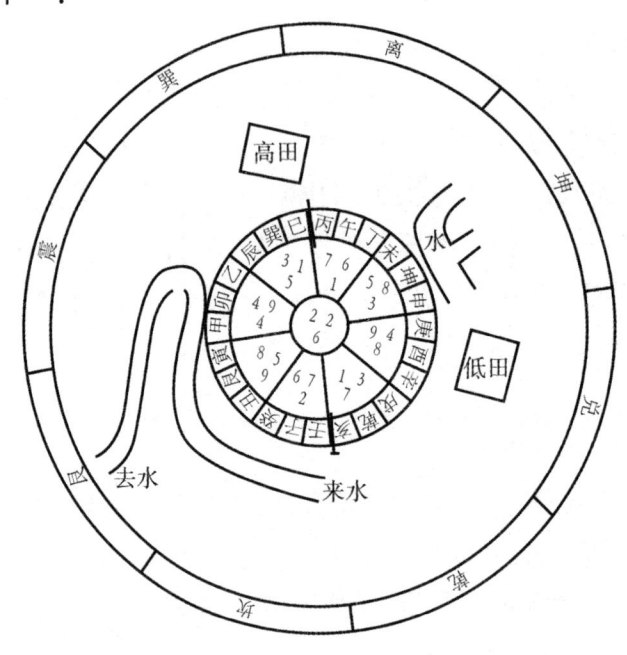

龙从坎方低山穿田至河口，兑方有低田界清脉气，坤方有支水来堂，未方亦有一支水暗来不见，穴前只见辰巽巳三位高田，不见水光，坎方有河开宕，由震消艮。

章仲山曰："此地惜前朝远而不秀，巽方水未能圆亮放光，否则为状元地也，今状元峰不秀，特贪狼方又无水，富而已矣，恐小功名亦难得。"其言悉符。

沈注：此局壬丙兼亥巳用坤壬乙法（言向上飞星为一，一即壬，壬挨巨门，不用一而用二人中，替卦法也！）向上得一六八，山上亦得一六八，故章仲山许为状元地也。

然巽方一白是高田而无水，状元峰即朝山，远而不秀，故言小功名亦无有，仅得富而已。若朝山一秀，巽方有水放光，此即六白秀峰，配一白水，有不中状元者哉？

王则先谨按：一六八（三白）（三白指一白星、六白星、八白星）到山到向，惟替卦六运中得壬丙、丙壬两局，当目为挨星中之珠宝，苟形止气蓄，得自然之阴阳，大发丁财贵秀复奚疑？

胡姓祖墓　午山子向　六运扦

图六十二：

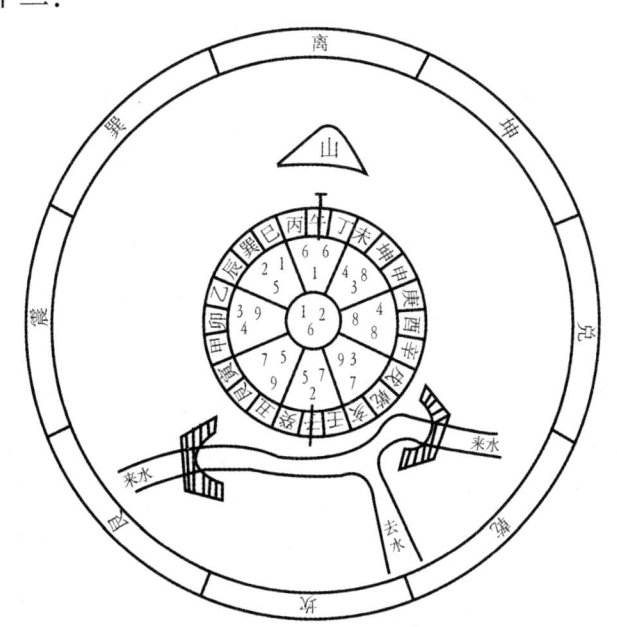

离方有高山，乾方有石桥，艮方亦有石桥。乾方来水，艮方来水，至亥方消去。

章仲山曰："此局葬后伤丁，祖业败尽。"

沈注：此局旺星到高山，乾方来水，石桥是三七九，向上是二五七，艮方石桥是五七九，虽山上旺星到山，不旺人丁而反损丁，何也？因乾、艮、坎三方大凶故也，此可参山旺人丁之活法。

王则先谨按：此《玄机赋》所谓"众凶克主，独力难支"也。乾、坎、艮三方，凶星棋布，左右石桥冲起衰宫，祸机潜伏，葬时星不当旺，未能慑服诸凶，且犯上山，宜乎丁财两耗，不可救药也。

【按】

此例将见水的方位来作比较，乾方及艮方为衰死之水得力。坎方水为生气吉水。

离方见山为水里龙神上山，凶论。

以上各点作出比较，正如王则先所指："众凶克主，独力难支。"

陈姓祖墓　庚山甲向　六运扦

图六十三：

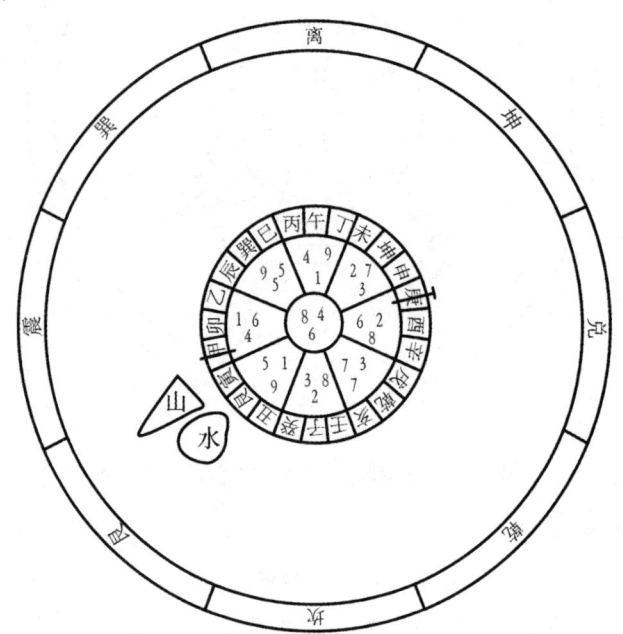

章仲山曰："此局寅峰独高，艮宫见水，读书之声三元不绝。（按此局旺山旺向，向首一四同宫，全宫合十故也。）现行八运少丁少财，且主出贼。"

沈注：寅峰高起探头，在阴位，本家应出一贼，其应在二房，以坎为中男，离为中女也。（按八运挨星二到寅，亦阴位也。）

【按】

此局艮方最凶，因为见"探头山"。近见探头山主出贼，而一白星亦主贼，故知此坟出贼。

八运，二黑星排到艮方，为二五交加局，为风水之所忌。

孙姓祖墓　癸山丁向　六运扦

图六十四：

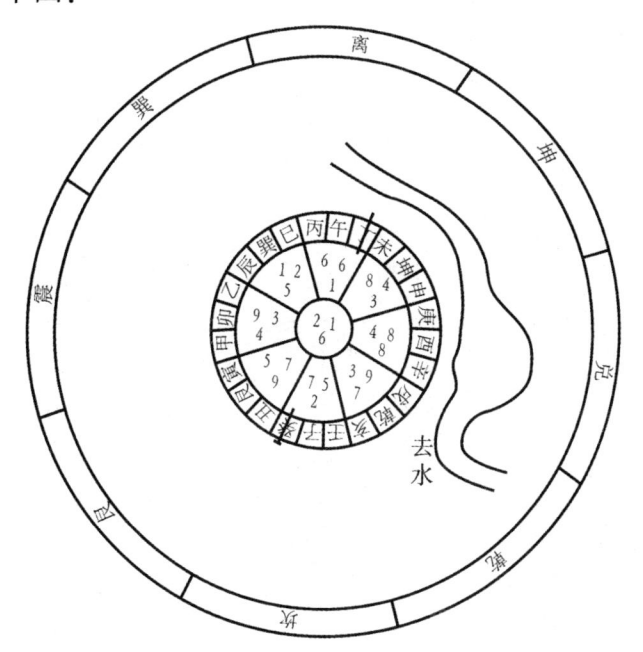

此地午方有坝水响，从未坤申转庚酉辛阔大，至辛戌方消去。

章仲山曰："葬后财丁大旺，惟子孙多头眩病。七运平，八运财更旺。"

沈注：葬后旺丁财者，因双六到向，向上有逆水故也。山之令星到向上，为下水，然双六为比和，故丁亦旺也。子孙多头眩病者，因向上旺星是六，六为乾、为首，坝水响动，故主头眩。且山上龙神下水，亦主外证也。坤上之水是四木，兑方大水是八四，六金克四木，我克者为财，又土生金，故大旺财也。七运平平，艮方无水故也。八运财更大者，兑方有大水也。

王则先谨按：水里龙神上山，逢年月星辰挨来克泄，亦主外证；如乾首、坤腹、震足、巽胆、离目、坎肾、艮手、兑口之类。缘上山下水，星辰原已失所故，凡形峙气流声响之属，易于招摄耳。

金姓祖墓　巽山乾向　六运扦

图六十五：

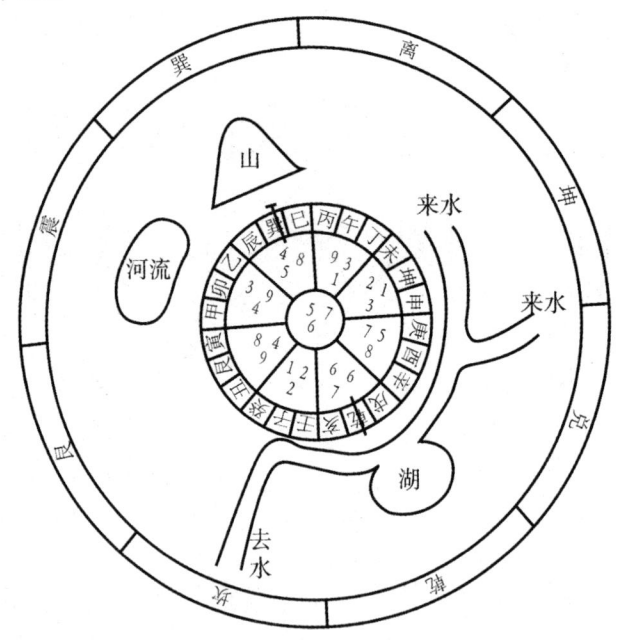

此地来龙由巽入穴，向上湖水如镜，坤方有水，兑方有远水来合，出于坎，震方有河浜。

章仲山曰："此坟主发丁财，兼有秀。只坤上之水，天卦受克，主损男丁。"主人问："何房承当？"章仲山曰："房房沾着，盖由挨星地卦二克天卦一故也！

沈注：此为财丁秀之局，向得旺向，财也。向上亦添丁，故主财丁，六白为官星，故主秀。

兑方远水来，兑是五，有水来，地之力反悠久。即七赤运亦不忌其人中矣！

坤方地卦是二，天卦是一，谓之下克上，水被土制，此方又有水，故主损丁，况坎方亦是一二，巽四上山，安得不房房沾着乎。（按山上飞星六到向，曰下水，主伤丁，双六到乾向，犯反伏吟，巽四上山，亦犯反伏吟故也。）

王则先谨按：六运巽乾系八运人囚，向上湖水如镜，故主悠久，即无兑方来水之五化解，亦囚不住。双六临乾，本犯"伏吟"，今乾方为湖，其气已空，虽犯无妨。第全盘"伏吟"中，巽四上山，坤、坎两宫，水被土克，不免房房损丁耳。

【按】

章仲山曰此墓"地卦二克天卦一"，所谓地卦，便是山星，亦即山里龙神；所谓天卦，便是向星，亦即水里龙神。

王则先所指的"入囚"，是宅运已到了衰弱之运，他指出宅不会入囚的情况有二个：

一、向上见秀水，主宅运悠久。

二、水里龙神五黄方见水，亦主宅运悠久。

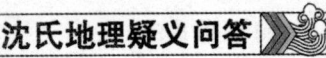

徐姓祖墓　癸山丁向　六运附葬

图六十六：

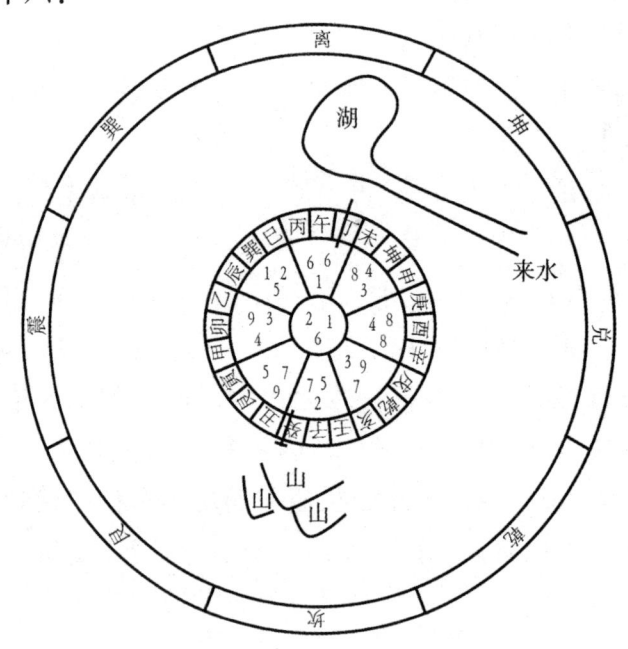

此地坎龙三台落脉，未坤方有水流入离方，离方有湖，穴前不见湖面，其湖收小如镜。

章仲山曰："此坟四运葬后，大败财源，六运用原向附葬，发科甲。四运葬而败者，不得其时，吉地亦凶，由退神管向也。六运葬而发者，由进神管向也。（按四运运星八到向，三木克八土，故为退神；六运运星一到向，六金生一水，故为进神。）

沈注：四运中立此向，虽形峦甚美，而水里龙神上山，故大败财源。六运附葬，旺星到向，向上之湖又得一六同宫，天玉云："紫微同八武"，《秘旨》云："驱车朝北阙，时闻丹诏频来"，所以发科甲也！（按紫微为亥六，八武为壬一，即一六同宫也；山上飞星六到向，为下水，有一六之吉征，而凶亦不应，乾六为车马，壬一为北阙，丹诏频来，亦一六之应也。）

　　王则先谨按：方今四绿主运，常见立此向，而坐后有山者，其家丁日盛而财恒衰。此双星会合于坐山，水神上山之所致也。若丢"退神管向"，乃仅指"向首一星之失令而言"，非败财之主因也。是墓于六运附葬，离方有湖，合双星会合于向首之局，加以一六吉征，遂发科甲，于此可悟，"宁犯下水，毋犯上山"之理，盖旺神管向，"一贵当权"，其力足以消灾致福故也！

【按】

　　此墓六运大利，除了双星到向见湖水外，水里龙神五黄方（坎方）见山，这是将衰死之向星放在高山，正是"收山出煞"的妙用也。（见下图）

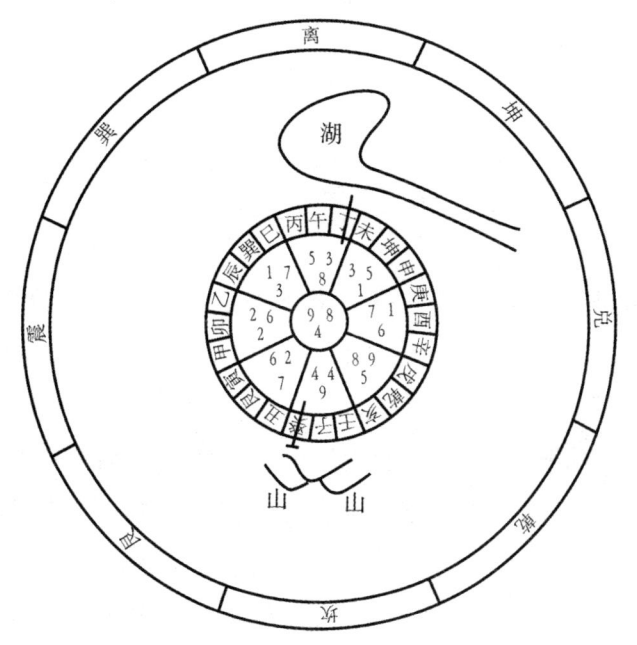

【按】

　　此图为本墓四运，双星到坐，坐后有山，主大利人丁，（山里龙神归山），但主大破财帛（水里龙神上山）。

慈豀俞姓祖墓　子山午向　七运扞

图六十七：

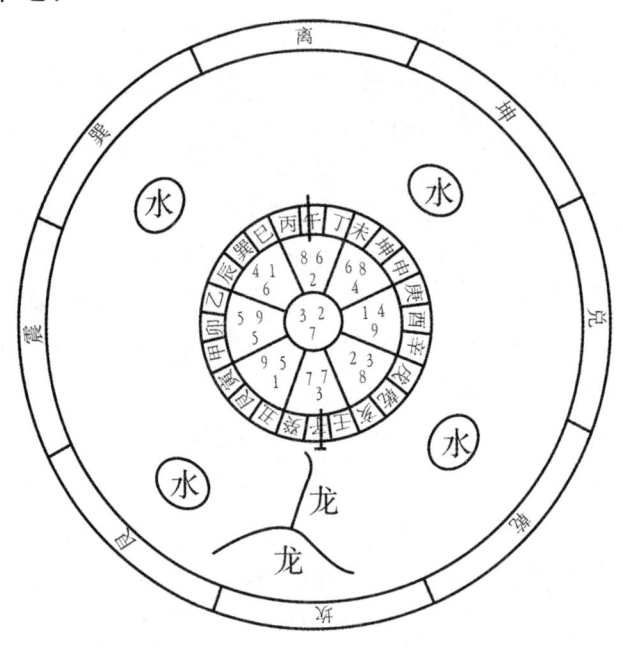

此地平田，龙从子癸方来，乾坤艮巽四维之方均有水。

钱蕴岩曰："此地主饿死，后果以中风不得食，饿十余日而死。家业亦萧条。"

沈注："前有陆姓坟扞于二运，亦四维之方皆有水，惟水外有山，坐朝与此相同，葬后出名儒巨富。此地亦四维之方有水，特水外无山致饿死者。彼系旺龙旺向，四方配合有情。此局是衰向，全无生气入门。且向首运星是二，二为坤、为腹。向星是六，六为乾、为头。头腹皆无生气，所以饿死。此与陆氏一局，所谓吉凶不同断也。"

王则先谨按：是局四水开阳，全盘合十，坤方土金相生，巽方一四同宫，形气如此，似可无庸赘议；孰知灾福之柄操于向首一星，其应速而验神，今是局以退神管向之故，致四库之配合失其纲领，不相呼应，衰气所感，遂有饿死零替之应，冤哉！

【按】

此宅向首的向星为退气，而当运向星却到坐方，这是财星上山的格局，主财运极差。

主人饿食的原因除了文中解释外，这有一点是相关的，财星上山的星是七赤兑卦，兑主口部，因其上山，故发生不利口部之事情，故主人中风不是饮食。

郑姓祖墓　　戌山辰向　　七运扦

图六十八：

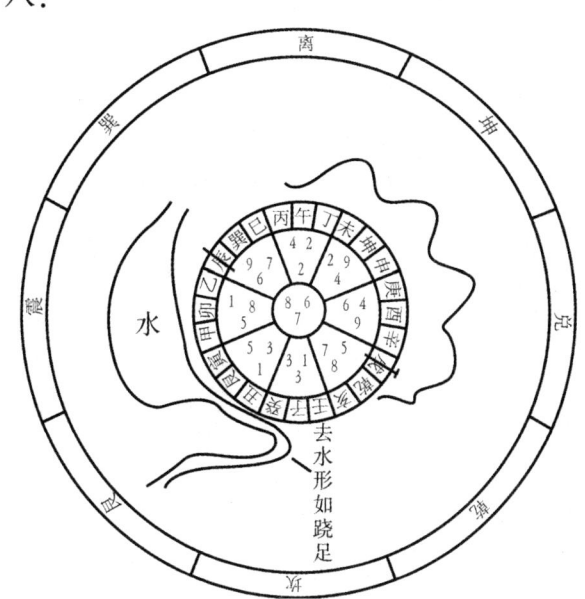

此地龙从离方屈曲而来，由乾入首，内堂水从癸丑方来，外堂辰巽巳，甲卯乙方，水甚大。由艮至坎消出。

章仲山曰："此小财丁地，绵远不败，但子孙必有折足者尤发。"主人曰："然！自明迄今大发，清初以来，子孙中代代出一跛子，俗呼为跛子坟。"

沈注：此局旺星到山到向，故主丁财绵远不败。向上旺星是六，若到囚时，须得一百六十年，故言绵远也。

小财丁者，峦头形局不大也。子孙出跛足尤发者，因艮方出水处，水去形如跛足，故出跛子。尤发者，水大也。飞星到艮，是三，三即震，震为足，更加形峦亦如跛脚，故主足疾无疑矣！

【按】

此墓子孙必有人折足者，是"峦头"的问题。

习玄空者，在研究阴坟方面，要特别留意八方环境的变化。

王御史祖墓　丁山癸向　七运扦

图六十九：

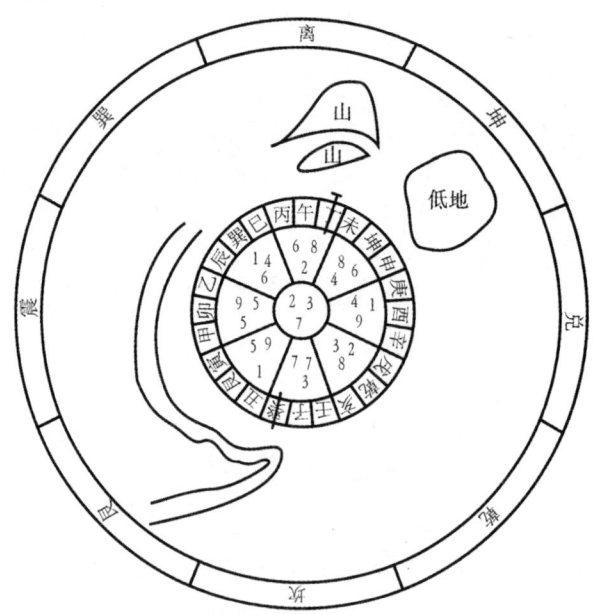

此地离方高山贴身出脉起墩，坤方低，巽、震涧水，流至坎、

艮聚消、无朝案。

章仲山曰："此地葬后有财无贵，得六十年旺气，出御史非此地也。"

沈注：此局两盘七到向，财自旺矣。八运本属不通气，而山上龙神已下水，故不主凶而反吉。

九运艮方有水，章仲山故云得六十年旺气也。不发御史者，因坐后无好峰，朝山无峰，八方又无秀挺之峰，故主富而不贵。发御史，当别有坟耳。

王则先谨按：七运用三入中，运与向合十为最吉。全盘合十，亦吉。凡合十则气通，八运之化凶为吉，其故殆由于此。若谓山上龙神已下水，故不主凶而反吉，此玄之又玄，可以意会不可以言传也。

【按】

章仲山指此宅八运本属不通气，而山上龙神下水，故不主凶反吉。现笔者大意说出其理，八运的山里龙神在坤方，此方为低地，在风水学中有一学理"高一寸兮即是山，低一寸兮即是水"，这方为低地，属于虚水，故主通气。

若依笔者见解，坤方没有见水，八运不至损丁！而合十之局又将丁气加强，故作吉论。

马姓祖墓　辰山戌向　七运扦

图七十：

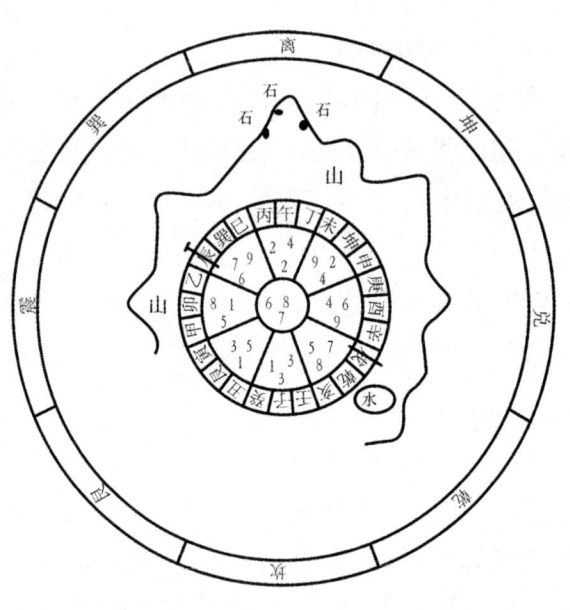

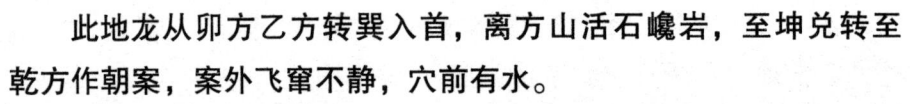

此地龙从卯方乙方转巽入首，离方山活石巉岩，至坤兑转至乾方作朝案，案外飞窜不静，穴前有水。

章仲山曰："此坟葬后，吉不抵凶，初运财气顺利，至壬申年难免伤丁，现行艮（八白运）运，财丁两衰，乙未年主有官讼，丁酉亦然。"主人曰："然。"

沈注：初运顺利者，旺星到向，向上又有水也。然形峦巉岩，故吉不抵凶，且运又甚短。壬申年太岁八白入中，九到向，山上之九移于向上，故损丁，况案外朝山斜飞不静。

一交八运，向星入中，乙未年官讼者，太岁三碧入中，七到离，离方巉岩，故主讼。

丁酉年，太岁一白入中，七到坤，坤亦峻岩，故又讼也。

王则先谨按：是地离方活石峻岩，案外又飞窜不静之煞曜，故虽旺山旺向，吉不抵凶。盖初年吉凶应验，重在峦头，一逢流年凶星加临，其应如响。

壬申年，山上之九移于向上，为伤丁之征；然是年，太岁为二黑，八白入中，太岁二黑飞艮，压艮方飞星之五，《紫白赋》云："黄遇黑时出寡"，亦伤丁之明证也。

丁酉年，一入中，二到乾，又犯二五叠临，恐人口亦不利。

某姓墓　辰戌兼巽乾　八运扦

图七十一：

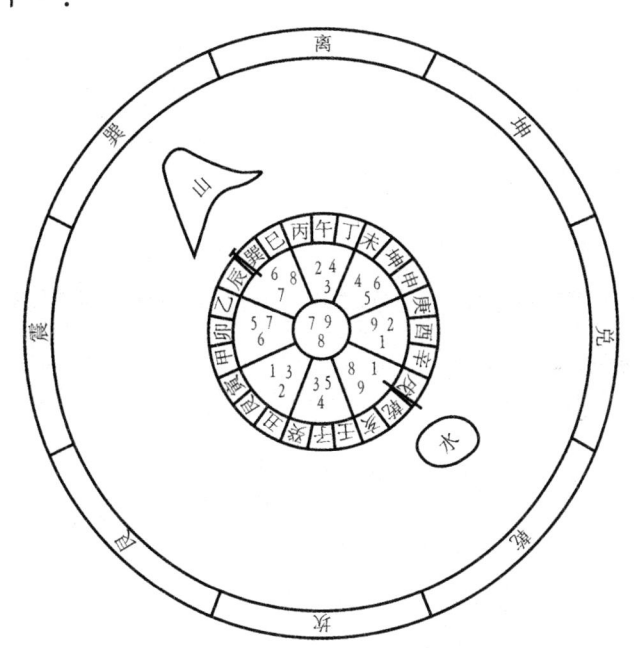

此地龙从辰巽来，辰巳方有高峰，戌乾方有大水放光。

章仲山曰："此局上山下水，主凶，且龙运已死，立戌向，龙神交战，主出大盗灭族。"

沈注：辰巽巳龙，八运已死者，巽方是木，八运到巽，是七犯金克木，故云"死龙"。

八运立戌向，向星到辰是八，巽木又来克土，龙神交战已极，此地当出大盗灭族之人。因辰为天罡，戌为地煞，故交一运，必出凶恶之徒。因一到向上大水故也。至二、三运，即犯灭族之祸矣！若坐下无山，向上无大水，只主斩绞、徒流，断不至于灭族耳！

王则先谨按：以天罡地煞处高峰、大水，龙运已死，龙神交战，形气两顽，挺生巨盗，加以山颠水倒，运短凶速，交一运，向上令星，又吊入中宫，愈演愈烈，驯至灭族。"阴宅秘断"五十余则，以是局为最凶。学者于此。当凛四墓销铄之可畏，形气取舍之宜慎也！

【按】

沈注此墓，指交一运必出凶恶之徒，想必是向首的"水形"凶恶之故，否则，一运为水里龙神见水，应作吉论。又一白星主水贼，故此坟后人作贼者，必是水贼。

又坐方六七会合为交剑煞，六白七赤于玄空五行属金，克地盘巽木，巽木又克八白土，故龙神交战，正是"重重克入，立见消亡"的现象。

下元八运二十四山向挨星图解

1、地元壬山丙向

向

七 五 二	三 九 七	五 七 九
六 六 一	八 四 三	一 二 五
二 一 六	四 八 八	九 三 四

山

地运八十年。无当旺运。二、四、七、九运离宫打劫。城门一、四、六运不用。五、七、九运未辰吉。二、八运未，三运辰吉。2009、2018年为五黄到山之凶年，忌造葬。

2、天元子山午向/3、癸山丁向

向

七 三　四	三 八　八	五 一　六
六 二　五	八 四　三	一 六　一
二 七　九	四 九　七	九 五　二

山

地运八十年。五运旺山旺向。三、七运全局合十。一、三、六、八运离宫打劫。城门五、七、九运不用，一、四运坤巽宫吉，二、八运巽吉，三、六运坤吉。2009、2018年为五黄到山之凶年，忌造葬。

4、地元丑山未向

向

七 三　六	三 七　一	五 五　八
六 四　七	八 二　五	一 九　三
二 八　二	四 六　九	九 一　四

山

地运一百二十年。二、五、八运旺山旺向。二、八远全局合十。城门一、二、五、八运不用。二、四、九运丙庚吉。七运丙吉。六运庚吉。四、六运全局合成三般卦。2007、2016 年为五黄到山之凶年，忌造葬。

5、天元艮山坤向/6、人元寅山申向

向

七 一　四	三 六　九	五 八　二
六 九　三	八 二　五	一 四　七
二 五　八	四 七　一	九 三　六

山

地运一百二十年。四、六运旺山旺向。城门二、四、九运不用。一、三、五、八运午酉/丁辛吉。一、七运酉吉/辛吉。六运午/丁吉。二、五、八运犯反伏吟，凶。然全局合成三般卦。2007、2016 年为五黄到山之凶年，忌造葬。

7、地元甲山庚向

七 七　九	三 二　五	五 九　七
六 八　八	八 六　一	一 四　三
二 三　四	四 一　六	九 五　二

山　　　　　　　　　　　　向

地运四十年。四、六运旺山旺向。四、六运全局合十。二、九运坎宫打劫。城门六运不用。五、七运未戌吉。一、三、四运戌吉。二、八、九运未吉。三、七运犯反伏吟，凶。2011、2020年为五黄到山之凶年，忌造葬。

8、天元卯山酉向/9、人元乙山辛向

七 五　二	三 一　六	五 三　四
六 四　三	八 六　一	一 八　八
二 九　七	四 二　五	九 七　九

山　　　　　　　　　　　　向

地运四十年。三、五、七运旺山旺向。一、八运坎宫打劫。城

门五、七运不用。六运坤乾/申亥吉。一、三、四运坤/申吉。二、八、九运乾/亥吉。2011、2020年为五黄到山之凶年，忌造葬。

10、地元辰山戌向

山

七 六　八	三 二　四	五 四　六
六 五　七	八 七　九	一 九　二
二 一　三	四 三　五	九 八　一

向

地运二十年。三、五、七运旺山旺向。一、四运离宫打劫。城门五、七运不用。六运壬庚吉。一、三、八运午吉。二、四、九运庚吉。2012、2021年为五黄到山之凶年，忌造葬。

11、天元巽山乾向/12、人元巳山亥向

山

七 八 一	三 三 五	五 一 三
六 九 二	八 七 九	一 五 七
二 四 六	四 二 四	九 六 八

向

地运二十年。二、八运旺山旺向。一、九运全局合十。六、九运离宫打劫。城门六运不用。五、七运子酉/癸辛吉。一、三、八运酉/辛吉。二、四、九运子/癸吉。四、六运犯反伏吟，凶。2012、2021年为五黄到山之凶年，忌造葬。

13、地元丙山壬向

山

七 二 五	三 七 九	五 九 七
六 一 六	八 三 四	一 五 二
二 六 一	四 八 八	九 四 三

向

地运一百年。没有旺山旺向。一、三、六、八运坎宫打劫。城门六、九运不用。一、三、五运丑戌吉。四、七运戌吉。二、八运丑吉。一、九运犯反伏吟，凶。2008、2017年为五黄到山之凶年，忌造葬。

14、天元午山子向/15、丁山癸向

山

七 四 三	三 八 八	五 六 一
六 五 二	八 三 四	一 一 六
二 九 七	四 七 九	九 二 五

向

地运一百年。五运旺山旺向。二、四、七、九运坎宫打劫。城门一、三、五运不用。六、九运乾艮吉。四、七运艮吉。二、八运乾吉。三、七运全局合十。2008、2017年为五黄到山之凶年，忌造葬。

16、地元未山丑向

山

七 六 三	三 一 七	五 八 五
六 七 四	八 五 二	一 三 九
二 二 八	四 九 六	九 四 一

向

地运六十年。二、五、八运旺山旺向。二、八运全局合十。城门二、五、七、九运不用。一、六、八运甲壬吉。三七壬吉。四运甲吉。四、六运全局成三般卦。2010、2013年为五黄到山之凶年，忌造葬。

17、天元坤山艮向／18、人元申山寅向

山

七 四 一	三 九 六	五 二 八
六 三 九	八 五 二	一 七 四
二 八 五	四 一 七	九 六 三

向

地运六十年。四、六运旺山旺向。城门一、六、八运不用。二、七、九运子卯/乙癸吉。三运卯/乙吉。四运子/癸吉。二、五、八运犯反伏吟，凶。但全局合成三般卦。2010、2013、2019 年为五黄到山之凶年，忌造葬。

19、地元庚山甲向

七 九 七	三 五 二	五 七 九
六 八 八	八 一 六	一 三 四
二 四 三	四 六 一	九 二 五

向（左） 向（右）

地运一百四十年。四、六运旺山旺向。四、六运全局合十。一、八运离宫打劫。城门四运不用。三、五运辰丑吉。一、二、八运丑吉。六、七、九运辰吉。三、七运犯反伏吟，凶。2006、2015 年为五黄到山之凶年，忌造葬。

20、天元酉山卯向/21、人元辛山乙向

七 二　五	三 六　一	五 四　三
六 三　四	八 一　六	一 八　八
二 七　九	四 五　二	九 九　七

山　　　　　　　　　　　　　　　向

地运一百四十年。三、五、七运旺山旺向。二、九运离宫打劫。城门三、五运不用。四运巽艮/寅巳吉。一、二、八运巽/巳吉。六、七、九运艮/寅吉。2006、2015年为五黄到山之凶年，忌造葬。

22、地元戌山辰向

向

七 八　六	三 四　二	五 六　四
六 七　五	八 九　七	一 二　九
二 三　一	四 五　三	九 一　八

　　　　　　　　　　　　　　　　山

地运一百六十年。三、五、七运旺山旺向。六、九运坎宫打劫。

城门三、五运不用。四运丙甲吉。二、七、九运丙吉。一、六、八运甲吉。2004、2005、2014年为五黄到山之凶年，忌造葬。

23、天元乾山巽向/24、人元亥山巳向

向

七 一 八	三 五 三	五 三 一
六 二 九	八 九 七	一 七 五
二 六 四	四 四 二	九 八 六

山

地运一百六十年。二、八运旺山旺向。一、九运全局合十。一、四运坎宫打劫。城门一、四、七运不用。二、五运卯午/乙丁吉。二、七、九运卯/乙吉。一、六、八运午/丁吉。四、六运犯反伏吟，凶。2004、2005、2014、2023年为五黄到山之凶年，忌造葬。